한국외국어대학교 러시아연구소
HK연구사업단 학술연구총서 7

북방의 등대:
러시아 북서연방관구

최우익 외

한국외국어대학교 출판부

머리말

러시아의 역사와 전통을 가장 잘 느낄 수 있는 곳을 꼽으라면 어디일까? 러시아 역사의 발원지인 키예프나 오늘날 러시아의 수도인 모스크바를 꼽을 수도 있고, 혹은 시베리아의 파리 이르쿠츠크나, 부동항구 블라디보스토크도 러시아 팽창의 역사를 느낄 수 있는 역동적인 장소로 제시할 수 있을 것이다.

하지만 무엇보다도 러시아 최초의 국가가 형성되었던 노브고로드, 러시아 지도자 중 최초로 기독교를 수용한 올가 공후의 고향 프스코프, 중세 러시아의 경제 중심지 볼로그다, 그리고 러시아 제국의 수도였던 상트페테르부르크를 빼놓을 수 없을 것이다. 이 중요한 도시들이 위치한 지역이 바로 러시아의 북서지역, 혹은 오늘날 러시아 행정구역 용어로 '북서연방관구'로 불리는 지역이다.

이 지역에는 또 다른 중요한 도시들이 있다. 소련 붕괴 이후 발트 해 국가들의 독립으로 러시아 본토에서 동떨어져 외로운 섬처럼 주변국에 둘러싸이게 된 칼리닌그라드, 그리고 핀란드와 접경한 카렐리야는 지리적, 관념적 차원에서 '경계'의 문제를 끊임없이 제기하고 있는 곳이다. 이처럼 기나긴 국경선을 가진 거대한 러시아의 원초적 고민거리를 살펴볼 수 있는 곳도 바로 북서지역이다.

러시아 북서부에는 또 다른 매력이 있다. 러시아 북극권의 서쪽 관문 역할을 하는 무르만스크를 비롯하여 아르한겔스크, 네네츠, 코미는 새롭게 열린 신천지가 되었다. 러시아 북방에 거주하는 토착 소수민족, 툰드라와 추위는 이제 이곳의 과거 대명사가 된 지 오래다. 지구 온난화로 얼음이 녹아 북극항로를 따라 정기여객선이 항해할 날이 머지않았다. 또한, 북극해와 동토지대 아래 매장된 엄청난 지하자원은 이미 뚜껑 열린 판도라 상자처럼 되어 버렸다. 이러한 변화가 축복일지, 재앙일지 예측하기 힘들지만, 이곳은 이미 북극 주변국들을 포함하여 전 세계의 심각한 안보적, 지정학적, 지경학적 대립의 격전지가 되고 있다.

이 책은 이렇게 다채로운 러시아 북서연방관구의 여러 지역을 소개하고 있다. 러시아는 현재 총 83개 연방주체(주, 공화국, 자치구, 자치주 등)로 나뉘어 있고, 이 주체들은 광역 단위인 총 8개 연방관구에 속해 있다. 그중에서 북서연방관구에는 러시아 북서지역 11개 연방주체가 속해 있다. 카렐리야 공화국, 코미 공화국, 아르한겔스크 주, 볼로그다 주, 칼리닌그라드 주, 레닌그라드 주, 무르만스크 주, 노브고로드 주, 프스코프 주, 상트페테르부르크, 네네츠 자치구가 바로 그들이다.

기존에 나온 북서연방관구 관련 연구서와 이 책의 차별성은 다음과 같다. 첫째, 백문이 불여일견이라 하지 않았나? 이 책은 한국외국어대학교 러시아연구소 소속 여러 필자가 이곳을 직접 방문하여 현지조사를 수행하고, 수집한 자료를 토대로 분석한 결과물이다. 또한, 필자들은 그동안 여러 학술회의와 세미나를 통해 국내외 전문가들과 함께 이 지역에 대해 의견을 교환해왔고, 이를 토대로 현재 각 지역에 대한 심도 있는 연구를 수행해 왔다. 이 책은 이러한 연구의 '첫 숟가락'이라 할 수 있다. 하지만 첫 숟가락이라고 해서 이 책이 진부한 소개서 수준에 머물러 있는 것은 결코 아니다. 그 뒤에 숨겨져 있거나 현재 중요하게 부상하고 있고, 또 이 지역의 실체를 깨닫게 해주는 다양한 차원의 이

슈, 정보, 자료들을 이 책은 독자에게 제공하고 있다.

둘째, 가능하면 전문서적의 딱딱함을 벗어버리고 이 지역에 대한 정보 수요자에게 친근하게 다가설 수 있도록 노력하였다. 따라서 먼저 폭넓은 독자층이 부담 없이 읽기 시작할 수 있도록 필자들의 생생한 현지답사기를 넣었고, 다음으로 각 지역이 지닌 특성과 문제를 간략히 소개한 연구포커스를 실었으며, 마지막으로 북서연방관구 중 몇 개 지역에 대한 심층연구를 덧붙였다. 현지답사기를 통해서는 이 땅의 정서를 느낄 수 있고, 연구포커스를 통해서는 이곳에 더욱 입체적으로 다가갈 수 있을 것이다. 심층연구를 통해서는 이 지역의 과거, 현재, 미래를 엿볼 수 있을 것이다. 달리 표현하면, 이 책은 러시아 북서연방관구 여러 곳의 지역안내서, 시사정보지, 학술논문집이라고 할 수 있다.

이 책에서는 위에 언급한 북서연방관구의 11개 지역 중 상트페테르부르크, 레닌그라드 주, 아르한겔스크 주를 제외한 8개 주를 소개하고 있다. 여기에서 제외된 3개 주에 대한 소개는 다음으로 미루고자 한다. 특히, 상트페테르부르크에 대한 정보와 자료는 이미 시중에 많이 나와 있기 때문에, 이에 관한 더 깊이 있고 신선한 내용을 착실히 준비하여 다시 자리를 마련하고자 한다.

본 연구결과물은 한국외국어대학교 러시아연구소의 HK(인문한국)연구사업의 일환으로 제작되었음을 밝힌다(KRF-2009-362-B00005). 러시아연구소에서는 전문학술지, 시사정보지, 온라인칼럼, 분석보고서 등 다양한 형태로 러시아 및 러시아 지역을 주제로 한 출판물들을 발간하고 있다. 이 책은 그중에서 러시아 북서연방관구와 관련한 연구 성과만을 뽑아 재구성하고 기획한 학술연구총서이다. 앞으로도 러시아연구소는 HK아젠다에 맞추어 러시아 각 지역에 대한 심층연구서로 학술연구총서를 계속 기획하여 출간할 예정에 있다.

끝으로, 본 연구를 위해 현지조사 및 해외 학자와의 학문적 교류 등이 가능하도록 지원해준 한국연구재단에 심심한 감사의 뜻을 표한다. 본 연구결과물에 동학 제현의 애정 어린 관심과 성원, 따끔한 질정을 구한다.

2012년 5월

한국외국어대학교 러시아연구소
HK(인문한국)연구사업단 일동

목차

II. 러시아 북서연방관구 연구포커스

III. 러시아 북서연방관구 심층연구

개관

러시아 북서연방관구

(Северо-Западный федеральный округ)

■ 설립

- 2000년 5월 13일 설립
- 현 대통령 전권대표(2011년 9월 6일~현재): 빈니첸코 니콜라이 알렉산드로비치 (Винниченко Николай Александрович)

■ 구성

□ 행정중심지

상트페테르부르크 시

- 설립연도: 1703년
- 면적: 1,439㎢
- 인구: 486만 명(2011)

□ 영토

전체면적 - 1,677,900㎢(러시아 영토의 9.9%)

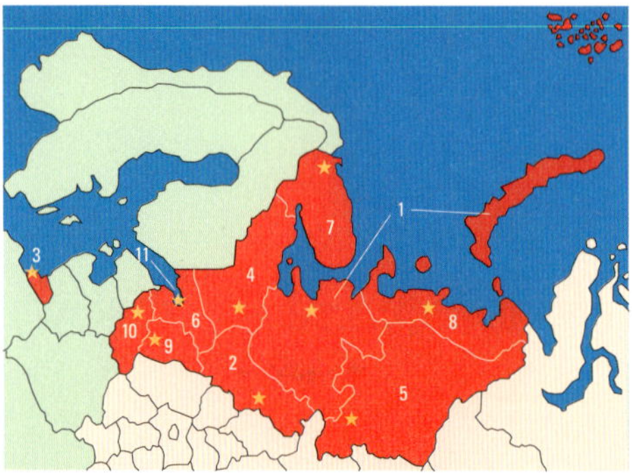

	기	연방주체	행정중심지		기	연방주체	행정중심지
1		아르한겔스크 주	아르한겔스크	7		무르만스크 주	무르만스크
2		볼로그다 주	볼로그다	8	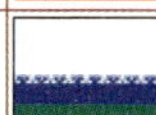	네네츠 자치주	나리얀-마르
3		칼리닌그라드 주	칼리닌그라드	9		노브고로드 주	벨리키노브고로드
4		카렐리야 공화국	페트로자보츠크	10		프스코프 주	프스코프
5		코미 공화국	식팁카르	11		상트페테르부르크	
6	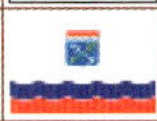	레닌그라드 주	상트페테르부르크				

□ 인구 (2011년 기준)

- 인구: 13,593,512명 (러시아 전체 인구의 9.5%)
- 인구밀도: 1㎢당 8명
- 도시인구 비중: 83.6%, 농촌인구 비중 - 16.4%

북서연방관구 민족구성 비율

(단위: %)

	러시아인	우크라이나인	코미인	벨라루스인	타타르인	카렐리야인	아르메니아인	아제르바이잔인	유대인	독일인	핀란드인	추바시인	리투아니아인	집시	폴란드인	기타
비율	85.89	2.7	1.91	1.69	1.61	0.53	0.33	0.32	0.31	0.21	0.2	0.19	0.15	0.13	0.13	3.24

□ 사회·경제 지표

2010년 러시아 및 북서연방관구의 사회경제적 지표

(단위: 2009년 대비 %)

		북서연방관구	러시아연방
1	산업생산지수	88.6	108.2
2	주택보급률	87.2	97.0
3	고정자본 투자비율	81.3	106.0
4	소매판매고	92.8	104.4
5	실질소득	99.1	104.6
6	소비자물가지수	108.5	108.8

출처: 러시아통계청 홈페이지

■ 생산

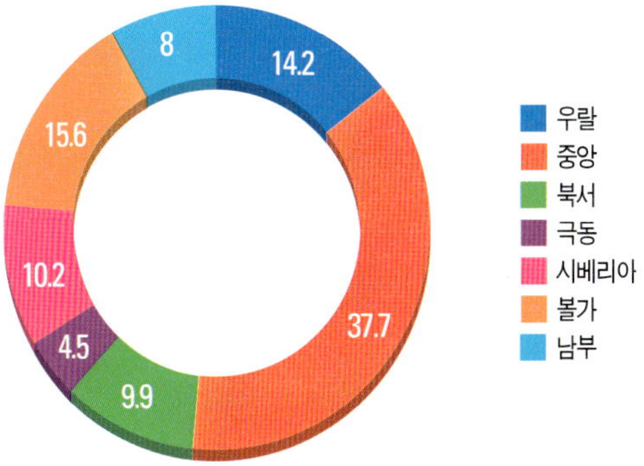

2009년 지역 총생산 (러시아 전체 대비 %)

□ 지역총생산

- 지역총생산: 3조 4,320억 루블(러시아 국내총생산의 9.9%에 해당)
- 1인당 지역총생산: 252,000 루블

▷ 공업: 2010년 기준 러시아 연방 공업생산 전체 규모 중 11% 차지

- 주요 부문: 기계, 목공, 제철, 경공업, 조선, 금속가공.

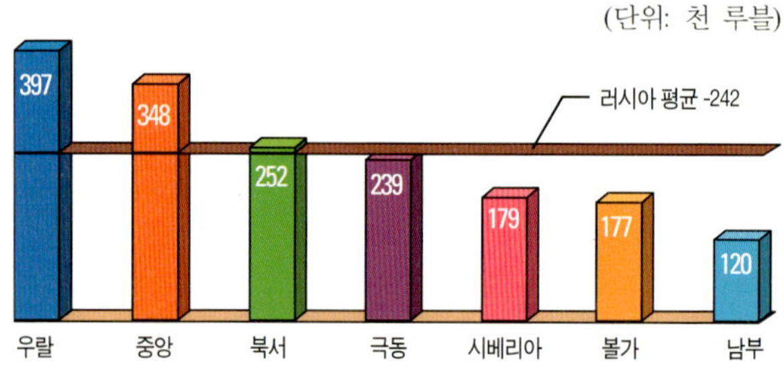

2009년 1인당 지역총생산

▷ 농업: 2010년 기준 러시아 농업생산 전체 규모 중 6.2% 차지

- 주요 부문: 곡물 생산, 채소 재배, 목축업.

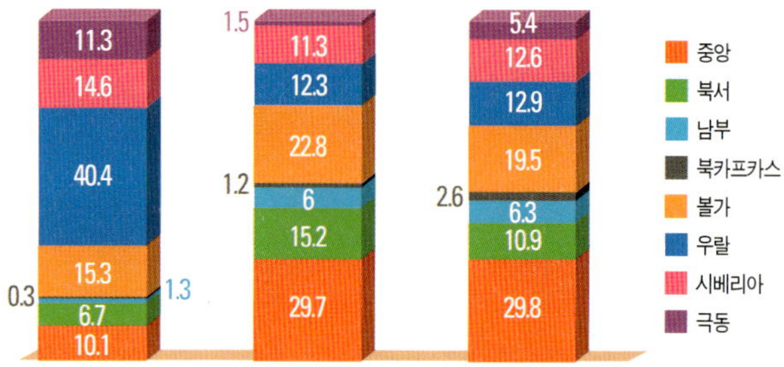

2010년 연방관구별 생산량 분포

북서연방관구는 천연자원 채굴, 에너지산업, 가공품 생산 중심의 생산 구조를 가지고 있다. 부문별로는 천연자원 채굴 6.8%, 가공품 생산 13.1%, 에너지 산업 11.7% 등이다. 2009년 기준으로 중앙연방관구의 광업 생산량은 6.7%, 농업 생산량은 15.2%, 에너지 생산량은 10.9%로 나타난다.

- 2010년 농업 총생산액: 1,362억 9720만 루블
  (곡물: 46만 1,200 톤, 목축: 59만 2,900 톤)

▷ 2006년 대외무역 규모(관세청 통계 자료) - 599억 3,310만 US달러 (수출: 286억 3,910만 달러, 수입: 272억 9,400만 달러).

■ 교통

- 북서연방관구는 철도와 도로, 항만이 발달한 러시아 교통의 요지이다. 특히 항만이 발달하여 유럽으로 향하는 상당수의 화물 운송을 담당하는 주요 무역항으로서의 역할을 담당하고 있다. 항공로로 국제노선이 대부분 개설되어 있어 상트페테르부르크의 경우 모스크바에 이어 국제항공의 거점이 되고 있다.
- 러시아 전체 화물 운송량 중 북서연방관구의 비중:
  철도 - 1,439만 8,000톤(러시아 연방 전체의 11.9%)
  자동차 - 2억 4,547만 2,400톤(15.7%).

■ 건설

- 2009년 북서연방관구의 주택보급률은 425㎡(인구 1,000명 기준)로 러시아 전체 평균보다 높은 수치로 연방관구 중 3위를 차지한다.
- 2011년 1분기 북서연방관구 내 주택 1㎡당 평균가격(1차 시장)은 48,986.41루블이며, 러시아 평균은 41,533.98루블이다. (출처: 통계청 홈페이지)

(단위: 1천 명당, ㎢)

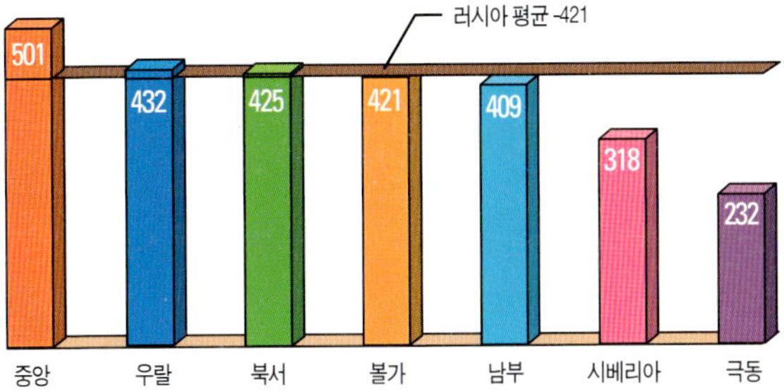

2009년 주택보급률

■ 생활수준

2009년 북서연방관구의 1인당 소득은 19,867.1루블로, 러시아 평균 수치(18,697.2루블)보다 높으며 전체 연방관구 중 4위를 차지한다.

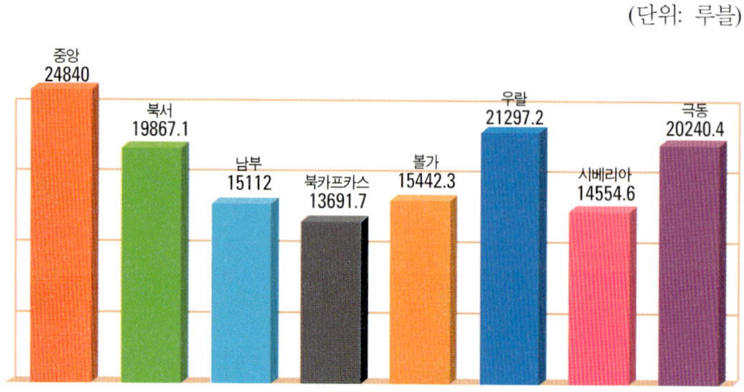

(출처: 통계청 홈페이지)

2010년 러시아 연방관구별 1인당 소득

■ 교 육

- 보통교육기관(주간) 수 : 3,811개 (사립 78곳 포함)
- 특수목적중등학교(국립) 수 : 237개
- 고등교육기관 수 : 131개 (사립 53곳 포함)

※ 카렐리야 공화국(3), 코미 공화국(5), 아르한겔스크 주(6), 볼로그다 주(6), 칼리닌그라드 주(8), 레닌그라드 주(3), 무르만스크 주(4), 노브고로드 주(1), 프스코프 주(5), 상트페테르부르크 시(90).

□ 관구 내 학생 수:

- 보통교육기관(주간) : 1,147,200명 재학
- 특수목적중등학교 : 177,700명 재학
- 고등교육기관 : 712,000명 재학

■ 보건

- 의료기관 수: 614개
- 병상 수: 131,600개
- 외래진료: 297,700명
- 전문의 수: 75,900명
- 간호사 수: 147,100명

  ※ 인구 1만 명당 의사 수는 56.4명으로 연방관구 중 1위를 차지.

  ※ 인구 1만 명당 간호사 수는 109.3명으로 연방관구 중 4위를 차지.

■ 고용

- 2009년 북서연방관구 실업자 수는 164,800명으로 러시아연방 전체 실업자 수의 7.7%에 해당한다. (출처: 통계청 홈페이지)
- 북서연방관구의 공식 실업률은 2.2%로 연방관구 중 7위를 차지해 러시아 전체에서 가장 낮은 편에 속한다.

(단위: %, 노동인구)

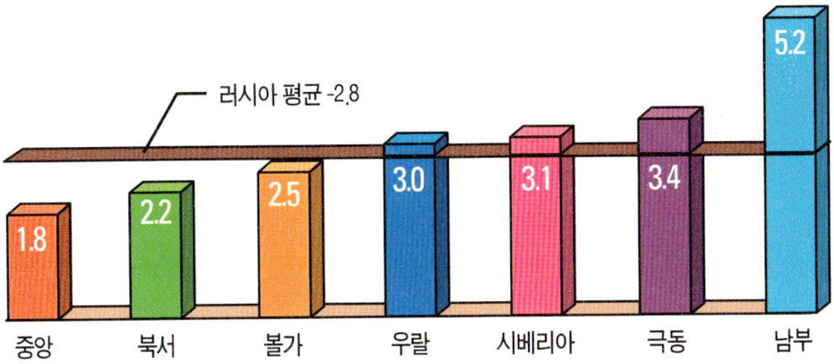

2009년 경제활동인구 대비 실업률

I

러시아 북서연방관구 현지답사기

제1장

러시아 천년고도, 노브고로드를 가다

황성우

인천공항을 이륙해 약 9시간 30분이 지나 도착한 모스크바 공항에서 다시 상트페테르부르크로 연결된 M10 고속도로를 따라 승용차를 이용해 약 7시간 정도 달리면 러시아의 천년고도 노브고로드(Вели́кий Но́вгород)를 만나게 된다. 1997년 이래 두 번째인 노브고로드 기행의 목적은 항상 러시아의 출발점으로 생각하고 있는 노보고로드의 변화된 모습을 다시 보고 싶다는 설렘도 있었지만, 최근들어 러시아의 수로체계에 관심을 가지면서 평소 꼭 한번 가보고 싶었던 발다이(Валдай) 구릉과 러시아 최초의 지도자 류리크가 시네우스, 트루보르 등 두 형제와 함께 러시아 땅에 도착했다고 알려진 스타라야 루사(Старая Руса)를 직접 '차를 몰고' 확인하고 싶었던 지적 호기심이 발동했기 때문이다. 이 글은 2010년 8월 14일부터 8월 16일까지 2박 3일 동안 노브고로드 및 그 주변지역을 현지답사한 것을 토대로 작성한 글이다.

1. 천년고도가 새로운 도시?

내가 처음으로 노브고로드에 갔던 때는 1997년 5월이었다. 대학에 입학해 러시아 공부를 시작했을 때 맨 처음 배운 것 중의 하나가 바로 러시아 최초의 국가가 노브고로드에 세워졌다는 사실이었다. 중학교 시절 읽었던 세계사 책에서 노브고로드 공국이 슬라브인에 의해 세워졌다는 한 줄 내용만을 어렴풋이 기억하고 있던 나에게 노브고로드가 천년고도이지만 그 의미는 '새로운 도시'라는 설명에 원초적 의문을 가질 수밖에 없었다. 그때 왜 질문하지 않았을까. "천년고도가 왜 새로운 도시라는 명칭을 가지고 있나요?"

18세기 러시아 역사가인 타티셰프(Василий Татищев)에 따르면, 러시아 최초의 지도자로 알려진 류리크(Рюрик)가 형제들과 함께 노브고로드 지역에 정착하기 이전에 그곳은 고스토미슬(Гостомысл)이라는 슬라브인 공후에 의해 통치되고 있었다. '슬라브인들의 도시'라는 의미의 '슬라뱐스크'(Славянск)를 통치하고 있던 고스토미슬 공후는 당시 이 지역을 약탈하고 끊임없이 위협했던 바이킹들에 맞서 슬라브인들의 생명과 그들의 거주지를 지키고 있었다. 그가 공후로 있을 당시에는 그나마 바이킹들의 침략으로부터 슬라브인들을 보호할 수 있었으나, 그

[그림 1] 노브고로드 크레믈린[1)]

가 죽고 난 뒤가 문제였다. 이와 관련해서 재미있는 일화가 있다.

세 아들을 전쟁터에서 잃은 고스토미슬 공후는 자기가 죽은 후 슬라브인들에게 공후가 없다는 사실을 늘 걱정하고 있었다. 그러던 어느 날 고스토미슬은 자신의 딸인 우밀라(Умила)의 배 속에서 커다란 나무가 자라 전체 러시아의 땅을 뒤덮는 해괴한 꿈을 꾸었다. 기이한 꿈을 해몽하기 위해 주술사를 찾은 고스토미슬은 주술사로부터 우밀라의 자식과 그의 자손들이 러시아를 통치할 것이라는 이야기를 전해 듣고, 부하들에게 자신이 죽은 후에 우밀라의 아들을 공후로 추대할 것을 유언으로 남겼다. 그러나 고스토미슬이 사망하자 권력욕에 눈이 먼 그의 부하들은 저마다 공후가 되겠다고 나서며 연로한 공후가 남긴 말을 기억하지 못한다. 시간이 흐른 뒤 고스토미슬의 유언이 생각난 슬라브인들은 바이킹족에 시집간 우밀라의 아들을 찾아가 그에게 슬라브인의 공후가 될 것을 부탁했다. 키예프 동굴수도원의 수도승 네스토르(Нестор)가 쓴 '원초연대기'(원제: 지나간 시절의 이야기, Повесть временных лет)에도 등장하지만, 이때 슬라브인들은 "우리의 땅은 넓고 먹을 것이 풍부한데, 질서가 없으니 와서 우리를 다스려주십시오"라는 말로써 바이킹의 장수를 초빙하는데, 그가 바로 고스토미슬 공후의 외손자이자 러시아 최초의 국가를 세운 류리크이다. 류리크는 이들의 요청을 수락하여 트루보르(Трувор)와 시네우스(Синеус) 등 두 형제들과 함께 노브고로드와 그 주변 지역에 정착하여 통치하기 시작했는데, 아쉽게도 두 형제는 바로

[그림 2] 고스토미슬 공후[2)]

사망하고 류리크가 홀로 남아 이 지역을 통치했다. 류리크는 바이킹과 오랜 전쟁으로 폐허가 된 슬라뱐스크 도시 그 자리에 새롭게 도시를 건설하기 시작했는데, 이때부터 '새로운 도시'(Новый город)라는 노브고로드 명칭이 사용되었다. 연대기에 기록된 이 시점이 바로 862년이며, 이 수치는 공식적으로 러시아 최초의 국가가 세워진 연도이다.

2. 베체의 종은 더 이상 울리지 않았다

흔히 사람들은 짜르가 통치하던 러시아에 민주주의가 존재했었느냐고 의문을 던지지만, 노브고로드에는 '베체'(вече)라는 민주적 의사결정 기구가 있었다. 18세 이상의 성인 남자가 참여하여 다수결로 결정했던 그리스의 민회와 다르게, 노브고로드의 베체는 넓은 광장이나 시장에서 위치한 베체의 종을 울려 회의 소집을 알렸고, 주로 집안의 가장들이 참여하여 만장일치제로 마을의 주요 사안을 결정했다. 의견이 합의에 이르지 못할 경우 노브고로드의 크레믈린 옆을 흐르는 볼호프 강에서 몸싸움을 통해 의사를 결정했다고 연대기는 말하고 있다. 물 속에 빠진 자의 의견은 묵살됐다. 베체는 공후의 탄핵권도 가지고 있었는데, 1136년 노브고로드인들은 자신들의 공후인 브세볼로드 므스티슬라비치(Всеволод Мстиславич)를 해고했다. 이때를 노브고로드가 키예프로부터 독립한 시기로 보고 있는데, 이후로 노브고로드인들은 자신들의 공후를 스스로 초빙하여 선출하거나 해임시키기도 했다.

[그림 3] 노브고로드 크레믈린 안 1000주년 기념비의 류리크3)

발트 해로부터 흑해에 이르는 고대 무역로의 주요 거점지역이었던 노브고로드는 키예프로부터 독립한 이후 하나의 공국으로서 '모피제국'이라는 명성을 얻기도 했는데, 오늘날의 에스토니아로부터 우랄산맥 북쪽 지역에 이르기까지 영토를 확장하여 그곳에 지배권을 확립하기도 했다. 그러나 1478년 러시아 지역에서 세력을 확장하던 모스크바 공국의 이반 3세에 의해 공국이 붕괴됨으로써 노브고로드는 모스크바에 병합되었고, 이후 민주주의의 상징인 노브고로드 베체의 종은 더 이상 울리지 않았다. 이후 1703년 핀란드만 인근에 상트페테르부르크가 건설되어 그곳이 수도가 되면서 노브고로드의 중요성은 상대적으로 더욱 감소하고 만다.

[그림 4] 노브고로드 베체 축제[4)]

3. 고대 문화예술의 보고(寶庫): 노브고로드

천년고도답게 노브고로드에는 볼거리가 너무나 많다. 도시 중심에 자리잡은 노브고로드 크레믈린은 유네스코 세계문화유산으로 지정되어 있으며, 도시 근교에도 유리예프 수도원(Юрьев монастырь)과 국립목조박물관 등 놓쳐서는 안 되는 귀중한 보고들이 즐비하다. 성을 보호하기 위한 해자가 그대로 간직된 노브고로드의 크레믈린은 무질서했던

[그림 5] 노브고로드 시청사[5)]

[그림 6] 러시아 건국 1000주년 기념비[6)]

1997년과는 다르게 정비가 잘 되어서인지 태생적인 고즈넉한 분위기를 물씬 풍기고 있었다. 주변에 산책하는 사람들을 쉽게 볼 수 있었으며, 마침 도착한 당일 크레믈린 성안에서는 '노브고로드의 베체'라는 예술제가 진행되고 있어서 크레믈린의 야경과 함께 멋진 축제 분위기를 자아내고 있었다. 관광객들과 함께 공연을 바라보며 한동안 눈을 떼지 못했는데, 축제를 즐기는 노브고로드 시민들의 모습 속에서 과거와 다르게 한층 여유로워진 편안함을 느낄 수 있었다. 운전으로 피로해진 몸을 보드카로 달래고 숙소로 돌아와 창밖으로 펼쳐진 볼호프 강의 잔잔한 야경의 운치를 감상하며 노브고로드의 첫 날을 보냈다.

다음날 여유롭게 아침 식사를 끝낸 후 카메라를 들고 노브고로드 크레믈린을 찾았다. 크레믈린으로 가는 도중에 광장 앞에 서 있는 이곳 출신 유명 음악가 라흐마니노프를 만나 사진을 찍고 크레믈린에 입성했다. 제일 먼저 눈에 들어온 건축물은 역시 성 소피아 성당이었다. 키예프 루시의 야로슬라프(Ярослав Мудрый) 공후가 어린 시절을 보낸 추억의 장소였던 덕분에 건축 당시 재정적 지원을 아끼지 않았던 성 소피아성당의 위엄은 과거나 지금이나 별반 차이가 없었다. 알렉산드르 2세(1855-1881)가 건립한 1000주년 기념비 역시 시간이 허락된다면 기념비에

[그림 7] 게오르기 교회[7)]

새겨진 러시아 주요 인사들을 하나하나씩 확인하고 싶을 정도로 크레믈린의 중심에 우뚝 솟아 있었다. 크레믈린 건너편에 위치한 옛 상업지구 중심지를 돌아보며 발길을 근교로 옮겼다.

[그림 8] 국립 목조박물관의 목선[8)]

차를 타고 10분 정도 가면 유리예프 수도원을 만날 수 있다. 일리멘(Ильмень) 호수가에 인접한 유리예프 수도원은 키예프의 야로슬라프 공후가 세웠다고 전해지지만, 엄밀히 말하자면 1119년 브세볼로드 므스티슬라비치 공후가 게오르기 교회를 세우면서 설립됐다. 키예프 건축문화의 정수라고 불리던 순백의 게오르기 교회는 정방형의 구조에 지성소가 있는 반원형의 앱시스를 가진 전형적인 비잔틴 양식의 건축물이다. 노브고로드를 처음 찾았던 1997년, 책에서만 읽어 설렘을 안고 찾았던 게오르기 교회는 당시 러시아의 어려운 사정을 반영이나 하듯 관리를 제대로 하지 못해 흡사 '폭탄 맞은 공장' 같았는데, 주변 정리도 잘 되고 웨딩드레스를 입은 듯 순백색의 순결한 느낌이 살아나 이제야 제 모습을 찾아가는 듯했다.

수도원 옆에 위치한 국립목조박물관에는 키쥐 섬에 있는 것들보다는 상대적으로 섬세함이 떨어지지만, 못을 사용하지 않은 고대 목조양식의 건축물들이 즐비하다. 지금도 곳곳에 복원작업이 한창인 것을 보아 머지않아 제법 짜임새를 갖춘 박물관이 될 것이라 생각했다. 이곳에서 눈여겨보아야 할 것은 고대 러시아인들이 사용했던 목조 선박이다. 발트 해에서 흑해에 이르는 교역로에서 사용됐던 작은 목선이 전시되어 있는데, 고정시키기 위해 받침대로 사용했겠지만, 마치 강과 강을 이어주는 연수육지에서 배를 끌고 이동했던 모습을 재현하듯 배 아래에 통나무들이 예사롭지 않았다. 그림을 통해서만 알 수 있었지만, 그런 배를 타고 드네프르 강의 급류를 어떻게 통과했을까?

4. 루시의 고향: 스타라야 루사

차를 돌려 스타라야 루사로 향했다. 스타라야 루사는 노브고로드로부터 남쪽으로 약 100㎞ 떨어진 곳에 위치한 작은 도시이다. 사실 도시라고 말하기 민망할 정도로 작은 우리의 읍과 같은 곳이다. 노브고로드 주에 속한 스타라야 루사 지구의 행정중심지이며, 폴리스티(Полисть) 강 유역에 있다. 노브고로드 주에서 세 번째로 인구가 많은 지역이며, 2010년 1월 현재 32,235명이 거주하고 있다. 역사적으로 보면 10세기 중반에 처음으로 도시가 세워진 것으로 알려져 있으며, 1076년 연대기 항목에 따르면 노브고로드 공국 중에서 노브고로드를 제외하고 프스코프(Псков), 라도가(Ладога)와 함께 주요한 세 지역으로 구분되었다.

스타라야 루사라는 지명은 바이킹 시대로부터 유래되었다. 즉 스스로를 루시인이라고 부른 사람들이 이 지역에 정착하여 노브로고드로부터 폴로츠크를 거쳐 키예프에 이르는 무역로를 통제하기 시작했다. 프스코프가 독립했을 때, 루사는 노브고로드를 제외하고 노브고로드 공국에서 가장 중요한 행정중심지이자 무역 중심지였다. 14세기말엽까지 루사에는 약 1,000 가구가 살고 있었으며, 소금광산 덕분에 노브고로드 공국에서 가장 활발한 소금산업의 중심지였다.

[그림 9] 노브고로드 성소피아 성당[9)]

루사의 목조건물들은 1190년과 1194년에 일어난 화재로 대부분 소실되었고, 대화재 이후에 목조요새로 대체되었다. 1478년 루사는 노브고로드와 함께 모스크바 공국에 병합됐다. '스타라야'라는 명칭은 15세기 이후에 붙여졌는데, 새로운 정착지가 루사로 불리면서 구시가 지역이 스타라야 루사가 된 것이다.

이반 4세가 짜르로 등극했을 때, 스타라야 루사는 모스크바 공국 내에서 모스크바, 프스코프, 노브고로드에 이어 네 번째로 큰 도시였다. 혼란의 시기(1584-1613)에는 폴란드 군대가 주둔하여 도시가 심하게 파괴됐는데, 그 당시 살아남은 사람은 겨우 38명에 불과했다고 한다. 1824년 루사 근처에 알렉산드르 1세가 군사정착지를 창설하였을 때, 이곳은 콜레라 폭동으로 일어난 1831년 반란의 무대가 되었다. 대조국전쟁 시기에는 1941년 8월 9일부터 1944년 2월 18일까지 독일군의 수중에 있었다. 그 시기동안 도시 대부분이 파괴되어, 전후 복구되었다.

스타라야 루사는 온천휴양지로 유명하다. 이곳의 광천수는 식용으로도 가능할 뿐만 아니라, 목욕하거나 치료제로도 활용되고 있다. 도스토옙스키 박물관에서 차로 5분 거리에 위치한 들판에 남아 있는 우물에는 약 2m 높이로 얼음같이 차가운 소금물이 지금도 솟아오르고 있었는데, 지역전문가로서 그냥 지나칠 수 없어 직접 물속에 들어가 보았다. 주변에 있던 러시아 여인네들의 환호 소리에 자연스럽게 사진을 찍으려고 연기도 했지만, 겨울에 얼음물 속에 들어가는 것보다 더 차갑게 느껴질 정도로 참기 힘들었다. 하지만 그냥 지나쳤다면 분명 후회했을 것이다. 스타라야 루사에 가는 사람이라면 반드시 해볼 것을 권하고 싶다.

또한 도스토옙스키가 <카라마조프가의 형제들>을 저술했던 장소도 박물관으로 유명하며, 방문했던 날이 마침 휴관이라 직접 들어가지는 못했지만 항상 방문객들로 붐빈다고 한다. 도스토옙스키는 작품 속에서 루사를 '소코토프리고니예프스크'(Скотопригониевск)라는 도시로 묘사했다. 소금박물관 역시 꼭 가봐야 한다. 소금광산으로 유명했고, 소금을 통해 부를 축적한 곳이기에 박물관에는 당시 소금광산의 모습을 찍은 사진들과 채굴작업에 사용한 도구들이 비교적 훌륭히 관리되어 전시되어 있다.

[그림 10] 스타라야 루사의 소금 노천탕[10)]

1198년 70일 만에 건축된 대성당이 있는 성모변용수도원 역시 가볼만한 곳이다. 이 수도원은 15세기에 중축되었고, 17세기에는 몇몇 부속건물들과 교회들이 건축되었다. 도시에서 가장 유명한 성당은 1678년에 세워진 그리스도 부활교회이다. 그밖에 도스토옙스키 가문의 교회로 알려진 1410년에 세워진 게오르기 교회와 14세기에 축조된 순교자 미나 교회, 1676년에 축성된 성삼위일체 교회 등이 있다.

5. 발다이: 러시아 수로체계의 발원지

수로체계와 러시아공간의 확장에 관심을 가지면서 꼭 한번 가고 싶었던 곳이 발다이 구릉이었다. 발다이 구릉지대는 유럽러시아 북서지역에 위치한 고원지대이다. 모스크바에서 가장 높은 곳이 해발고도 50m의 모스크바 대학교 주변인 점을 감안하면 상대적으로 발다이 구릉지대가 어느 정도인지 짐작할 수 있다. 이곳을 달리다 보니 제법 언덕길이 눈에 많이 들어왔다.

발다이 구릉지대는 대체로 모스크바와 상트페테르부르크 사이에 위치하며, 중심부는 노브고로드 주에 있지만 노브고로드, 프스코프, 트베리, 스몰렌스크 등 여러 주에 걸쳐 있다. 발다이 구릉지대의 가장 높은 지역은 트베리 주에 있는 '버시니 볼로체크'(Вышний Волочек) 주변지역으로 해발고도가 약 346.9m이다. 볼가(Волга) 강, 서드비나(Западная

Двина) 강, 로바티(Ловать) 강, 므스타(Мста) 강, 드네프르(Днепр) 강, 폴라(Пола) 강, 몰로가(Молога) 강, 샤시(Сясь) 강 등 유럽 러시아 지역을 흐르는 대부분 강들의 발원지가 바로 이곳이다. 강의 발원지다보니 주변에 호수들도 많이 있는데, 예를 들어, 볼고(Волго) 호, 페노(Пено) 호, 셀리게르(Селигер) 호, 발다이(Валдай) 호수 등이 있다.

발다이 구릉지대는 여행객들의 발길을 잡는 관광지로도 유명한데, 주로 낚시꾼들이 이곳을 자주 찾는다. 주변에 있는 오스타쉬코프와 발다이 시는 역사적으로도 의미있는 장소이기도 하다.

발다이 호수 옆에 위치한 발다이 시는 모스크바와 상트페테르부르크를 잇는 M10 고속도로 변에 있는데, 모스크바로부터 386㎞, 노브고로드로부터 140㎞ 정도 떨어져 있다. 인구는 2010년 1월 현재 16,740명이다. 공식적으로 발다이 시가 처음으로 역사문헌에 등장한 시점은 예카테리나 2세가 통치하던 1770년이며, 그때 도시의 지위를 부여받았다. 당시 거주자는 약 2,000명에 달했다. 그 후 발다이 시는 러시아 지역에서 종을 제조하는 지역으로 명성을 얻었다.

발다이 지역에서 반드시 가봐야 할 곳은 이베르 수도원(Иверский монастырь)이다. 발다이 호수 안 작은 섬에 위치한 이베르 수도원은 종교개혁을 단행한 니콘 총대주교가 지원하여 1650년대에 축조된 수도원으로서 지금도 러시아인들이 즐겨 찾는 유명관광지로 널리 알려져 있다. 또한 주변의 많은 호수 덕분에 발다이 시는 여름휴양지로 유명하며, 발다이 국립공원과 호수 주변의 캠핑장이 많은 인기를 얻고 있다. 가게에서 간단한 요깃거리를 사와 발다이 호숫가에서 식사를 하는데, 가족단위로 놀러

[그림 11] 이베르 수도원[11)]

와 가볍게 식사하는 사람들을 흔히 볼 수 있었으며, 수영을 즐기는 사람들도 제법 많았다.

6. 러시아 고대문명의 발원지를 찾아 떠난 여행을 마치며

모스크바로 돌아올 때 시간을 단축하고자 발다이 구릉지대의 숲 속을 통과해 왔는데, 네비게이션이 고장나 방향을 잡는 데 잠시 어려움을 겪었다. 지도를 보며 길 찾기에 익숙한 나로서는 탁월한(?) 방향 감각을 갖고 있다 자부하며 간혹 만나는 러시아인에게 물어보기보다는 지도만 보고 아나로그식 길 찾기를 즐겼는데, 우리네 지방 국도와 유사한 러시아의 도로에 잠시 놀라지 않을 수 없었다. 지도상으로 보면 분명 우리의 지방 국도와 같은 도로였는데, 막상 진입해보면 차 한 대가 겨우 지나갈만한 비포장도로이기 때문이었다. 마침 산불로 인해 러시아가 온통 시끄러울 때라서 혹시 길을 잃지 않을까 걱정도 했지만, 무사히 빠져 나와 모스크바 숙소에 도착할 수 있었다. 돌이켜 보면 언제 그런 경험을 또 하겠냐는 생각이 들었고, 막상 시간이 지나고 보니 다시 한 번 차를 몰고 동일한 지역을 탐방하고 싶다는 생각도 들었다.

노브고로드, 스타라야 루사, 발다이 등 이번 현지조사의 대상지역은

[그림 12] 발다이 구릉지대의 지방국도에서12)

모두 '최초의 발원지'라는 공통점을 가지고 있다. 러시아 최초의 국가인 노브고로드 공국, 노브고로드 지역에 도착했다는 고대 러시아인을 뜻하는 '루시'(Русь)인들의 어원을 밝혀낼 단초를 제공하는 스타라야 루사, 바둑판같이 연결된 러시아 수로체계의 근원지라 할 수 있는 발다이 지역 등 세 곳 모두 진원지로서의 의미를 지니고 있다. 이번 여행을 통해 러시아 전 지역을 찾아다니며 러시아를 모두 읽어낼 수는 없겠지만, 다양한 길을 통해 러시아를 함께 찾아갈 수 있는 입구에는 도달한 듯한 느낌을 받았다. 기억에 남을 여행이었다.

주석

1) 필자 촬영
2) http://history.sgu.ru/img/x1-Z5_060.jpg
3) 필자 촬영
4) 필자 촬영
5) 필자 촬영
6) 필자 촬영
7) 필자 촬영
8) 필자 촬영
9) 필자 촬영
10) 필자 촬영
11) 필자 촬영
12) 필자 촬영

제 2 장

볼로그다, 러시아 북부의 문화수도

라 승 도

1. 러시아 북부의 관문

모스크바 야로슬라프스키 역에서 기차를 타고 북동쪽으로 9시간쯤 달리면 러시아연방 북서관구에 속하고 83개 연방주체 가운데 하나인 볼로그다(Вологда) 주의 수도 볼로그다 시가 나온다. 『연초연대기』에서 1147년 처음 언급되고 있는 데서 알 수 있듯이 볼로그다의 역사적 기원은 멀리 12세기까지 거슬러 올라간다. 볼로그다가 중세 러시아의 가장 중요한 경제 중심지로 부상하기 시작한 것도 이때부터이다. 볼로그다는 당시 강력한 공국을 형성했던 노브고로드나 모스크바가 영국, 네덜란드 등 서구 국가들과 해상 교역을 위한 대외 창구로 활용했던 백해 연안의 항구도시 아르한겔스크로 나가는 무역노선의 중요한 길목을 차지하고 있었다.

하지만 러시아 북부로 나가는 관문 역할 때문에 볼로그다는 도시 형성 초기부터 노브고로드나 모스크바, 트베리 등 주변 지역들의 패권 쟁탈장이 되기도 했다. 이런 배경 속에 14세기 말 모스크바 공국이 이 지

[그림 1] 러시아 북부의 관문 볼로그다[1)]

역의 패권을 장악하게 되면서 볼로그다는 모스크바의 지배 아래 놓이게 되었고 모스크바 중앙권력을 대표하여 러시아 북부의 무역 및 행정 중심으로 자리 잡았다. 이처럼 중대한 지리적, 전략적 요충지로서의 위상 덕분에 볼로그다는 중세시대부터 이미 러시아 북부의 '수도'로서 기능하였다. 최근 들어 볼로그다가 '러시아 북부의 문화수도'를 자임하고 나선 배경에는 이런 역사가 한몫을 차지하고 있는 것도 사실이다.

볼로그다가 중세시대부터 모스크바 중앙권력의 러시아 북부 지역 진출을 위한 중요한 교두보였다는 사실은 19세기 후반 러시아 제국의 철도 부설에서도 잘 드러난다. 러시아 철도지도를 보면 한 눈에 파악할 수 있듯이, 볼로그다는 모스크바에서 백해의 아르한겔스크로 이어지는 북부노선과 극동의 블라디보스토크까지 뻗어나가는 동부노선의 분기점으로 제정 러시아의 중앙권력이 러시아 북부로뿐만 아니라 동부로까지도 팽창해나가는 과정에서 중요한 길목이었다. 볼로그다는 또한 1917년 10월 혁명 이후, 특히 1920년대 말 스탈린의 집권 이후 소비에트 사회주의 권력이 구세력을 몰아내며 러시아 북부로 지배권을 확장해 가는 과정에서도 중요한 지역이었다. 당시 러시아 전역에서 부농퇴치 운동이 극심하게 진행되었던 지역 가운데 한 곳이 바로 볼로그다였다.

2. 교회들의 도시

올해까지 865년이란 오랜 시간적 분량을 함께한다고 해서 수도 모스크바와 동갑내기 도시로 불리곤 하는 볼로그다는 인구 약 30만 명으로 주도로서는 작은 규모이긴 하지만 유구한 역사에서 짐작할 수 있듯이 수많은 교회와 사원 등으로 대변되는 러시아 전통문화가 도심 곳곳에 생생하게 살아 숨 쉰다. 많은 문화사가들이 지적하고 있는 것처럼, 볼로그다는 이미 19세기 후반부터 다인종 국가인 러시아 제국에서 가장 러시아적인 도시로 일컬어졌거나 가장 "본질적인 러시아"로 대표되었다. 실제로 오늘날에도 볼로그다 지역 사람들은 물론이고 다른 지역 사람들에게서도 볼로그다에 가면 "진짜 러시아"가 있다는 말을 어렵지 않게 들을 수 있다. 지난 2010년 8월 러시아 여행에서 필자가 모스크바에서 만난 두 노교수 역시 이를 입증하기라도 하듯이 볼로그다에 가면 "진짜 러시아"를 볼 수 있다고 이구동성으로 말하는 것을 직접 목격할 수 있었다.

그렇다면 볼로그다를 "진짜 러시아"로 만들어주는 것은 과연 무엇일까? 중세도시 볼로그다는 무엇보다도 먼저 러시아 북부지역에서 중세시대 정교 정신문화의 진수를 가장 잘 보존하고 있는 교회들의 도시이다. 볼로그다의 "진짜 러시아"는 러시아 정교문화의 독특한 양식과 문화적 기억을 간직하고 있는 교회 건축물들에 깊이 아로새겨져 있다. 14

세기에 모스크바가 볼로그다를 지배권 아래 놓고자 했던 데에는 백해의 아르한겔스크까지 이어지는 중요한 무역로를 확보하기 위한 목적도 있었지만, 러시아 북부 등 다른 지역들로 정교문화를 가능한 한 더 멀리 전파하기 위한 목적도 있었다. 러시아 건축문화 전문가인 윌리엄 브룸필드(William Brumfield) 교수에 따르면, 러시아의 다른 지역들 중에서 볼로그다는 이곳에 (정교회)건축 유산이 집중되어 있었던 점에서만 아니라, 이 건축 유산이 동쪽으로 우랄 산맥을 넘어 멀리 시베리아까지 확산되었던 점에서도 각별한 의미를 지닌다. 수도 모스크바에 못지않게 볼로그다에 일찍부터 중요한 정교회 건축물들이 세워지면서 "진짜 러시아"를 대표하는 정교문화가 찬란하게 꽃필 수 있었던 이유도 이런 데서 찾을 수 있다.

19세기 전반 실행된 한 조사에 따르면, 인구 약 16,000명의 볼로그다에 50개의 교회가 있었는데, 이는 인구 1인당 교회 수에서 모스크바를 능가하는 것이었다. 이후 볼로그다는 20세기에 들어와서도 혁명과 내전, 세계대전 등 역사적 격랑과 풍파를 거치면서도 성스러운 도시의 면모를 결코 잃지 않았다. 그래서 1991년 소비에트 체제 해체 이후 러시아에서 포스트소비에트 시대 정체성의 핵심 요소로 정교가 전면에 대두되었을 때 볼로그다 사람들은 자신들이 살고 있는 지역이 중세시대 교회나 수도원들과 함께 러시아 정교문화가 생생하게 살아 있는 전통의 중심지라는 사실에 큰 자부심을 느꼈을 것이다.

3. 볼로그다의 상징, 소피아 사원

그렇다면 볼로그다에서 러시아 정교문화를 대표하며 "진짜 러시아"의 진수를 보여주는 교회 건축물은 무엇일까? 교회들의 도시 볼로그다에서는 시를 동서로 가로지르며 유유히 흐르는 볼로그다 강 양안에 걸쳐 아름다운 중세 교회 건축물들을 많이 접할 수 있다. 하지만 정교회 전통문화가 강하게 남아 있는 볼로그다의 문화적 풍경에서 가장 눈길을 사로잡는 장소는 뭐니 뭐니 해도 중세도시 볼로그다의 문화적 심장부를 형성하는 크레믈린 광장의 소피아 사원(Софийский собор)일 것이다.

역사 기록과 구전 전설에 따르면, 1565년 이반 뇌제(4세)는 볼로그다를 친위대 오프리치니나(опричнина)의 영토에 포함시킨다. 같은 해 이반 뇌제는 볼로그다를 직접 방문하는데, 이때 그는 볼로그다의 아름다운 풍광에 흠뻑 취한 나머지 볼로그다를 오프리치니나의 중심지이자 러시아의 새로운 수도로 만들고자 결심한다. 이러한 결심 직후 1566년 이반 뇌제는 볼로그다 강 남쪽 연안에 현재의 크레믈린을 건설하라는 지시를 내린다. 2년 후 1568년에는 그의 지시에 따라서 크레믈린 중심부에 볼로그다 최초의 석조교회 건축물인 소피아 사원 건설이 시작되어 1570년까지 계속된다. 여기서 주목할 만한 것은 볼로그다 크레믈린의 소피아 사원이 모스크바 공국의 '어머니 교회'로 1475년에서 1479년까지 4년에 걸쳐 건설된 모스크바 크레믈린의 우스펜스키 사원(Успенский собор)과 외관상 많이 닮았다는 점이다. 이처럼 두 사원이 비슷한 외관

[그림 2] 볼로그다의 심장 크레믈린 광장[2)]

[그림 3] 볼로그다의 상징 소피아 사원[3)]

을 띠고 있다는 사실은 이반 뇌제가 볼로그다를 러시아의 새로운 수도로 삼고자 했다는 세간의 주장을 뒷받침해주는 것으로도 충분히 흥미롭다.

하지만 이듬해인 1571년 이반 뇌제는 소피아 사원의 건설 작업을 갑자기 그만둔 채 그의 북부 거주지였던 볼로그다를 떠나버린다. 이반 뇌제가 볼로그다를 새로운 수도로까지 삼을 정도로 심혈을 기울였던 소피아 사원의 건설이 갑자기 중지된 데에는 친위대 오프리치니나를 폐지하고 그 본거지까지도 포기한다는 결정이 크게 작용했기 때문이다. 한편, 이반 뇌제가 소피아 사원 건설을 갑작스럽게 중지한 이유를 둘러싸고 볼로그다 사람들 사이에서 지금까지도 널리 회자되는 전설이 있어 흥미를 더한다. 이 전설에 따르면, 어느 날 이반 뇌제가 소피아 사원 건설 현장을 방문했을 때 작은 돌덩이가 사원 지붕에서 떨어져 뇌제의 머리에 심한 상처를 입혔다. 그러자 이반 뇌제는 이것을 불길한 전조로 받아들이고 사원을 불태워 없애버리려고 했다고 한다. 그래서였을까? 소피아 사원은 이반 뇌제가 살아 있는 동안 끝내 축성을 받지 못했다. 소피아 사원의 축성은 그가 죽고 난 후 1587년에 가서야 비로소 이루어졌기 때문이다.

역사적 사실이 되었든 전설적 일화가 되었든 간에 이반 뇌제의 소피아 사원 건설을 둘러싼 전후 맥락은 러시아 북부에서 볼로그다의 지리적 위치와 역사-문화적 위상이 그만큼 아주 컸다는 사실을 뒷받침해준다. 더욱이, 러시아 역사에서 이반 뇌제 이후 가장 강력한 군주로 군림했던 표트르 대제 역시 볼로그다에 깊은 애정을 표현했다는 사실은 볼로그다 사람들로 하여금 모스크바 사람들 못지않은 '중심 의식'을 갖게 하기에 충분했다. 표트르 대제는 모스크바와 아르한겔스크를 자주 오가는 여행 도중 볼로그다에 잠시 머물곤 했는데, 죽기 직전까지 세 번에 걸쳐 다시 찾았을 정도로 그는 볼로그다를 진정으로 러시아다운 곳으로 생각했다고 한다. 현재 볼로그다에는 표트르 대제가 방문 당시 머물렀던 곳으로 추정되는 집이 존재하는데, '표트르 1세의 작은 집'(Домик Петра Первого)으로 불리는 이 주택은 볼로그다에서 가장 오래된 박물관이다.

4. 스파소-프릴루츠키 수도원, 러시아 북부 개척의 전초기지

교회들의 도시 볼로그다에는 교회 건축물들이 대부분 볼로그다 강 양안을 따라서 시 중심부나 중심부 근처에 위치해 있다. 하지만 여기에도 예외는 존재한다. 볼로그다 크레믈린에서 시내버스를 타고 북쪽으로 3km 달리면 시 외곽에 스파소-프릴루츠키 수도원(Спасо-Прилуцкий монастырь)이 보인다. 모스크바 공국이 러시아 북부 지역 개척을 위한 전초기지로 삼았던 스파소-프릴루츠키 수도원은 1371년 세르게이 라도네시스키(Сергей Радонежский)의 제자였던 성 드미트리 프릴루츠키(Дмитрий Прилуцкий)에 의해 건립되었다. 이 수도원은 러시아 북부 최초의 수도원으로 기록될 정도로 아주 오랜 역사를 자랑한다. 스파소-프릴루츠키 수도원이 갖는 역사적 중요성과 문화적 의미는 로마노프 왕조 직전까지 모스크바 공국을 지배했던 류리크 왕조의 대표자들이 이곳의 건설과 유지에 깊은 관심과 정성을 기울였다는 사실에서도 잘 드러난다. 모스크바 공국의 대공 드미트리 돈스코이(Дмитрий Донской)는 러시아 북부 지역의 패권 투쟁에서 노브고로드를 견제하기 위한 목적으로 수도원 건립을 물심양면으로 지원해주었다. 이후 이반 대제(3세)는 수도원의 십자가 가운데 하나를 군사원정에 나설 때 운반해주었다. 또한 그의 뒤를 이은 이반 뇌제가 수도원을 방문했고 보리스 고두노프와 미하일 로마노프의 황제 선출 때는 이 수도원의 대수도원장들이 참여하기도 했다.

요새처럼 축조된 스파소-프릴루츠키 수도원 중심부는 모스크바 크레

[그림 4] 스파소-프릴루츠키 수도원[4)]

믈린의 주요 사원들과 양식상 비슷한 구세주 사원이 차지하고 있고, 그 옆에는 종탑이 서 있다. 수도원 관계자나 신자는 물론이고 일반 관광객들까지도 출입은 언제나 자유롭다. 하지만 내부 어디에서도 사진 촬영은 엄격하게 금지되어 있을 정도로 수도원 경내는 경건한 분위기가 압도한다. 하지만 볼로그다 자체가 현재까지도 관광 개발이 더딘 데서 알 수 있듯이, 이 수도원을 찾는 일반 관광객들은 드문 것이 사실이다. 이런 점에서 러시아 정교회 역사에서나 건축사에서도 커다란 문화적 의미와 가치를 지니는 수도원의 진정한 면모는 은둔과 고립에서보다는 적극적 홍보나 개방을 통해서 어쩌면 더 잘 드러날지도 모른다.

5. 유형의 도시

1425년에서 1453년까지 모스크바 공국의 내분 시기에 드미트리 돈스코이의 손자였던 드미트리 셰먀카(Дмитрий Шемяка)에게 패배한 바실리 2세가 볼로그다로 유형을 갔던 사실에서도 알 수 있듯이, 볼로그다는 이미 15세기부터 유형의 도시라는 운명을 타고 났을지 모른다. 도로와 수로가 일찍부터 잘 발달해 있었고 1872년 이후에는 철도까지 개통되면서 볼로그다는 유형의 최종 기착지나 경유지로 안성맞춤이었다. 실제로 볼로그다는 러시아 역사의 중요 인물들이 유형을 살았던 도시로 널리 알려져 있다. 1667년 니콘 총주교가 종교분열의 후폭풍을 맞고 이곳으로 유형을 왔고 19세기 후반에는 표트르 라브로프, 게르만 로파틴 등 거물 정치범들이 이곳에서 유형을 살았다.

20세기에 들어와서도 볼로그다는 로마노프 왕조의 제정 러시아 정부에 의해 유형의 도시로 자주 이용되었다. 1903년 볼로그다에는 60명의 정치범들이 유형을 살았는데, 그중에는 아나톨리 루나차르스키, 보리스 사빈코프, 알렉산드르 보그다노프, 니콜라이 베르댜예프 등 러시아 문화사에 큰 발자취를 남긴 사람들이 적지 않았다. 하지만 그 이후에도 볼로그다는 유형자들의 행렬이 계속 이어졌다. 특히 1905년 혁명 이후 1907년에서 1910년까지 3년 동안 볼로그다는 훗날 소비에트 권력의 심장부를 형성했던 급진 혁명가들의 유형 물결로 넘쳐났다. 이때 볼로그다에서 유형을 살았던 유명 인사들로는 뱌체슬라프 몰로토프, 레닌의 어머니 마리야 울랴노바, 그리고 스탈린이 있었다. 이런 점에서 볼로그다에 새겨진 유형의 역사 끝자락으로부터 소비에트 권력의 역사가 시작되었다고도 할 수 있다. 하지만 볼로그다는 혁명가들의 유형지로만 기억되고 있는 것은 아니다. 러시아 모더니즘 문학의 대표자였던 알렉세이 레미조프 같은 작가도 이곳에서 유형을 살았는데, 볼로그다는 유형기의 레미조프에게 예술적 상상력의 풍부한 원천이 되었다. 이렇게 볼로그다에 각인된 유형의 기억은 동시에 러시아 역사와 문화의 기억이기도 하다. 이 모든 기억의 흔적들은 볼로그다 시내 울랴노바 거리의 <유형박물관>에 잘 보존되어 있다.

6. 러시아 북부의 문화수도

2008년 7월 볼로그다 시 정부에 의해 처음 추진되어 이듬해인 2009년 10월 시 의회에서 통과된 "볼로그다 - 러시아 북부의 문화수도" 프로젝트 결의안은 2020년까지 "볼로그다 도시"의 관광 발전 전략을 담고 있다. 결의안의 골자는 볼로그다 특유의 문화적 풍경을 재구성하여 이 지역의 문화적 전통을 계승, 발전시킨다는 것이다. 볼로그다와 같은 북서관구에 속하는 노브고르드나 프스코프 등과 같은 고대도시들이 소비에트 시절부터 관광이 활성화되었던 것과 달리 볼로그다는 소비에트 시절이나 지금까지도 관광 인프라가 그렇게 많이 개발되고 축적된 지역이 아니었던 것을 보면, "볼로그다 - 러시아 북부의 문화수도" 프로젝트는 분명 포스트소비에트 시대 볼로그다의 가장 새로운 변화를 보여주는 것이다. 그리고 이러한 변화 움직임은 도시의 문화적 풍경 재구성이나 정체성 재정립과도 밀접한 관계를 갖는다.

[그림 5] 볼로그다 – 러시아 북부의 문화수도[5)]

특히, 볼로그다 도심 곳곳과 스카이라인을 장악하고 있는 중세시대 각종 교회 건축물의 재정비 작업이나 소비에트 시대에 파괴된 기념비들의 복원 계획이 "볼로그다 - 러시아 북부의 문화수도" 프로젝트의 핵심 내용을 이루고 있는데, 이는 볼로그다 지역 특유의 오랜 역사적, 문화적 전통에 대한 자긍심을 새롭게 고취시키려는 노력에 다름 아니다. 더욱이, 이러한 자긍심 고취 노력은 볼로그다 지역의 정체성에도 일정한 영향을 미치게 마련인데, 이 점은 프로젝트 슬로건 "러시아 북부의 문화수도"라는 문구에 집약적으로 표현되어 있다.

그러나 포스트소비에트 시대 볼로그다의 문화적 풍경과 지역 정체성을 대변하는 "러시아 북부의 문화수도"에 담긴 내포 의미는 볼로그다의 지리적, 물리적 위치나 오래된 전통문화의 시각적, 예술적 표현물만으로는 온전하게 파악할 수 없다. 이것은 볼로그다의 도시 공간과 기억 속에 새겨진 러시아 역사상 중요한 사건들의 맥락 속에서 파악할 때 더 잘 이해할 수 있다. 앞서 설명했듯이 볼로그다 크레믈린의 소피아 사원과 관련된 전설은 한낱 전설로만 그칠 수도 있지만, 볼로그다 사람들에게 이 전설은 역사적 자부심을 갖게 하기에 충분하다. 한때 이반 뇌제가 볼로그다를 러시아의 새로운 수도로 삼을 결심을 했을 만큼 볼로그다는 "진짜 러시아"의 면모, 다시 말해 러시아 문화의 원형적 모습을 갖추고 있었기 때문이다. 이와 함께 볼로그다는 시 역사에서 표트르 대제가 머물렀던 곳으로서도, 스탈린이 유형을 살았던 곳으로서도 적극적으로 홍보되곤 하는데, 공교롭게도 이반 뇌제, 표트르 대제, 스탈린은 모두 제국(건설)의 중심에 섰던 수장들이었다. 그들이 일정 기간 볼로그다와 깊은 인연을 맺은 역사적 사실과 전설적 일화들은 "러시아 북부의 문화수도" 프로젝트에 담겨 있는 내포적 의미, 즉 북부 지역 볼로그다(인들)의 중심(중앙) 의식을 일깨우거나 고취시키기에 충분히 좋은 재료이다.

다른 한편, 1990년대 초 볼로그다 시민들은 포스트소비에트 시대에 걸맞은 정체성을 새롭게 모색했는데, 이 과정에서 도심 공간의 문화적 풍경 재구성 문제를 두고 진지한 논의가 벌어졌다. 예를 들면, 1995년 볼로그다 시 정부는 중세시대의 석조교회나 19세기 목조주택, 스탈린식 고층건물이나 흐루시초프식 아파트 등이 혼재하는 시 중심부를 어떻게 재개발할 것인지를 놓고 열띤 논쟁을 벌였다. 이와 함께 스탈린 정권 당시 이 지역에서 대대적으로 진행되었던 부농퇴치 운동 때 무고하게 학살되어 유기된 어린 아이들의 유해가 볼로그다의 한 교회 마루 밑에서 대량 발굴된 사건은 볼로그다 사람들이 소비에트 과거 역사의 의미를 새롭게 되새기는 계기가 되었다. 또한 1990년대에는 소비에트 영웅들의 기념비들을 어떻게 처리할 것인지도 열띤 논쟁의 대상이 되었는데, 이때 레닌 등 혁명 지도자들의 동상들이 소련 붕괴 직후 강한 반-소비에트 감정으로 시민들의 공격 표적이 되곤 했지만 철거되지는 않고 지금도 볼로그다 시 중심부에 그대로 서 있다. 일설에 따르면 이 동상은 10월 혁명 이후 러시아 전역에 세워진 레닌 동상들 중에서 가장 먼저 세워진 것이라고 한다.

[그림 6] 레닌 동상[6)]

이처럼 볼로그다 도심의 문화적 풍경은 전-소비에트 유산과 소비에트 유산의 아이러니한 혼재로 구성되어 있다. 중세시대 볼로그다의 종교 문화유산이 혁명과 그 이후 소비에트 체제에 의해 적잖이 파괴되어 상실되었는데, 그런 파괴행위의 최고 책임자들을 기념하는 동상들이 도심 곳곳에 중세 교회 건축물들과 나란히 서 있기 때문이다. 볼로그다 도시의 문화적 풍경 속에 존재하는 아이러니한 양상은 도시 중심부에 있는 소비에트 혁명 영웅들의 기념비, 제2차 세계대전 영웅들의 기념비와 함께 정교회 성당의 기념비들이 서 있다는 사실에서도 분명하게 확인할 수 있다. 게다가, 이곳에 아직 남아 있는 공터에 스탈린 치하에서 공포정치(소비에트 홀로코스트)에 희생된 사람들을 추모하는 기념비가 조만간 들어설 예정이라고 한다. 그럴 경우 도심은 가해자와 피해자의 기념비들로 채워지게 되는데, 이는 포스트 소비에트 시대 볼로그다의 문화적 풍경과 정체성에서 가장 복잡 미묘하고 민감한 사안이 될 것으로 전망된다.

주석

1) http://russiaprofile.org/bg_places/resources_territory_districts_vologda.html
2) 필자 촬영
3) 필자 촬영
4) 필자 촬영
5) 필자 촬영
6) 필자 촬영

제3장

유럽을 향해 손짓하는 천년고도, 프스코프

송준서

1. 천년고도

2010년 7월 상트페테르부르크의 시외 버스터미널에서 프스코프(Псков)행 버스 시간표를 보았을 때 나는 좀 실망하지 않을 수 없었다. 페테르부르크에서 프스코프까지는 5시간 정도 걸리는 거리였는데, 상대적으로 러시아 북서연방관구 중 잘 알려진 도시인 벨리키-노브고로드(Великий Новгород)행 버스는 30분~1시간 간격으로 하루에 무려 22회가 운행되고 있었지만, 프스코프행 버스는 겨우 3회 밖에 되지 않았다. 대합실에서 이 같은 배차 시간표를 보고서 프스코프가 키예프 루시 시기 역사서술에서 주요하게 다뤄지는 노브고로드보다 '작고, 덜 알려지고, 볼 것도 별로 없는 도시구나'하는 생각을 하면서 프스코프행 버스에 몸을 실었다.

5시간을 달려 도착한 프스코프 버스터미널. 시의 남부 외곽에 위치한 터미널에서의 첫인상은 평범하고 조용한 러시아 중소도시라는 느낌이었다. 프스코프 도착 며칠 전에 머물렀던 핀란드와 국경을 마주한 카렐리야 공화국의 수도 페트로자보츠크(Петрозаводск)와 비교한다면 프스

[그림 1] 프스코프의 올가 동상[1)]

코프는 '유럽'색이 빠진 전형적인 '러시아' 도시의 분위기를 물씬 풍기고 있었다. 하지만 자세히 내부를 들여다보니 천여 년의 역사를 가진 이 도시는 그 동안의 깊은 잠에서 서서히 깨어나고 있었다.

한국(남한)의 절반 크기로 2009년 1월 기준, 70만 명의 인구를 지닌 프스코프 주의 행정 수도인 프스코프(인구 20만)가 러시아적일 수밖에 없는 이유가 있다. 그 중 하나는 바로 프스코프가 러시아 천년고도 중의 하나라는 점이다. 프스코프 주는 서쪽으로는 에스토니아, 라트비아, 그리고 벨라루스와 국경을 접하고 있는데, 프스코프 지명이 역사서에 처음 등장한 해는 바로 903년이었다. 그 해에 바로 러시아 최초의 국가인 키예프 루시의 첫 번째 슬라브족 출신 통치자 이고리 공(재위: 912-945)이 프스코프의 올가(Ольга)라는 아가씨와 혼인을 하였다고 기록되어있다. 프스코프 주민들은 바로 이 해를 도시 창건의 해로 간주하면서 2003년에는 도시 창건 1,100주년을 기념하기도 하였다. 올가는 남편 이고리 공이 죽은 후 아들을 대신해 섭정(945?-962)을 하여 루시의 실질적인 군주 노릇을 하였고, 러시아 역사상 최초로 기독교를 수용(945 또는 957년)한 러시아 지도자로 역사서에 기록되었다. 이처럼 중요한 인물이 프스코프 출신이라는 이유로 프스코프에는 올가의 이름을 딴 다리, 항만, 예배당, 들판, 바윗돌이 있음은 물론, 도시 중심부와 도시에서 가장 큰 호텔 앞에서도 성녀 올가의 동상을 볼 수 있다.

2. 변방의 요새

프스코프는 중세의 강국이었던 리보니아, 리투아니아 등의 발트 해 국가 및 폴란드와 인접해 있는 지정학적 위치로 인해 13세기 이후 20세기에 이르기까지 잦은 외적의 침입을 받았다. 그중에서도 프스코프는 바로 고대 러시아(루시)의 전쟁 영웅 알렉산드르 넵스키(Александр Невский)공이 1241년 루시를 침공한 리보니아 기사단을 물리치고 조국을 풍전등화의 위기에서 구해낸 장소로서 유명해졌다. 당시 외적들은 루시 영토의 북동쪽에 위치한 노브고로드 공화국을 침략하여 주민들을 살해하고 약탈을 일삼았는데 넵스키가 국민군을 조직하여 1242년 프스코프 인근의 기적의 호수(Чудское озеро) 얼음위에서 극적으로 외적을 물리쳤다. 이후 넵스키는 리보니아 기사단에게 점령당했던 프스코프를 다시 탈환하였고 이후 외국 침략자로부터 루시를 구한 민족영웅으로 추앙받게 되었다. 사실 오늘날 넵스키는 러시아의 '이순신 장군' 같은 존재로 2008년 여론조사에서 러시아에서 가장 중요한 인물로 선정되기까지 했다. 이런 이유로 오늘날까지도 프스코프에서 넵스키의 흔적을 여러 군데에서 볼 수 있다. 도시 북쪽에 거대한 넵스키 동상이 서있는가 하면 도시를 가로지르는 벨리카야(Великая) 강을 오가는 유람선의 이름도 알렉산드르 넵스키이다.

[그림 2] 프스코프 크레믈린2)

이후 프스코프 시민들은 기사단의 공격으로부터 러시아를 수호하기 위해 1266년 경쟁관계에 있는 리투아니아의 도브몬트(Dovmont) 대공을 지도자로 추앙하였다. 1348년 경 프스코프는 노브고로드 공화국으로부터

[그림 3] 알렉산드르 넵스키 동상[3)]

분리된 별도의 독립 공화국인 프스코프 공화국의 수도로 인정받았고, 이후 유럽 국가들의 상업 동맹인 '한자 동맹(Hanseatic league)'에 가입하여 러시아 북서부의 상업 중심지로 성장하게 되었다. 따라서 프스코프는 일찌감치 유럽을 향한 교두보의 역할을 하기 시작하였으며 유럽에게 있어서 프스코프는 러시아로 들어가는 관문의 역할을 담당하였다.

그러다가 1510년 모스크바 공국의 바실리 3세 시기에 결국 절대왕정을 수립하여 중앙집권적인 힘을 키우고 있었던 모스크바에 의해 함락 당했고 그 이후부터는 정치·경제적으로 모스크바의 영향권 아래에 남아있게 되었다. 서부 국경지대에 위치한 전략적 요새로서 러시아 안보 유지에 결정적 역할을 하였던 프스코프의 중요도가 급락하기 시작한 것은 바로 18세기 초 표트르 대제 시기부터이다. 러시아가 스웨덴과 북방전쟁을 치르는 과정에서 에스토니아와 라트비아를 점령하자 프스코프는 곧 서부 국경 부근의 요새로서의 지위를 잃게 되었다. 프스코프 주는 1777년 이후 지방관이 다스리는 변방 지역으로 남아있게 되었고, 전략적, 상업적인 측면에서 중요도가 감소하면서 중앙의 관심으로부터 멀어지기 시작하였다.

18세기 이래 변방의 조용한 도시로 남게 되었던 프스코프에 20세기 초부터 수난의 역사를 경험하게 되었다. 제1차 세계대전(1914-1918)이 발발하자 국경과 가까운 탓에 독일군의 침공을 가장 먼저 받아 한때 점령되기도 하였고 전쟁 직후인 1919년에는 에스토니아가 제정 러시아로부터 독립전쟁을 일으키면서 5개월간 에스토니아 군대에 점령되기도 하였다. 국경지대 도시로서의 대가를 톡톡히 치른 것이다.

3. 비운의 도시

이 외에도 프스코프는 1917년 3월, 300년을 지속해왔던 로마노프 왕가가 종말을 맞이하는 비운의 장소로 역사에 기록되어있다. 바로 제정 러시아의 마지막 황제 니콜라이 2세가 퇴위 성명에 서명한 곳이 바로 이곳이었기 때문이다. 1917년 3월 1일 니콜라이 2세는 2월 혁명의 소용돌이를 피해 전용열차를 타고 상트페테르부르크를 벗어나서 프스코프에 도착했다. 그때 파업 철도 노동자들이 그 열차를 막아섰고 그 다음 날 두마(의회) 의원들이 급히 프스코프에 도착해서 황제에게 나라를 구하기 위해 퇴위하고 모든 권한을 두마에게 넘기라고 설득하였다. 니콜라이 황제는 아들 알렉세이에게 왕위를 물려주려했으나 측근의 반대로 이행치 못했고, 자신의 동생 미하일 로마노프도 제위를 물려받기를 거절했다. 결국 3월 2일 새벽 니콜라이 2세는 프스코프 역 부근에 정차해 있던 자신의 전용열차 안에서 퇴위 성명서에 서명할 수밖에 없었다.

프스코프의 20세기 역사에 각인된 또 한 번의 비운의 경험은 바로 제2차 세계대전 기간 중 나치 독일군에게 점령당했던 사건이다. 프스코프는 1941년 7월부터 1944년 7월까지 만 3년간이나 나치 독일 점령 하에 있었다. 스탈린 정부가 초기에 독일 침공에 무방비 상태에 놓여있었던 것은 잘 알려진 사실이다. 이로 인해 특히 서부 국경지대의 주민들은 당혹스러울 수밖에 없었다. 프스코프의 주민들이 1941년 6월 22일 발발

[그림 4] 제2차 대전의 기억. 당시 프스코프 지역에 지뢰가 매설되었음을 알리는 안내판4)

한 전쟁 상황에 대해 처음으로 소식을 들은 것은 정부 기관으로부터가 아닌 백러시아와 발트 해 연안 국가로부터 쏟아져 들어오는 피난민으로부터였다. 정부가 프스코프 주민들에게 소개령을 내리고 구체적 지시사항을 하달한 것은 나치 독일 전투기가 프스코프를 폭격하기 시작한 7월 2일부터였다. 정부가 하달한 소개 우 선권은 무엇보다도 먼저 은행의 화폐, 문서보관소 자료, 그리고 산업 장비에 주어졌다. 천년고도인 프스코프의 수많은 값진 예술작품과 문화재를 소장하고 있던 프스코프 박물관 소개용으로는 겨우 트럭 3대와 화물열차 1칸만이 배정되었다. 따라서 소개 대상에 선정되지 않은 수많은 예술품들은 박물관 마당에 묻어야만 했었는데, 이 와중에서 많은 예술품들이 도난당해서 영원히 사라져 버리기도 했다. 엄청난 손실이었다. 프스코프는 결국 독일 탱크들이 들어오면서 사실상 전투 없이 정복당했다. 이는 독일 군대의 기술적 우위, 소련 지도부의 전시상황에 대한 판단 능력 결여, 개전 초기의 실수 등으로 인한 당연한 결과였다.

나치 치하에 있었던 모든 도시에서 그랬듯이 프스코프 주민들도 3년이라는 점령기 동안 많은 고통을 당했다. 나치 점령군은 점령 초기부터 프스코프 주민들을 강제노동에 동원했는데, 초기에는 18-45세에 속하는 모든 주민들이 동원 대상이었으나 점차로 동원 연령이 15세로 내려갔으며 동원 대상의 최고 연령도 남자의 경우는 65세, 여자의 경우는 45세까지 상향 조정되었다. 이들은 하루 14-16시간의 노동을 해야 했으며, 순응하지 않을 경우 구타당하거나 감옥에 투옥당하기도 하였다. 특히 프스코프 젊은이들은 강제로 독일이나 발트 해 지역으로 보내져서 그곳의 농장이나 군수공장에서 노동을 수행해야 했다. 또한 프스코프 시 외곽의 크레스티(Кресты)라는 동네에는 강제수용소가 설치되어 전쟁기간 중에 수십만 명의 병자들, 부상자들, 탈진한 사람들이 수용되었다. 이바노프(Иванов)라는 프스코프 정교회 사제는 “도시가 독일군에게 점령당한 첫 날부터 거리에는 수많은 소련 병사들이 무장해제 당해상의도 없이 맨발로 수용소로 끌려가면서 독일군에게 얻어터지고 탈진해있는 것을 보았다. 이들은 수용소에서 죽어갔다"고 점령 초기의 상황을 들려주었다. 비록 프스코프 주민들은 파르티잔도 결성하여 점령군에서 맞섰고 급기야는 1943년에 점령군의 주민 학살과 폭력에 반대하는 봉기도 일으켰다. 그러나 도시가 해방되기까지는 1년을 더 기다려야 했다. 1944년 6월 23일 도시가 소련군에 의해 재탈환되기까지 3년간 크레스트이 수용소에서 죽은 사람의 수는 전쟁 직전 프스코프시 전체 인구와 맞먹는 6만 5천여 명에 달했다. 나치독일 점령의 경험은 국경 도시 프스코프에 잊을 수 없는 상흔을 남겼던 것이다.

4. "새로운" 전통 만들기

소련 붕괴 이후 러시아 지방 도시들이 제각기 소비에트 체제 성립 이전의 전통을 이용해 지역 정체성을 재정립하려는 노력을 펼치고 있는데 프스코프 지역 또한 예외는 아니다. 황제 퇴위라는 역사적 사건과 관련 있는 프스코프와 주변의 도시에서는 정교 단체를 중심으로 1990년대 초중반부터 새로운 지역 정체성을 창조해나가고 있는데, 그 중심사상은 정교를 토대로 한 민족주의와 애국주의라 할 수 있다. 러시아 정교회는 1917년 제정 붕괴 이후 들어선 무신론적 소비에트정부의 정당성을 부인하고 러시아 혁명 이전의 전통으로 돌아가 정교를 근본으로 한 러시아 단결의 전기를 마련하고자 노력하고 있다. 프스코프는 정교회의 그러한 계획에 잘 부합하는 도시가 되었다. 시당국은 이런 노력에 적극 동참하여 니콜라이 황제 퇴위 80주년이었던 1997년, 황제열차가 서있었던 프스코프 역의 건물 벽에 "프스코프 역에 정차되어있던 차르 전용 열차 살롱 칸에서 1917년 3월 2일(신력 15일) 3시 5분 니콜라이 황제가 퇴위하였다"는 현판을 부착함으로써 주민들 및 방문객으로

[그림 5] 프스코프 역 앞의 차르 예배당[5)]

하여금 프스코프의 정체성을 혁명 전의 전통과 연계시킬 수 있도록 돕고 있다.

프스코프 정교회와 시정부는 황제 퇴위 90주년인 2007년 3월에는 프스코프 역 부근에 도시 창건 1100주년 기념 해에 세워진 '차르 예배당'에서 정교 행사를 주관하기도 하였다. 이 행사는 프스코프 인근의 소도시 드노(Дно)의 기차역에서 시작되었는데 90년 전 니콜라이 2세가 탄 열차가 드노에서 먼저 멈춰서 퇴위에 대해 논의를 하고 프스코프에 와서 최종적으로 황제 퇴임서에 서명을 했기 때문이다. 이 정교 행사에는 모스크바로부터 공수되어온 성모마리아의 이콘과 '순교자 차르'의 이콘 두 개가 동시에 사용되었는데, 행사를 집전한 알렉시 디리세비치(Алксий Дарашевич)신부는 설교에서 90년 전 이날은 "러시아 인민들에게 커다란 불행을 가져온 날이다"고 지적하면서 "차르의 순교로 엄청나게 많은 러시아인의 순교가 뒤따랐고 이들 순교자들은 오늘날까지 차르와 함께 신에게 러시아를 위해 기도하고 있다...차르는 우리가 멸망하지 않도록 기도하고 있다"고 강조하였다. 계속해서 신부는 "지금 우리 앞에서 기적이 일어나고 있다...바로 이 장소에서 전 러시아가 단결해야하고, 전 루시가 일어나야한다"고 기도했다. 신부는 바로 이런 추도회 기도를 통해 정교에 기반한 러시아 민족주의 정체성을 수립하고자 한 것이다.

프스코프로 행렬이 옮겨와서는 차르 예배당 앞에서 프스코프 고위 종교 지도자들이 참석한 가운데 종교행사를 계속하였다. 이 자리에서 총대주교 옙세비(Евсевий)는 차르 퇴위 90주년에 대한 슬픔을 표하면서 "러시아의 적에게 중요했던 것은 군주를 제거하는 것은 물론 정교도 없애는 것이었다"고 강조했다. 그러나 그는 "성모 마리아가 그렇게 내버려두지 않았고 러시아를 구원했다...그녀가 우리를 보호해주었고 러시아가 살아남게 되었던 것이다"고 강조했다. 모스크바-드노-프스코프-모스크바를 순례하는 이 행사는 '강력한 루시' 신문사가 2004년 처음으로 시작한 것으로 이후 매년 열리고 있는데 이 신문사 편집장은 "이제 더 많은 러시아인들이 1917년 3월에 실제로 무슨 일이 일어났는지, 그리고 그로 인해 어떠한 비극이 러시아인들에게 펼쳐지게 되었는지 알아야한다"고 주장하고 있다. 프스코프에서 열린 황제퇴위 추모 행사는 러시아 정교회, 지방정부, 언론이 새로운 '전통 만들기'에 적극 참여하고 있는 것을 보여주는 좋은 예라 할 수 있다.

5. 실용주의적 생존전략

소련 붕괴 이후 프스코프 지역의 정치적 성향, 경제발전의 진행 방향은 최근 러시아 북서부 지방의 지역주의에 기반한 행보를 단적으로 나타내 준다. 국경 지대에 위치한 프스코프는 한편으로는 민족주의적, 보수주의적 성향을 유지하면서 다른 한편으로는 모스크바 연방정부에게 프스코프의 전통적인 역할이었던 외부의 침입자로부터 러시아 국경을 지켜내는 요새의 역할을 수행하고 있다는 이미지를 강조함으로써 모스크바로부터의 지원을 얻어내려 하고 있다. 하지만 또 한편으로는 모스크바가 중앙을 경제적으로 지원해줄 능력에 한계가 있다는 것을 잘 알기에 접경지역인 발트 해 국가들과 물 밑 접촉 및 경제 교류를 꾸준히 추진하고 있다. 결국 프스코프의 지역 엘리트들은 국경 지역의 요새라는 지정학적 위치에서 기인하는 전통적인 애국주의, 민족주의를 모토로 내세울 것 같지만 실제로는 지경학적 측면에서 경제적 실리를 얻고자 에스토니아, 라트비아와 같은 접경지역 유럽국가로부터 자본 투자를 유치하기 위해 모스크바를 배제하고 지방 자체 차원에서 활발히 움직이고 있다. 모스크바와 유럽 사이에서 지방의 실리를 취하기 위한 생존 전략인 것이다.

이러한 실용주의적 생존전략이 나타나게 된 것은 1990년대의 극심한 경제적 어려움 때문이었다. 소비에트 시절 프스코프에 위치하였던 4개의 군수품 제조 공장이 도시의 경제를 지탱하고 있었지만, 소련 붕괴와 냉전의 종결과 함께 그 공장들은 거의 파산직전에 이르렀다. 1995년 프스코프 주는 러시아연방내에서 가장 실업률이 높은 5개 주 가운데 하나였는데, 당시 프스코프 주의 실업률은 러시아 평균보다 4배나 높았다. 또한 1996년의 경우 프스코프 주 내의 중·대규모 공장 중 단 1/5만이 안정적 주문량을 확보하고 생산을 늘릴 수가 있었고 주 내의 산업 기업의 거의 절반 정도가 파산상태에 놓이게 되었다. 제조업계로부터 거둬지는 세금이 거의 고갈됨으로써 그 해말 프스코프 주의 지출은 이미 세금수입의 30%를 넘어섰다.

또한 1996년 프스코프의 1인당 산업 생산량은 러시아 연방 평균의 겨우 39%에 머물렀다. 이런 상황에서 1997년 프스코프 주는 불명예스럽게도 러시아에서 가장 가난한 8개 주 중의 하나로 선정되었다. 2000년대 초까지도 이러한 어려운 상황은 지속되었는데 당시 프스코프의 대표적 산업 시설은 바로 지역 발전소였는데 그나마 주민들이 전기 값을 제대로 납부하지 않아 파산위기에 처할 정도였다.

이러한 상황에서 1996년에 지리노프스키가 이끄는 극우 보수 민족주의 성향의 러시아자민당(ЛДПР)계열의 예브게니 미하일로프(Евгений Михайлов)가 당시 여당인 옐친 진영 및 공산당 후보를 물리치고 주지사로 선출되었고 2000년 선거에서 재선되었다. 선거 캠페인에서 그는 지역경제의 어려움에 대한 분노와 연방 정부로부터의 원조에 대한 실망을 강하게 표출하였다. 이와 반해 당시 옐친 측 후보는 NATO와 EU

의 발트 지역 국가에 대한 영향력 확산 그리고 에스토니아, 라트비아의 프스코프 지역에 대한 영토 주장의 위협을 강조하였다. 옐친 진영 후보는 러시아를 수호하는 국경지역의 요새로서의 전통적 임무를 강조하여 지역주민들에게 안정감을 심어 주려했지만 지역 경제문제를 이슈화한 미하일로프에게 패하고 말았다. 당시 프스코프에서 반서방적 정서는 지역 주민들에게 큰 호응을 얻지 못하였다. 프스코프 주 정부는 2000년대 이래 서서히 외국자본 유치를 위해 노력하기 시작하였고 최근에는 발트해 국가와 활발한 경제협력을 도모하고 있다. 이러한 노력의 가장 최근의 예로 2010년 9월 프스코프 주가 라트비아 경제부와 향후 더욱 밀접한 경제협력을 위한 협약을 체결한 것을 들 수 있다.

6. 장밋빛 미래?

프스코프 주 정부는 향후 2020년까지의 사회·경제발전 선략 목표로 1) 농업관련 산업의 발전 2) 역사·문화유산의 보존 3) 관광산업 발전과 토대 구축 4) 교통·수송 시설 확대 및 발전을 내세웠다. 분명 프스코프 주는 이와 같은 목표를 10년 안에 달성할 수 있는 많은 잠재력을 가지고 있다. 프스코프는 남부 타이가와 숲지대에 위치하고 있어 러시아에서 가장 깨끗한 자연환경을 가지고 있는 지역 중 하나로서 농업 및 식품 산업에 유리한 조건을 지니고 있다. 더구나 프스코프 주가 소련 붕괴 이후 국경지대로 변모하면서 현재 러시아와 EU 간 교역 물자의 1/3정도가 프스코프

[그림 6] 삼위일체 성당6)

지역을 통해서 운송되고 있다. 필자도 프스코프-페테르부르크를 오가는 고속도로에서 '라트비아(LV)' 스티커를 부착한 커다란 화물트럭을 자주 볼 수 있었는데 정말 프스코프는 유럽에게는 '러시아의 관문'이자 러시아에게는 '유럽을 향한 창'이라는 것을 확인할 수 있었다. 특히 국경을 맞대고 있는 에스토니아, 라트비아와의 밀접한 교류로 인해 두 국가는 프스코프에 영사관까지 개설해 놓고 있다. 또 프스코프 주 상공회의소는 프스코프 주가 러시아 내에서도 인터넷 환경이 잘 구비된 지역에 손꼽힌다면서 모든 시와 구 중심지에서 유선은 물론 무선 인터넷이 가능하다고 선전하고 있다. 아마도 프스코프 주의 대표적 산업 중 하나가 전기, 전자 및 통신시설 장비 생산이라는 점이 타 지역에 비해 뛰어난 인터넷 환경 구축을 가능하게 했으리라 생각된다. 물론 프스코프를 비롯 인근의 이즈보르스크(Изборск), 페초리(Печоры), 포르호프(Порхов), 오스트로프(Остров)와 같은 고대 도시들은 많은 수도원, 교회, 그리고 프레스코 벽화 등의 관광자원을 가지고 있어, 관광수입을 통한 경제 활성화의 잠재력도 상당히 가지고 있다.

하지만 위에서 언급한 목표를 달성해 유럽과 러시아를 잇는 교량 역할을 하기위해서는 극복해야 할 문제점도 몇 가지 있다. 비록 주민들은 점점 더 외부인을 비롯하여 외부 세계와의 접촉에 익숙해져 가고 있지만 지역의 지식인들 중에는 프스코프가 외부의 관광객들에게 더 많이

[그림 7] 프스코프 시 중심부의 상가[7)]

노출될수록 프스코프 특유의 변방으로서의 정체성을 잃어갈 것에 대해 걱정하기도 한다. 이러한 폐쇄적 지역정체성이 프스코프의 글로벌화 과정과 유럽과의 관계 증진의 속도를 늦출 수도 있다. 또한 비록 프스코프 지방정부가 관광 사업을 발전시키는 것을 목표로 하고 있지만 갈 길이 멀다는 것이다. 2003년 여름, 도시 창건기념일 기간 동안 약 3만 명의 관광객이 도시를 방문했는데 당시 도시의 호텔객실은 1,000여개에 지나지 않았다. 이후 숙박시설이 더 많이 지어지고 있지만 아직도 상당히 모자라는 상황이다. 프스코프 지방정부 및 비즈니스 관련 엘리트들의 보다 적극적인 개선 의지 또한 프스코프 주의 향후 목표달성을 위해 필요한 상황이다. 이 모든 문제가 순조롭게 해결되어 2020년경에는 프스코프와 상트페테르부르크를 오가는 버스 편이 하루 20회 이상 늘어나기를 기대해 본다.

주석

1) http://pskov-russia-666.narod.ru/imagepages-PSKOV-RUSSIA/image975.html
2) 필자 촬영
3) http://www.times248.ru/TIMES/times/times-030/pages-030/015.htm
4) 필자 촬영
5) http://www.pskovgo.narod.ru/news/train.htm
6) 필자 촬영
7) 필자 촬영

제 4 장

칼리닌그라드, 육지의 외로운 섬인가? 유럽을 향한 교두보인가?

제 성 훈

세계지도 또는 유럽지도를 보면, 발트 해 연안 리투아니아와 폴란드 사이에 러시아와 육지로 연결되어 있지 않지만 같은 색으로 칠해져 있는 작은 지역을 발견할 수 있다. 이곳이 바로 오늘날 러시아에서 가장 서쪽에 있는 연방주체 칼리닌그라드 주(Kaliningrad oblast')이다. 한 국가의 영토지만 연속적으로 이어져 있지 않고, 다른 국가의 영토에 둘러싸여 있는 이런 지역을 지정학적 용어로 비지(飛地) 또는 고립영토(exclave)라고 한다. 세계의 대표적인 비지로는 콩고와 콩고민주공화국 사이에 있는 앙골라의 카빈다(Cabinda), 미국 본토와 분리된 알래스카, 그리고 이란, 터키, 아르메니아에 둘러싸여 있는 아제르바이잔의 나히체반(Nakhichevan) 등이 있다. 칼리닌그라드는 1945년 소련 영토가 되었지만, 행정구역상 러시아 공화국에 속해있었기 때문에, 소련 해체와 인접한 리투아니아 독립 이후 러시아연방의 비지가 되었다.

2010년 여름 나는 러시아 지방연구를 목적으로 칼리닌그라드 시를

[그림 1] 칼리닌그라드 주 지도[1)]

비롯한 칼리닌그라드 주 일대에 현지조사차 다녀온 바 있다. 이 글에서는 현지조사 일정에서 느꼈던 단상들을 간단히 정리하면서, 앞으로 본격적인 지역연구를 위한 모티브를 찾아보고자 한다.

1. 칼리닌그라드, 어제 그리고 오늘

칼리닌그라드를 방문하기에 앞서 이 지역에 거주 경험이 있는 학자로부터 현지에 대한 이야기를 듣고 싶었다. 마침 유학시절 지도교수였던 모스크바대학교 정치학부의 알렉산드르 카바첸코 교수를 모스크바에서 만날 수 있었다. 1960년대 말 칼리닌그라드 주에서 군복무를 했던 그는 그리 어렵지 않게 당시를 회고했다. 소련이 점령한 지 이미 20년이 넘었던 당시에도 칼리닌그라드는 제2차 세계대전의 상흔이 그대로 남아 있는 황폐한 지역이었다고 한다. 파괴된 채 방치된 독일식 건물들 사이로 새로운 소비에트식 상징물들과 건물들이 드문드문 눈에 띄던 그런 시절이었다. 전후 강제로 이곳을 떠난 수많은 독일인의 자리는 소련의 여러 지방에서 온 이주민으로 채워졌다. 그러나 이곳으로 이주한 사람들은 파괴된 산업시설과 기근으로 말미암아 충분한 생활조건을 제공받을 수 없었고, 이 때문에 지역에 대한 소속감도 희박했다고 한다.

카바첸코 교수는 현재의 지역 이슈에 대해서도 간단히 언급했다. 2010년 8월 당시는 칼리닌그라드 주지사 교체가 확정된 상황이었다. 여당인 통합러시아는 지지율이 낮다는 이유로 게오르기 보오스(Georgy Boos) 현 주지사의 연임 대신, 다른 세 명의 후보자를 추천하기로 했다. 그간 칼리닌그라드는 러시아에서 유일하게 주지사에 반대하는 대규모 시위가 계속되던 지역이었지만, 카바첸코 교수는 보오스를 연방정부의 부족한 지원에도 경제상황의 호전을 위해 노력한 지도자로 평가했다. 또한, 오히려 주지사 교체는 경제상황 악화가 연방정부에 대한 불만으로 발전하는 것을 막기 위한 정치적 결정으로 보인다고 덧붙였다.

2. 지리적으로 가장 '유럽적인' 지역

다음 날 아침 칼리닌그라드행 비행기에 몸을 실었다. 애초에는 철길을 따라 변화하는 풍경을 보기 위해 기차를 이용하려고 했지만, 기차 안에서 온종일 시간을 보내는 것도 고역일 뿐만 아니라 벨라루스 통과 비자도 받아야 하는 번거로움 때문에 결국 포기했다. 비행기 안은 승객들로 가득 찼는데, 검은 머리의 동양인은 나 혼자였다. 2시간의 짧은 비행으로 칼리닌그라드의 흐라브로보 공항(Khrabrovo Airport)에 도착했다. 밖에서 공항을 바라보니, 완공된 부분과 중단된 부분이 한눈에 대비되었다. 글로벌 금융위기의 여파로 2009년 9월 칼리닌그라드 항공(KD Avia)

[그림 2] 흐라브로보 공항2)

이 파산하면서 이렇게 되었다고 한다. 뼈대만 세워진 채 흉물스럽게 방치된 돔을 뒤로하고 공항을 빠져나왔다.

흐라브로보 공항은 칼리닌그라드에서 북서쪽으로 약 17km 거리에 있다. 공항 앞에는 300루블이면 시내 어느 곳이든 가는 택시들이 줄지어 서 있다. 택시요금에서 벌써 모스크바와 이곳의 물가 차이를 느낀다. 칼리닌그라드로 가는 도로는 생각 외로 잘 정비되어 있었다. 그러나 도시 외곽에 있을 법한 물류센터 같은 기반시설들은 전혀 보이지 않았고, 울창한 숲과 황량한 평야만 계속 펼쳐졌다. 20분 정도를 달려서 시내 중심부 레닌 대로에 있는 칼리닌그라드 호텔에 도착했다. 체크인한 후 방에 들어가서 습관적으로 텔레비전을 틀었더니, 역시 예상대로 독일 방송을 볼 수 있었다. 생각해보면, 공항 키오스크에서도 독일어 신문이 판매되고 있지 않았던가!

사실 러시아에서 가장 서쪽에 있는 칼리닌그라드 주는 그 지리적 위치 때문에 가장 '유럽적인' 지역이 될 수밖에 없으리라! 칼리닌그라드에서 모스크바까지 거리는 1,300km 정도지만, 여기서 베를린은 600km, 바르샤바는 400km 밖에 되지 않는다. 사람들이 흔히 생각하는 것과 달리 칼리닌그라드 주는 벨라루스와 국경을 마주하고 있지 않다. 대신 리투아니아와 280km, 폴란드와 232km의 국경을 마주하고 있는데, 칼리닌그라드 시에서 러시아 국경의 프스코프 주는 800km 떨어져 있지만, 폴란드 국경은 불과 70km 거리에 있다.

시내 곳곳의 명소들을 손쉽게 둘러보는 데는 단체견학 프로그램만한 것이 없다는 생각에 호텔 로비에 위치한 관광안내소를 찾아갔다. 안타깝게도 조금 전에 마지막 팀이 출발했다는 말을 들었다. 하는 수 없이 조금 비싸기는 하지만 차를 가진 개인가이드의 안내를 받기로 했다. 나를 안내한 가이드는 나이가 60세 정도 되어 보이는 러시아인 보리스(Boris)였다. 그는 원래 러시아와 카자흐스탄의 국경지역인 오렌부르크(Orenburg) 출신이다. 입대 후 동독 파견근무를 마치고 1979년에 칼리닌그라드로 전근을 오게 되었는데, 이를 계기로 이곳에 정착하게 되었다고 한다. 동독시절 배운 유창한 독일어와 낡은 메르세데스를 밑천으로 독일어 전문 가이드를 하고 있다. 그가 나에게 제일 먼저 물어본 말도 "독일어 할 줄 알아요?"였다. 그의 말을 빌리자면, 칼리닌그라드를 방문하는 외국인 관광객의 다수는 독일인이고, 그들이 가장 관심을 두는 것은 동프로이센(East Prussia) 시절의 유적이라고 한다.

3. 쾨니히스베르크에서 칼리닌그라드로

칼리닌그라드는 가장 늦게 러시아 영토에 편입된 지역이지만, 750년이 넘는 역사를 가진 고도이다. 1255년 튜튼 기사단(Teutonic Knights)에 의해 건설된 쾨니히스베르크(Königsberg)는 1945년 2차 세계대전이 끝날 때까지 독일 역사의 주요 무대 중 하나였다. 1525년부터 1701년까지 쾨니히스베르크는 프로이센의 수도였으며, 18세기 철학자 임마누엘 칸트도 이곳에서 태어나 이곳에서 세상을 떠났다. 2차 세계대전 중에는 소련을 겨냥한 나치독일의 전진기지였지만, 결국 1945년 붉은 군대에 의해 점령되었다. 이후 포츠담 선언에 따라 쾨니히스베르크와 그 인접 지역이 소련의 영토에 정식으로 편입되었으며, 1946년 7월에는 한 달 전 사망한 연방최고회의 간부회 의장 미하일 칼리닌(Mikhail Kalinin)의 이름을 따서 칼리닌그라드로 개칭되었다.

보리스와 함께 처음 도착한 곳은 시내 중심부에 있는 2차 세계대전 전승을 기념하는 '승리광장'이었다. 우선 승리광장 1번지라는 주소를 가진 칼리닌그라드 시청이 한눈에 들어왔다. 1923년에 건립된 이 건물은 처음에는 상가였지만, 1927년부터 시청으로 사용되었다. 광장의 한가운데 서 있는 것은 상트페테르부르크의 알렉산드르 원주 기둥을 연상시키는 '개선기둥'이다. 원래 이 자리에는 레닌의 동상이 있었는데,

[그림 3] 승리광장 전경[3)]

750주년 기념 프로젝트에 따라 시 외곽으로 이전하고 대신 2차 세계대전 승리를 기념하는 '개선기둥'을 세웠다고 한다. 또한, 광장을 사이에 두고 시청과 마주 보는 곳에는 2006년 칼리닌그라드 주 창설 60주년과 지역 정교회 20주년 기념으로 건립된 '구세주 예수 주교좌 성당'이 있다.

보리스에 따르면, 1979년 자신이 처음 이곳에 왔을 때부터 1990년대까지 도시 외관에 변화가 거의 없었다고 한다. 그런데 연방정부가 칼리닌그라드 주 창설 60주년과 도시 건설 750주년 기념 프로젝트에 막대한 자금을 쏟아 부은 지난 10년간 이처럼 도시가 몰라보게 변모했다고 한다. 도시의 외관에 대한 대대적인 정비는 그 도시에 새로운 이미지와 의미를 부여하려는 의도에 기인할 것이다. 어쩌면 모스크바는 2차 대전의 폐허와 낙후된 소비에트 도시의 이미지를 독일 파시스트들로부터 유럽을 구원한 위대한 러시아의 땅으로 변모시키고 싶었는지도 모른다.

[그림 4] 구세주 예수 주교좌 성당[4)]

[그림 5] 칼리닌그라드 항구5)

4. 칼리닌그라드 딜레마

칼리닌그라드에는 이런 우스개가 있다. "칼리닌그라드가 가장 빨리 발전하는 길은 오늘 당장 러시아가 유럽연합에 선전포고를 하고 칼리닌그라드가 바로 항복해서 유럽연합에 편입되는 것이다." 이런 우스개가 있을 정도로 칼리닌그라드는 인접국들보다 경제적으로 발전이 더딘 지역이다.

소련 붕괴로 칼리닌그라드는 본토와의 연결이 제한된 데다가 러시아 전체의 경제위기까지 겪으면서 큰 타격을 입었다. 1995-1998년 리투아니아와 폴란드는 각각 20%와 24%의 경제성장률을 기록했지만, 칼리닌그라드 주는 러시아 전체의 -8%보다도 더 심각한 -26%의 파국적인 상황을 경험해야 했다. 그러나 1998년 경제위기를 넘기면서 칼리닌그라드 경제는 회복세를 보였다. 1998-2005년 리투아니아와 폴란드 경제가 각각 48%와 26%, 러시아 전체 경제가 58% 성장한 시기에 칼리닌그라드는 96%의 놀라운 경제회복 속도를 보여주었다. 1999년 이후 칼리닌그라드의 경제성장률이 러시아 전체의 경제성장률을 매년 웃돌고 있지만, 이전 시기의 마이너스 성장 때문에 경제성장이 과대평가되고 있는 것일 수도 있다. 여전히 수치만 놓고 본다면, 칼리닌그라드의 1인당 지역 총생산은 러시아 전체보다 낮은 수준이다. 이 때문에 2006년 연방정부는 칼리닌그라드 주 전체를 특별경제지대(Special Economic Zone)로 지정하고 세제 혜택 등을 통해 투자 및 수출 활성화를 시도했다. 그러나 글로벌 경제위기는 칼리닌그라드 경제에 또다시 큰 타격이 되었다. 2009년 산업생산은 전년 대비 10% 이상 감소했고, 항구의 물동량 역시 현저하게 감소했다. 보리스와 함께 들른 항구는 너무도 한산해보였다.

5. 발트 해의 전략적 교두보

칼리닌그라드 중심부를 가로질러 흐르는 프레골라(Pregolya) 강변에는 1994년에 건설된 세계대양박물관이 있다. 이곳에서는 항해, 해양 동식물, 해양 지질학 및 수문학에 관한 다양한 선시물들을 볼 수 있다. 강가에는 해양연구에 사용되었던 선박 '비탸지', 우주연구에 사용되었던 선박 '우주인 빅토르 파차예프'가 전시되어 있다. 그런데 내가 주목한 것은 퇴역 잠수함 'Б-413'이었다.

소련 시절 칼리닌그라드는 부동항이 있는 영토의 최서단 지역으로서, 나토의 공격을 차단하고 신속히 유럽에 진출하는데 필요한 전략적 교두보였다. 이 때문에 냉전 시절 칼리

[그림 6] 퇴역 잠수함 Б-413[6)]

닌그라드는 소련에서 가장 잘 무장된 지역 중 하나였으며, 20만 명이 넘는 병력을 보유한 발트함대의 기지도 이곳에 있었다. 탈냉전기 나토와 러시아의 협력이 발트 지역에서도 이루어지고 있지만, 크레믈린의 전략가들은 여전히 1941년 6월 쾨니히스베르크가 소련 침공의 추축(樞軸)이었음을 잊지 않고 있다.

6. 하나의 도시, 두 개의 이름

프레골랴 강을 조금만 더 거슬러 올라가면, 칼리닌그라드의 명소로 독일식으로는 크나이포프(Kneiphof)라고 불리는 칸트 섬이 나타난다. 이 작은 섬이 이런 이름을 갖게 된 이유는 1724년 쾨니히스베르크에서 태어나 1804년 이곳에서 세상을 떠난 임마누엘 칸트의 묘가 바로 여기에 있기 때문이다. 칸트의 묘 옆에는 오늘날 칼리닌그라드의 대표적인 역사적 상징물인 '주교좌 성당'이 서 있다. 1333년 건축을 시작하여 거의 반세기가 걸려서야 완공된 이 성당은 북유럽, 특히 독일 북부와 발트 해 지역에서 전형적으로 나타나는 소박하면서도 절제된 느낌이 드는 브릭 고딕(Brick Gothic) 양식의 건물이다. 따라서 이 성당은 승리광장의 화려한 '구세주 예수 주교좌 성당'과는 여러모로 대비된다고 할 수 있다. 처음에는 가톨릭 성당으로, 1523년부터는 루터교 성당으로 사용된 이 건물은 제2차 세계대전 당시 영국의 폭격과 대규모 화재로 상당한 손상을 입었지만, 전후 프로이센 군국주의와 파시즘의 상징이라는 오명을 쓰고

[그림 7] 주교좌 성당[7)]

[그림 8] 소비에트 청사[8)]

그대로 방치되었다. 1960년대부터 재건이 시작되었고, 1990년대에 들어서야 오늘과 같은 모습을 갖게 되었다.

칸트 섬의 건너편에는 소련 붕괴로 완공되지 못한 채 지금까지 방치되어 있는 거대한 지역 소비에트 청사가 보인다. 소련 영토에 편입된지 60년이 훨씬 넘은 지금도 쾨니히스베르크와 칼리닌그라드라는 두 개의 이름으로 불리는 이 도시 곳곳에는 역사의 흉터를 그대로 간직한 독일식 건축물들과 소비에트식 건축물들이 기묘한 조화를 이루고 있다.

7. 육지의 외로운 섬인가, 유럽을 향한 교두보인가?

다음 날 칼리닌그라드 외곽의 젤레노그라츠크, 쿠르시스카야 코사 등을 돌아보고 공항으로 가는 길에 보리스에게 칼리닌그라드의 미래에 대해 물었다. 그는 낙관주의자였다. 주지사 교체 이후 정치도 안정될 것이고, 경제상황도 점차 호전되고 있다고 말했다. 현지에서 가동 중인 기아자동차 조립공장의 예를 들면서 특별경제지대 정책에 따라 앞으로 투자도 활성화되어 칼리닌그라드가 유럽을 향한 러시아의 경제적 교두보가 될 것이라고 믿었다. 또한, 도시 외관의 정비로 관광객도 늘어나고

[그림 9] 칼리닌그라드 주 – 특별경제지대[9)]

있기 때문에, 자신의 사업도 번창할 것으로 기대했다. 그는 가장 큰 관건은 연방정부의 관심과 지원이라고 덧붙였다.

이틀간의 강행군을 마치고 모스크바로 돌아온 다음 날, 유학시절 알고 지내던 모스크바대학교 세계정치학부 빅토르 안드리아노프 교수를 만났다. 그는 칼리닌그라드에서 태어나지는 않았지만, 1980년대 유년시절을 그곳에서 보냈다. 그는 보리스와 달리 칼리닌그라드의 미래를 비관적으로 보았다. 그는 칼리닌그라드를 '육지의 외로운 섬'으로 표현했다.

그는 우선 정체성 문제를 지적했다. 강제로 추방된 수많은 독일인 대신 이곳에 들어온 1940-50년대의 이주민들은 칼리닌그라드를 전쟁 직후 잠시 머무는 임시거처처럼 여겼다는 것이다. 또한, 소련 정부 역시 이곳을 전략적 목적의 군사기지로만 바라보면서 제대로 된 투자를 외면해왔다는 것이다. 이 때문에 안드리아노프는 60년이 넘은 지금도 주민의 지역 소속감이 매우 낮은 수준이라고 단언한다.

두 번째로 그가 지적한 것은 영토문제였다. 지금은 주변국들의 영토요구가 비공식적이지만, 지정학적 상황은 항상 유동적이라고 말한다. 발전하는 인접국들 사이에 칼리닌그라드가 방치되는 상황이 계속된다면, 이것이 영토갈등으로 비화하고 이에 동조하는 움직임이 나타날 가능성도 있다고 보았다.

마지막으로 그는 경제문제를 언급했다. 칼리닌그라드가 호박, 석유, 갈탄 같은 광물자원을 보유하고 있고 연방정부에 의해 특별경제지대로 지정되었음에도 경제발전 전망은 여전히 불투명하다고 보았다. 또한, 소련 해체 이후 이곳으로 유입된 이민자들을 다시 다른 지방으로 유출하고 있으며, 연방정부에서 특혜를 약속하지만, 외국자본의 유치도 쉽지 않다는 것이다. 다시 말해 외국자본이 폴란드와 리투아니아가 아닌 칼리닌그라드에 투자할 결정적인 유인책을 마련하고 있지 못하다는 지적이었다.

서울로 돌아오는 비행기 안에서 현지조사 기간 동안 휘갈겨 쓴 메모들을 보며 상념에 잠겼다. 칼리닌그라드의 미래는 어떨까? 칼리닌그라드는 여전히 '육지의 외로운 섬'으로 남을 것인가, 아니면 '유럽을 향한 러시아의 교두보'가 될 것인가?

주석

1) http://www.kommersant.ru/doc/697316
2) 필자 촬영
3) 필자 촬영
4) 필자 촬영
5) 필자 촬영
6) 필자 촬영
7) 필자 촬영
8) 필자 촬영
9) 필자 촬영

제 5 장

북극해를 향한 창: 무르만스크

김선래

2010년 7월 모스크바는 이상고온으로 열병을 앓고 있었다. 매일 낮 기온이 35~6도를 오르내렸고 열대야 현상은 모스크바 시민의 잠을 설치게 했다. 필자가 체류했던 열흘 동안 모스크바는 낮 기온이 39도까지 올라갔고 밤에도 25~6도의 무더위가 계속되었다. 모스크바를 비롯하여

[그림 1] 무르만스크 시가 위치해 있는 콜라 반도 지도[1)]

중부 유럽 대부분의 지역이 한여름의 열기로 몸살을 앓고 있어 누구나 이 더위를 피해 어디론가 떠나고 싶어 했다. 무르만스크는 이런 모스크바 사람들이 무더위에서 탈출하기에 적격이었다. 당시 무르만스크 기온은 15도 내외로 서늘했고, 백야의 아름다움과 북극해의 연어 낚시로 강태공의 마음을 뒤흔들어 놓고 있었다. 이런 무르만스크로 탈출하는 모스크바 사람들로 비행기 좌석은 만원이었다.

필자는 러시아에서 10여년을 생활했지만, 그 긴 시간 동안 무르만스크를 방문한 적이 한 번도 없었다. 하지만 무르만스크에서 볼 수 있는 북극의 아름다움과 백야의 황홀함, 극광의 신비로움은 책을 통해 잘 알고 있었다. 소비에트 시절 소련 북양 함대의 기지로 핵잠수함이 집결해 있었던 무르만스크는 외국인에게는 물론이고 내국인들에게도 금단의 도시였다. 정확히 말하면 북양 함대의 기지는 무르만스크에 있지 않다. 함대 본거지는 이곳에서 북쪽으로 50km 거슬러 올라가 콜스키 만 입구에 있는 시베르모르스크 항구이다. 필자가 이곳까지 가기엔 무리였기에 포기하였다.

무르만스크는 한국인에게도 친숙한 지명이다. 이곳은 북극해에 인접해 있고 소련해군의 자랑이었던 북양 함대가 있었던 사실 이외에도

[그림 2] 시베르모르스크 지역의 러시아 북양 함대 기지[2)]

[그림 3] 무르만스크 지역에 불시착한 대한항공여객기[3)]

1978년 대한항공 여객기가 불시착한 곳으로 한국인의 기억 속에 남아 있다. 당시 파리 발 한국행 대한항공 여객기가 소련 영토를 침범했다가 소련군 전투기에 피격되어 카렐리야 호수에 불시착한 사건이 있었다. 이 과정에서 2명이 숨지고 10여명이 부상을 당했다. 다행히도 대한항공기는 카렐리야 호수면의 두꺼운 얼음 위에 사뿐히 내려앉아 대형 참사를 면할 수 있었다. 이와 관련한 사진들은 소련 해체 이후 공개되어 많은 사람의 관심을 끌었었다.

필자는 무르만스크에 도착하자마자 공항에서 연방정보부 요원의 마중(!)을 받았다. 아마도 외국인이 혼자 무르만스크를 방문한다고 해서 신경이 거슬렸던 모양이다. 새벽 1시 30분 공항을 빠져 나온 필자의 머리 위로 7월의 태양이 빛나고 있었다. 이상한 나라 엘리스에 온 느낌이었다. 새벽 1시에 태양을 보고 있노라니 오후 3시가 아닐까 하는 착각이 들었다. 이삼십 분을 달렸을까. 북극해에 인접한 무르만스크 시 전경이 발아래 펼쳐져 있었다. 툰드라 지대답게 야산에는 작은 키의 관목과 암석이 널려 있었고 능선과 능선으로 이어진 야산의 풍경은 늦가을 늦은 오후 대관령 목초지 같은 황량한 분위기를 연출했다.

무르만스크는 콜라 반도 중간 콜스키 만 안쪽으로 깊숙이 들어와 위치하고 있다. 콜라 반도는 높이 1,200미터 정도의 산들이 산맥처럼 이어진 고산지대이다. 발틱판과 캠브리아시기의 화강암으로 주로 이루어졌으며 대표적인 산은 하빈 산이다. 빙하시기 거대한 빙하가 콜라 반도를 덮고 있었으며 산과 산사이 계곡에는 초기 홍적기 시기 빙하의 침식작용으로 날카롭게 변형된 모습을 보이고 있다. 특히 해안가는 빙하의 침식으로 인한 표오르드 협곡이 나타나고 있다. 콜라 반도와 하빈 산 일대에는 저지대 산기슭에 소나무와 자작나무 숲이 나타나고 있으나 해발 300-400미터부터는 자작나무가 군락을 이루고 있다. 500미터 이상의 지역에는 전형적인 툰드라의 모습이 이어져 잡목과 이끼지역이 나타난다.

1915년 이전에 무르만스크는 작은 촌락에 불과했다. 그러다 1915년 여름부터 콜스키 만에 상업항구 조성을 위해 도시건설이 시작되었다. 무르만스크가 도시로서 형태를 갖춘 것은 1916년 9월 21일로 이날은 공식적인 도시 건설일로 지금까지 기념되고 있다. 또한 이날 도시의 중심언덕에 성자 니콜라이 미르리키스키의 이름으로 선원들의 보호자 성당초석이 놓여졌다. 무르만스크라는 지명은 노르만(북부사람)에서 유래되었다고 한다. 노르만이 100여년의 시간이 지나면서 무르만으로 변경되었다고 보는 것이 가설 중의 하나이다. 처음에는 무르만스크라는 이름이 아니라 '로마노프-나-무르마네'라고 명명되었다.

이 도시는 세 개의 군락으로 형성되어 있었는데 항구에 종사하는 군락과 철도에 종사하는 군락, 그리고 군사기지에 종사하는 군락으로 총 7,500명 정도의 시민이 살고 있었다. 1917년에 1만 5천명까지 도시민들의 규모가 확대 되었으나 러시아내전을 거치면서 그 수가 줄어들어 소비에트 정부가 들어선 1920년에는 2,500명 정도가 남게 되었다. 1926년 인구센서스 때 등록한 인구수는 8,777명이었으며 그 후 급속히 인구수가 증가하여 1930년에 2만 명을 헤아리게 되었다. 1932년엔 5만 명, 그리고 1939년에는 11만 7천명에 이르렀다. 2차 세계대전 때 일시적으로 인구가 감소되었으나 1956년 16만 8천명으로 늘어났다.

조그마한 시골 소도시는 1921년에 레닌그라드 주의 무르만스크 구로서 확대되어 그 구의 중심도시가 무르만스크 시가 되었다. 무르만스크

[그림 4] 무르만스크의 자연풍경4)

가 독립된 주로 격상된 것은 1938년 5월부터이다. 1926년 2월까지는 행정조직이 없었으나, 그 이후 주행정기관이 설립되어 정비된 행정구역과 행정청을 갖게 되었다. 1939년에 무르만스크에 레닌, 키로프, 미코야노프 지역이 행정구역으로 형성되었으나 1948년에 없앴다가 다시 복원시켰다. 결국 1967년 10월에 현재의 행정구역인 레닌 지역과 오크탸브리 지역이 형성되었으며 여기에 지금의 시 중심부에 해당하는 페르보마이 지역이 첨가되어 총 3개 지역이 형성되어 있다.

가장 많은 도시민이 살았던 시기는 소비에트 말기인 1989년이며 총 47만 2274명이 살고 있었다. 그 이후 인구가 감소하여 1996년에 40만, 1998년에 39만, 2002년에 33만 명까지 줄어들었다. 50만 명 가까이 살던 도시가 30만 명으로 줄어들어서 그런지 대낮에도 도심 한가운데 이동하는 사람들이 적었다. 시내 중앙에 있는 백화점에도 백야의 시즌인데도 북적이지 않는 걸 보면 극야의 계절에는 어떨까 하는 궁금증이 생겼다. 필자가 묵었던 호텔 또한 비어 있는 아파트를 개조하여 영업을 하고 있었다. 아마도 여기 아파트 가격은 엄청 저렴할 거 같다는 느낌이 들었다. 언덕위에 위치해 있는 조그마한 호텔에는 1층에 간편한 식사를 할 수 있는 카페가 있었고 이 카페는 저녁마다 보드카를 즐기는 러시아인과 먼 길을 온 여행객들이 삼삼오오 앉아 담소를 나눈다. 필자도 이곳에서 혼자 식사를 하다가 핀란드에서 온 사업가와 그의 친척들과 같은 자리에 동석하게 되었다. 무르만스크는 지리적으로 핀란드와 가까이 있어서 그런지 핀란드인들이 많이 사업한다고 한다. 주로 북빙양에 있는 수산물을 다루거나 목재 가공업에 종사한다고 한다. 북극의 환경에 적응해서인지 그의 조카는 술 한 방울도 안 마시는데 비하여 나이든 핀란드 사업가는 무척 마셔댔다.

무르만스크 주의 주도인 영웅의 도시 무르만스크는 북극해의 일부인 바렌츠 해에 연해 있는 콜스키 만 남쪽을 따라 내륙 안쪽 50킬로미터에 위치해 있다. 무르만스크 시는 만을 끼고 만의 동안에 북쪽에서 남쪽으로 길게 연해져 있으며 그 길이는 20킬로미터에 달한다. 시의 일부분은 콜스키 만 서안에도 일부 자리 잡고 있다. 바렌츠 해는 북극해의 일부로 콜라 반도 북쪽에 위치해 있으며 길이 1,300㎞, 폭 1,046㎞에 달한다.

무르만스크 시의 면적은 150㎢이며 도시인구는 2007년 1월 기준으로 31만 7,500명이다. 이 도시는 북극권에 있는 최대의 도시이며 북대서양 난류의 영향으로 러시아 북쪽에 위치한 유일한 부동항이며 일 년 내내 북극으로 향해 열린 창이다. 무르만스크는 러시아 원자력 북양 함대의 배후기지이다. 무르만스크는 선박과 군함을 수리할 수 있고 물자와 인력을 지원할 수 있는 믿음직한 도시이다. 1~2차 세계대전에서는 러시아와 유럽, 미국을 잇는 거점도시로 활약하였다. 북극해를 거쳐 런던까지는 3,100㎞, 캐나다 몬트리올까지는 7,700㎞ 정도 떨어져 있으며, 이러한 지정학적 위치는 무르만스크가 북극이라는 극한의 기후 속에서도 나름의 물질적 정신적 기반이 될 수 있는 이유였다.

이곳은 수산업의 본거지이자 수산가공산업이 발달해 있다. 1920년대 신경제정책기간 중 수산업이 중점적으로 육성되었으며 1924년 6월에는 북극권 국가들의 수산업 트러스트가 결성되었다. 현재에도 무르만스크는 전 러시아 수산물 어획량의 1/5을 차지할 정도로 주요한 위치를 차지하고 있다. 또한 북극에 매장되어 있는 석유와 가스를 탐사하는 전초기지 역할도 하고 있다.

무르만스크는 가까이 위치해 있는 노르웨이 트롬스와 미국의 잭슨빌, 스웨덴의 룰레오, 핀란드의 로바니에, 아이슬란드의 아쿠레이르, 폴란드의 쉐찐, 네델란드의 그로닌겜 등과 친선우호관계를 맺고 있다. 외교공관들도 많아서 러시아 외무성의 대표부가 위치해 있고 노르웨이의 총영사관, 핀란드와 스위스의 총영사지부, 아이슬란드의 명예총영사관이 무르만스크 시에 있다. 이 때문에 매년 각종 국제 세미나와 심포지엄, 전시회가 열린다. 필자가 방문했던 기간도 이 시기와 맞아 떨어져 시내에 있는 호텔 룸을 구하기가 매우 어려웠다.

콜스키 만 입구에는 러시아에서 유일한 조력발전소가 위치해 있다. 관광객들은 이 도시로부터 2,272㎞ 떨어진 북극점을 여행하기 위하여 매년 수백 명씩 무르만스크 해양회사의 원자력 선박을 타고 출발한다. 관광객들은 백해와 바렌츠 해 수변의 아름다움과 수려한 풍경을 감상하며 테르스크 해안의 강가에서 연어잡이에 열중할 수 있다. 페체간스키 지역에는 깊이 12,000미터의 콜스키 심해가 존재한다. 라바제르스크 지역에서는 고대 삼스크 족의 문화와 유적을 볼 수 있다.

필자가 무르만스크를 방문했을 때는 백야의 계절이었다. 백야는 5월 23일부터 7월 21일 약 2달간이고, 밤이 24시간 지속되는 극야의 기간은 12월 2일부터 1월 11일까지이다. 백야의 기간에는 해가 중천에 떠서 중천에 진다. 즉 하루 종일 해가 떠 있는 것이다. 가장 밤이 깊은 밤 12시와 1시 사이에도 해는 약 45도 각도의 중천에서 이글거리고 있다. 기후는 변덕이 심해 하루에도 여러 번 변한다. 아침에 비가 왔다가 점심에는 거센 바람이 그리고 저녁에 또 비가 온다. 하루에도 서너 번 기후가 변한다. 여름에도 우박이 내리는가 하면 한여름에 기온이 급강하하기도 한다. 필자가 머물렀던 3일간의 날씨도 변덕이 심해서 7-8번의 기후

[그림 5] 무르만스크 지역 겨울에 나타나는 극광현상[5)]

변화를 맛보아야했다. 그 때문인지 바람은 매우 거세게 불어 우산을 쓰지 못할 정도였다. 아침에 화창한 날씨여서 시내를 거닐고 있는데 갑자기 비바람이 몰아쳤고 그 뒤 2시간이 안되어 다시 맑게 개이는 등 변화무쌍한 날씨를 보였다. 여름에는 20도 안팎으로 따스하며 1972년 7월 9일에는 영상 33도 까지 올라간 적이 있다고 한다. 필자가 살었던 7월 말은 한창 여름임에도 불구하고 영상 8도까지 떨어지는 추위를 맛보아야 했다. 모스크바 30-40도 가까운 더위 때문에 고생한 것이 엊그제인데, 두꺼운 덧옷을 가지고 오지 않았더라면 큰일 날 뻔했다.

물론 겨울은 이와 정반대이다. 해가 전혀 뜨지 않을 뿐 아니라 극 지역에서 볼 수 있는 극광현상(오로라)을 볼 수 있다. 이 도시는 일 년에 200일 정도 눈에 덮여 있고 1999년 1월 27일에는 영하 39도 4분까지 내려간 적이 있는 극한의 지역이다. 영하 40도가 넘어가면 러시아인들이 좋아하는 보드카도 얼어 터진다. 무르만스크 시민들의 경구가 있다. "오늘 날씨에 대하여 좋다고 하지 말라! 언제 어떻게 변할지 모른다." 이 말이 꼭 들어맞는 말이다.

무르만스크 지역은 툰드라 지역으로 돌과 암석이 주로 흩어져 있다. 작은 관목류와 라일락과 버섯류, 길옆에 조그마한 관목류에 열매들이 달려있다. 워낙 가혹한 기후라서 산에는 큰 키의 나무가 없고 작은 관목류와 돌, 그리고 빙하에 의해 침식된 불모지들이 길게 누워 있다. 특이한 점은 콜스키 만을 따라 키가 큰 나무들이 많이 보이고 가로수들도 꽤 크게 자라 있었다. 북대서양의 난류가 콜스키 만까지 흘러 이 지역이 따뜻해서 이다. 필자가 새벽 1시 쯤 무르만스크 비행장에 도착 했을 때 해가 중천에 떠 있었고 기온도 영상 14도 정도로 따스했다. (여름치고는 좀 춥다고 느꼈지만) 그런데 이틀 뒤 무르만스크를 떠나기 위하여 비행장에 도착했을 때는 영하의 매서운 바람과 추위로 온 몸이 사시나무 떨듯 했다. 물론 겨울용 외투를 미리 준비하긴 했지만 말이다. 그 이유는 비행장이 무르만스크 도시가 위치해 있는 콜스키 만에서 내륙으로 약 2-30킬로 들어가 있는 해발이 높은 지역에 위치해 있기 때문이다. 비록 2-30킬로미터 차이지만 같은 날 해안 쪽은 초가을, 내륙은 초겨울 기온을 보였던 것이다. 내륙은 전형적인 툰드라 기후를 보이고 있다. 도시가 형성된 형태도 콜스키 만을 따라 남북으로 길게 드리운 것도 이러한 이유일 것이다. 바다에서 내륙으로 10㎞만 떨어져도 북극의 무서운 추위를 4계절 내내 마주치게 된다.

이도시 남쪽에는 콜스키 만의 동안과 서안을 서로 연결시켜주는 다리가 있다. 2005년에 완공된 이 다리는 총 연장 2,500m이며 그중 바다위에 위치한 부분은 1,611m에 달하는 극지방에서 가장 긴 다리 중 하나이다. 이 도시에는 세계에서 가장 큰 범선이 있으며 이 범선은 그 길이가 117m, 폭은 14,6m으로 세계 기네스 북에도 올라가 있다고 한다. 무르만스크 또한 다른 도시들과 마찬가지로 시내 중앙에 커다란 광장이 있고 한쪽으로는 시의회와 관공서들이, 다른 한 쪽으로는 음악당과 극장, 10곳의 기념동상, 그리고 박물관이 위치해 있다. 무르만스크에 사는 러시아인들의 성격과 특성이 타 도시와 비슷하다고 느껴졌지만, 극지의 척박한 환경은 보이지 않는 그들만의 독특한 생활양식을 만들었을 것이다. 빛도 없는 캄캄한 겨울은 인간인 이상 견디기 힘들 것이다.

그래서인지 소비에트가 붕괴된 이후 군사적, 경제적 흡인력이 떨어지자 50만 명에 가까웠던 도시인구가 급속히 감소하여 지금은 32만 명 정도로 줄어들었다. 필자가 길거리에서 만났던 평범한 시민들은 여느 러시아 도시에서나 볼 수 있는 광경이었으며, 상점과 식당에서 마주친 러시아인들은 여느 시골 소도시에서 느낄 수 있는 러시아인의 모습 그대로였다. 2008년 세계금융위기 이전에 무르만스크도 건축 붐이 일어 많은 건물을 지었다고 한다. 건축노동자로 중국인들이 대거 무르만스크 지역에 들어와 무르만스크 시민들은 그때 처음 중국인들을 많이 봤다고 한다. 금융위기 이후 건축노동자였던 중국인들이 썰물처럼 빠져나가 필자가 방문했던 2010년에는 거의 남아있지 않다고 말하고 있다. 그래서인지 고립된 도시 무르만스크 시민들이 동양계 이방인인 필자를 경계의 눈으로 바라보지 않았을지 모르겠다.

무르만스크와 상트페테르부르크, 그리고 모스크바를 이동하는 방법 중 가장 대중적인 교통수단이 열차이다. 무르만스크에서 직통으로 모스크바까지 약 40시간, 상트페테르부르크까지는 32시간이 걸린다. 또한 무르만스크에서 볼로그다, 민스크, 아스트라한, 아르한겔스크, 심페로폴, 노바러시아, 벨고라드로 연결되는 철도망을 가지고 있다. 그 다음 교통수단이 자동차로서 18번 도로가 상트페테르부르크로 이어져 있다. 무르만스크 주도를 중심으로 무르만스크 주의 모든 도시들이 포장된

[그림 6] 무르만스크 도시 전경[6)]

도로로 연결되어 있으며 총연장 길이가 4,400㎞이다. 무르만스크 공항은 국내선으로 모스크바, 상트-페테르부르크, 아르한겔스크, 칼리닌그라드, 에카테린부르크, 크라스노다르스크, 로스토프, 사마라, 소치로 직항이 연결되어 있다. 국제선으로는 노르웨이의 키르케네스, 트롬세, 핀란드의 로바니에미, 스웨덴의 룰레오와 직항으로 연결되어 있다. 이러한 항공노선을 이용하여 무르만스크 공항은 국제항공화물의 경유지로서의 발전 전망도 가지고 있다. 무르만스크로 가는 가장 좋은 방법은 항공편을 이용하는 것이다. 기차는 너무 오래 걸려 32시간 가까이 열차 안에서 보낸다는 것은 시간이 아깝다는 생각이 든다.

무르만스크에는 지난 20세기 동안 레닌을 제외한 많은 역대 지도자들이 방문을 했었다. 레닌은 방문을 하지는 않았지만 이 도시에 전폭적인 지지를 보내주었다. 1933년에는 스탈린과 바로쉴로프, 키로프가 다녀갔으며, 제2차 세계대전 전까지 쿠이브이셰프, 미코얀, 몰로토프가 다녀갔다. 1962년에는 후르시초프, 1967년에는 브레즈네프, 그리고 제2차 세계대전 기간 중에 체르넨코가 크라스노디르스크 대표단과 같이 방문하였다. 1972년 안드로포프는 2차 세계대전에서 영웅적으로 투쟁한 도시들을 기념하기 위하여 무르만스크에 영웅도시 훈장을 수여하였다. 그 이후 1987년에 고르바쵸프가 이도시를 방문하였으며 2007년에는 푸틴대통령이 쿠바의 카스트로와 캐나다의 트루도 수상, 노르웨이 왕가 일족, 스위스와 핀란드의 수상과 같이 방문하였다.

무르만스크는 제2차 세계대전 시 영웅적인 투쟁을 한 도시로 유명하다. 독일군은 후방지원도시인 무르만스크에 대하여 맹폭을 가하였으나 점령하지 못하였다. 무르만스크는 레닌그라드 봉쇄 동안 유일한 북쪽 지원통로로서 탄약과 장비, 식료품들을 레닌그라드에 공급하였다. 겨울철에 소련군들은 얼어붙은 호수와 강을 이용하여 레닌그라드에 물자를 보급하였고 여름에는 배를 이용하여 전쟁물자와 식량을 보급하였다고 한다. 지금도 콜스키 만 입구 언덕에는 1941-1945년 대독전쟁 시 사망한 무명용사를 기리는 대형 군인상이 세워져 있으며 그 군인상의 얼굴은 콜스키 만을 향해 바라보고 있다.

필자의 호텔에서 직선거리로 1킬로미터 남짓 떨어져 있는 이 무명용사의 거상은 그 크기부터 압도하고 있다. 걸어서 20분정도 걸리는 들판길을 따라가다 보니 커다란 바위에 붉은 페인트로 쓰여진 "빅토르 초이는 죽지 않고 영원히 살아있다"라는 문구가 눈에 들어온다. 빅토르 초이는 한국계 러시아인으로 1990년 자동차 사고로 사망한 유명가수이다. 사망한지 30년이 지났어도 러시아인들의 가슴속에 남아있는 전설적인 가수이다. 지금도 러시아 라디오에서 그의 노래를 심심치 않게 들을 수 있다.

[그림 7] 콜스키 만을 바라보고 있는 무명용사 상[7)]

무명용사의 거상 잎에는 항상 그러하듯이 누군가에 의해 놓여 진 꽃들이 흩어져 있었다. 이른 아침이라 아무도 방문하는 사람이 없는 거상 주변에 10대 후반의 청소년들로 보이는 아이들이 빗자루로 청소를 하고 있었다. 그들에게는 러시아인들이 대 조국전쟁이라고 부르는 제2차 세계대전이 까마득한 역사속의 한 페이지로 인식되고 있을 것이다.

[그림 8] 무르만스크 시가 바라다 보이는 언덕 위 바위 위에 적혀 있는 빅토르 초이의 글[8)]

필자가 묵었던 숙소 바로 앞에 2000년 쿠르스크 핵잠수함사건으로 사망한 영혼과 북빙양에서 사망한 해군을 위한 위령탑과 기념비가 위치해 있었다. 대러시아 국가의 자존심이었던 핵잠수함이 사고로 인하여 바렌츠 해 해저에서 폭발한 이 사건은 두고두고 많은 사람들의 기억 속에서 맴돌고 있다. 사고가 발생한지 10년이 지났으나 대부분의 러시아인 뇌리속에는 그때의 비참함이 남아있다. 아침에 그 일대를 청소하는 청소부의 빗자루 소리를 들으며 북극해 연안에 위치해 있는 무르만스크의 현재를 느낄 수 있었다

[그림 9] 핵 잠수함 쿠르스크호와 해양 전몰자를 위한 비[9)]

주석

1) http://www.denvol.ru/skachat/karty-murmanskaya-oblast-skachat.html
2) http://www.militaryphotos.net/forums/showthread.php?177337-World-Wide-Navies/page48
3) http://invivio.net/info/157453.htm
4) http://news.mail.ru/archive/economics/2011/07/13/?page=6
5) http://newshot.ru/photo/1157017402-severnoe-sijanie-v-murmanskojj-oblasti.html
6) 필자 촬영
7) 필자 촬영
8) 필자 촬영
9) 필자 촬영

제 6 장

강 위의 도시, 코미 공화국의 식팁카르를 가다

김혜진

러시아는 하나의 거대한 국가이지만, 그 안에는 21개의 민족 공화국들이 있다. 민족 공화국이란 러시아의 세력이 확장되기 훨씬 이전부터 특정 민족이 조상대대로 거주하고 있는 영토가 공화국의 형태로 발전한 것을 말한다. 러시아 북서지역의 끝자락에는 코미 공화국이 위치하고 있다. 코미 공화국은 독일 영토보다는 조금 크고 프랑스 영토보다는 조금 작은 면적의 영토를 가지고 있다. 독일 영토만한 민족 공화국이 러시아 땅의 작은 일부를 차지한다고 하니, 러시아가 넓긴 넓구나 라는

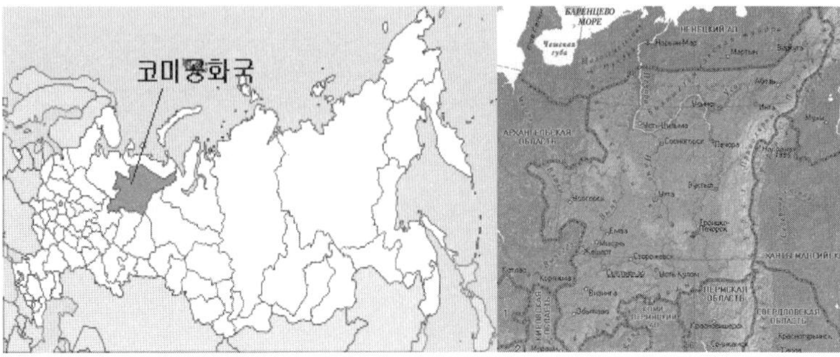

[그림 1] 러시아 내 코미 공화국의 위치(좌), 코미 공화국 지도(우)[1]

생각이 새삼스럽게 든다. 코미 공화국의 북쪽으로는 네네츠 자치구가 있고, 바로 우랄산맥 너머 동쪽으로는 한티-만시 자치구와 같은 시베리아의 시작을 알리는 지역들과 이웃하고 있다. 우랄산맥의 동쪽을 시베리아라고 부르니, 코미 공화국은 엄연히 시베리아가 아닌 러시아의 유럽부분에 속해 있지만, 혹독한 기후 등으로 시베리아와 유사한 자연환경을 갖추고 있다고 할 수 있다.

1. 이름도 어려운 코미의 수도 '식팁카르'

코미 공화국을 가보기로 결심한 이상, 공화국의 수도를 안 가볼 수 없었다. 더 솔직히 말하자면, 일정과 비용의 한계로 독일만한 코미 공화국의 넓은 지역 중 수도만 갈 수 있었다. 코미 영토는 남북으로 긴 형태를 띠고 있는데, 수도인 식팁카르는 공화국의 꽤 남쪽에 위치하고 있다. 11세기 무렵 '코미'라는 민족이 형성된 곳은 바로 현재의 수도가 위치한 남부 지역이며 이곳을 중심으로 코미민족은 발전되어 갔다. 다시 말하자면, 식팁카르는 코미 땅의 오래된 행정중심지이면서 코미민족의 요람이라고 할 수 있다. 모스크바에서 식팁카르까지는 1,410km의 거리였다. 기차로 여행한다면 꼬박 하루하고도 몇 시간이 더 걸릴 거리이다. 몇 년 전 러시아의 남부를 지나며 수십 시간을 기차로 여행한 적이 있는 나에게 하루가 넘는 기차 여행을 하는 것은 어려운 일이 아니었으나, 역시 일정이 문제이다. 3일이라는 시간이 주어진 나에게 하루를 그곳으로 가는 데에만 소비하는 건 너무 아까운 일이었다. 결국 비행기로 이동하기로 결정했다. 깨끗하고 쾌적한 한국비행기에 비하면 꽤 낡아 보이는 비행기에서는 러시아어와 코미어가 병행되어 안내방송이 나왔다. 코미어는 핀-우그르 계열의 언어이다. 크게는 우랄어족에 속한다니, 같은 어족인 우리나라 언어와도 뭔가 가깝지 않을까도 싶지만, 처음 듣는

[그림 2] 비행기 안에서 내려다 본 식팁카르2)

코미어는 독일어와 그루지야어의 중간 정도의 인상을 주었다. 물론 어디까지나 개인적인 생각이다. 비행기에 올라탄 지 두 시간 정도 지났을까, 어느새 창문 밖에는 지도로만 봤던 코미의 수도가 보인다. 그러나 수도가 맞는 것일까? 한 공화국의 수도라고 하기에는 창문 밖으로 보이는 것은 넓은 들판과 드문드문 보이는 강, 그리고 올망졸망 모여 있는 집들이었다.

2. 흰 눈 위에 푸른 초원, 그 위에 파란 하늘

그제야 코미 공화국 전체 영토의 70%가 산림인 것을, 그리고 여전히 사람의 발길이 드문 원시림이 존재한다는 사실을 상기해 냈다. 이러한 코미 공화국의 자연환경을 코미 공화국의 국기만큼 간단히 표현하기도 힘들 것이다. 코미 공화국의 국기는 삼색기인데, 맨 아래에는 흰 색, 그 위에 녹색, 그리고 가장 위에는 파란 색으로 구성되어 있다. 맨 아래 있는 흰 색은 코미가 러시아 북쪽 지방에 위치해 있는 만큼 자주 볼 수 있는 눈을 의미한다. 가운데 녹색은 광활한 코미의 산림지대를 나타난다. 그리고 그 위에 파란색은 눈과 숲 위에 드리워진 청명한 파란 하늘을 뜻한다. 그러니, 다시 말하자면, 국기 자체가 하얀 눈 위에 펼쳐진

[그림 3] 코미 공화국의 국기[3)]

코미 영토의 푸른 들판과 숲, 그리고 파란 하늘인 셈이다.

코미를 찾은 것이 8월이었기 때문에 흰 눈은 볼 수 없었지만, 푸른 나무와 숲, 청랑한 하늘은 한껏 맛볼 수 있었다. 물론 흰 눈 대신에 8월 중순임에도 0도로 뚝 떨어진 러시아 북부의 쌀쌀한 기운도 제대로 느낄 수 있었다.

한때 코미 땅을 여행했던 러시아 작가가 『숲의 제국』이라는 제목의 기행문을 썼을 만큼 숲이 울창했던 코미 공화국은 여전히 이곳은 숲이 많은 곳이었다. 수도인 식팁카르도 예외는 아니었다. 대로에서 조금만 골목으로 들어서면 시골길처럼 나무와 숲을 볼 수 있었다. 그러나 아무리 산림자원이 풍부한 곳이며 전통적으로 목조문화권에 속한다 하더라도, 글로벌 시대의 영향을 가장 많이 받는 수도에서 목조가옥을 볼 수 있을 거라고는 생각지 못했다. 나의 예상과는 달리, 현대식의 아파트들이 세워지는 가운데 옛 목조가옥도 잘 보존되어 있었다. 물론 전통적인 코미 가옥이라기보다는 소비에트 시대의 '코무날까'와 비슷해 보였지만, 여전히 사람들이 살고 있다고 하니, 놀라울 따름이다.

[그림 4] 식팁카르에서 쉽게 볼 수 있는 목조가옥[4)]

3. 230살 생일을 맞이한 '강 위의 도시'

인구 230만 명이 조금 넘는 식팁카르에는 코미민족의 중심지이지만, 실제로 코미인의 비율은 30%에 불과하다고 한다. 한때는 민족영토답게 코미인이 전체 인구의 90% 이상을 차지했던 적도 있었지만, 1930년대 스탈린의 산업화 정책으로 코미 북부에 위치한 탄광이 개발되면서 러시아 기술자들의 본격적인 이주가 시작된 이래, 러시아인들의 비율은 점점 높아졌다. 식팁카르에 거주하는 러시아인이 이 도시 인구의 약 60%라고 하니, 사실상 거리를 지나며 스친 사람들의 대부분이 러시아인일 것이다. 나머지 10%는 기타 민족들이 차지하고 있는데, 최근에는 아제르바이잔 출신들이 많다고 한다. 러시아 어디에서든지 볼 수 있는 고려인이 있나 찾아봤지만, 동양인은 나 혼자인 듯 했다. 호텔방에 틀어놓은 TV에서 변덕스러운 날씨로 농사가 엉망이 되었다는 뉴스를 전하면서, '야노쉬 김'이라는 농부와의 인터뷰가 같이 나오는 걸로 봐서는 공화국 어디엔가 분명 고려인이 있기는 한가보다.

도시는 꽤나 한가로운 분위기다. 서울이나 모스크바에서 흔히 볼 수 있는 교통체증이나 건설현장은 찾아볼 수 없다. 도시 이곳저곳을 돌아다니며 알 게 된 사실은 곧 도시건립 230주년이 다가온다는 것이다. 코미 공화국을 떠나는 바로 다음날 230주년 행사가 열린다니 정말 아쉬

[그림 5] 도시건립 230주년을 경축하는 플래카드들5)

울 따름이다. 1586년 '우스츠-시솔라'라는 작은 마을로 시작됐던 이곳은 1780년 예카테리나 2세의 칙령으로 '우스츠-시솔스크'라는 도시로 재탄생하게 되었다. 1930년 도시건립 150주년을 맞이하여 '식팁카르'라는 현재 이름을 갖게 되었다고 한다. '식팁카르'라는 단어 중의 '카르'는 코미어로 '도시'를 뜻한다. 앞의 '식팁'은 코미어로 이 도시에 흐르는 '시솔라 강'을 뜻한다. 결국 '식팁카르'라는 말은 '시솔라 강 위의 도시', 혹은 '시솔라 강가의 도시'라는 뜻이 되는 셈이다.

수도의 주요 강인 시솔라 강은 정말 도시의 가장 중심지에 위치해 있었다. 강 인근에는 도시의 주광장인 스테파노프 광장, 공화국 정부 청사, 국가회의 건물, 내무부 건물 등 각종 공공기관 건물들이 모여 있었다. 스테파노프 광장에 서 있으면, 각종 주요 공공기관들이 광장을 둘러싸고 있어 코미 공화국 행정의 중심지에 있는 느낌이다. 그러나 이 광장을 지나 조그만 가면 평화롭기 그지없는 시솔라 강을 만날 수 있다. 자작나무들이 반기는 강변 근처 공원에는 산책 나온 엄마와 아이들만 있을 뿐 자동차 경적소리 하나 들리지 않는다. 뭔가 진뜩 볼 거리가 있고 여러 편의시설이 있는 서울 한강이나 모스크바 강에 비하면 정말이지 어느 시골의 조용한 강과 다를 바 없다.

[그림 6] 시솔라 강의 모습[6)]

4. 소비에트 도시, 식팁카르

한 공화국의 수도 치고는 소박한 느낌이 강한 식팁카르는 코미민족의 전통을 물씬 풍기기보다는 여느 러시아 소도시의 모습을 간직하고 있었다. 거리에서 보이는 건물 간판이나 집주소는 러시아어와 코미어로 병용표기되어 있었다. 그러나 짧은 체류기간 동안 코미어를 들을 수 있었던 것은 TV 뉴스, 그것도 코미어로만 방송되도록 지정되어 있는 오 분간의 짧은 뉴스에서였다. 그곳에서 잠깐이나마 대화를 나눴던 사람들은 모두 러시아인들이었는데, 코미 땅에서 50년 가까이 살았다는 이들이 아는 코미어는 고작 몇 단어뿐이었다. 상황이 이렇다보니, 코미 공화국에서 민족어교육과 민족문화 부흥을 위해 노력하고 있다지만, 실질적으로 러시아어가 지배하는 언어 환경에서 이러한 노력이 얼마나 결실을 거둘 지는 의문이다.

거리를 다니면서 느꼈던 것은 여전히 이곳에는 소비에트 시기의 흔적이 많이 남아 있다는 것이다. 도시를 관통하는 주거리가 '공산주의 거리(Коммунистическая улица)'라고 하니 더 이상 무슨 말이 필요 있겠는가? 이 거리를 중심으로 방사형으로 작은 거리들이 생겨났다. 거리 이름 외에도 도시 이곳저곳에서는 소비에트의 흔적을 쉽게 찾아볼 수 있었다. 주광장인 스테파노프 광장을 들어서면 바로 보이는 것이 레닌

[그림 7] 소비에트 시기에 지어진 아파트(좌), 스테파노프 광장의 레닌 동상(우)[7]

동상이며, 거리 곳곳에 노동을 찬양하는 부조가 돋보이는 아파트들, 역사박물관 1층에 놓여있는 그 층의 높이만한 스탈린의 초상화, 전쟁을 알렸을 거리거리의 확성기까지 얼핏 시대를 거슬러 온 듯한 느낌이다.

5. 종교의 부활

식팁카르를 거닐면서 우연히 발견하게 된 것은 한 건물에 부조양식처럼 새겨진 '스테판 페름스키'의 동판이었다. 12세기부터 러시아인들의 영향을 직간접적으로 받아왔던 코미 땅은 14세기 중반 모스크바 공국의 지배와 동시에 러시아 정교의 전도 또한 이루어졌다. 이때 코미민족에 대한 전도는 '스테판'이라는 주교에 의해서였다. 일찍이 러시아의 지배를 받기는 하였지만, 사실상 코미땅에 대한 본격적인 지배체계는 한참 후에야 생겨났다. 그동안 주교는 종교적인 지도자의 역할 뿐만 아니라, 대내외 정책을 결정하는 행정석인 수장의 일도 맡았다. 스테판 페름스키는 보다 효과적인 전도와 성경번역을 위해 그때만 하더라도 문자가 존재하지 않았던 코미민족에게 코미문자를 선사해 주었다. 때문

[그림 8] 스테판 페름스키의 동판(좌), 스테파노프 사원(우)[8]

에 스페판 페름스키는 코미 공화국의 종교사에서뿐만 아니라, 역사와 문학사 등에서도 중요한 인물인 셈이다. 그래서인지 주요 광장의 이름도 '스테파노프 광장'이며, 주요 사원도 역시 '스테파노프 사원'이다.

스테파노프 사원은 1896년 스테판 페름스키의 선종 500년을 기념하여 건축되었지만, 1933년 소비에트 정부의 억압으로 폐쇄, 파괴되었다. 1996년 스테판 페름스키의 선종 600년을 맞이하여 다시 설립되었고, 코미 공화국의 종교중심지이자, 대표적인 역사적 유적지가 되었다.

6. 코미민족의 흔적은 이곳에서

열심히 이곳저곳을 다녔건만, 쉽게 코미 전통이나 민족을 느낄 수는 없었다. 하다못해 코미 전통 식당도 찾을 수 없었다. 아, 실망이다. 코미 전통 음식은 어디서 먹을 수 있단 말인가? 여행의 묘미는 바로 음식인데 말이냐. 특히 민족영토에 왔다면 그 민족의 전통 음식을 맛을 봐야 할 텐데, 식당이라고는 흔한 러시아 식당이나 이탈리아 식당, 지중해 식당뿐이다. 호텔 안에 있는 식당조차도 거의 다 러시아 일반 음식을 내놓았으며, 메뉴판에 나와 있는 코미 음식이라고는 3가지가 전부였다. 순록고기 스테이크, '부르시나'라고 불리는 코미인들이 좋아한다는 산열매를 곁든 쇠고기 찜요리, 그리고 생선요리였다. 여기까지 온 이상 순록고기를 반드시 먹어보리라는 나의 당찬 주문과는 달리, 잠시 후 순록고기가 없어서 그건 안 되겠다는 웨이터의 답을 들어야 했다. 결국 부르시나를 곁든 쇠고기 요리를 시켰으나, 이미 부르시나가 무슨 맛인지 알고 있는 나에게 이 요리는 러시아 음식과 다를 바 없었다.

결국 코미 문화를 느낄 수 있는 곳은 박물관뿐이었다. 훌륭하게도 식팁카르에는 역사박물관, 자연사박물관, 민속박물관 등이 하나의 연결망으로 구축되어 있는데다, 위치도 서로 가까웠다. 다리만 안 아프다면,

그리고 배만 안 고프다면, 한 번에 모든 곳을 둘러볼 수 있을 정도였다. 여기에 코미국립미술관과 핀-우그르 센터, 코미문화원까지 일정에 추가했다.

처음 간 곳은 가장 관심을 가지고 있었던 민속박물관이었다. 단층 건물에 하나의 관이 고작이었지만, 한 시간 남짓 구경할 수 있을 정도로 볼거리, 읽을거리가 많았다. 그 다음 찾아간 곳은 역사박물관. 코미 역사라고 하기보다는 러시아 역사에 대한 전시품들이 주를 이루었던 게 아쉽다. 코미국립미술관도 마찬가지였다. 서유럽 작품뿐만 아니라, 러시아 정교 미술, 19세기 작품, 아방가르드 전시관까지 나름 많은 전시관을 갖추고 있었지만, 그 중 코미에 대한 전시관은 단 하나 뿐이었다. 그렇지만 코미 신화나 민담 속 인물, 러시아 북쪽 특유의 풍습과 축제, 주변 민족들을 볼 수 있는 이 관은 다른 전시관보다 더 유머러스함과 발랄함이 살아 있었다.

그런데 최근 관광산업을 밀고 있다는 코미 정부의 선언과는 달리, 관광객들이 없는 모양이다. 다섯 군데의 박물관과 문화원을 도는 동안 유일한 관람객은 나 혼자였다. 관람객이 혼자다 보니, 전시품을 보는 동안 줄곧 등 뒤에서 나를 지켜보고 있는 담당 아줌마의 시선과 전시관을 옮길 때마다 꺼뒀던 불을 일일이 켜주는 직원의 호의가 부담스러울 정도였다. 물론 덕분에 어렵게 건넨 질문에는 친절한 설명을 들을 수 있기

[그림 9] 민속박물관 전경(좌), 국립미술관 전경(우)[9]

도 하였다.

7. 식팁카르를 떠나며

짧은 여정을 마치고 식팁카르를 떠나는 날이 다가왔다. 수도라고 하기보다는 지방의 소도시에 가까운 작은 규모 덕에 짧은 기간 동안 많은 것을 볼 수 있었다. 그러나 더 많은 시간이 있었다면 하는 아쉬움은 여전히 남아있었다.

호텔에서 예약을 부탁한 택시를 타고 공항으로 오면서 많은 생각들이 머리속을 스쳤다. 도착한 첫 날 공항 근처에서 무작정 잡아탄 택시의 기사는 택시비를 엄청 불렀구나라는 어이없는 생각부터, 목조건물이 가득하다는 '파리'라는 마을, '입'이라는 독특한 이름을 가진 인근의 다른 도시까지 보고 싶었지만 보지 못했던 곳들이 떠오르면서 여정의 아쉬움을 더했다.

코미인들이 사랑하는 옛날이야기에는 '자란'이라는 인물이 자주 등장한다. 자란은 '욘'이라는 하늘 신의 딸인데, 아버지 뜻에 반해 무지개를 따라 땅으로 내려왔다고 한다. 자란은 숲과 평야와 산과 구릉, 강과 개천이 너무나 마음에 들어 그대로 땅에 남아있었다고 한다. 글로벌 시대와 현대화에도 여전히 아름다운 자연을 간직하고 있는 코미 땅, 나는 그것의 일부만 보았지만, 하늘로 돌아가지 않은 자란을 이해할 수 있을 것 같다.

주석

1) (좌) http://ru.wikipedia.org/wiki/%D0%E5%F1%EF%F3%E1%EB%E8%EA%E0_%CA%EE%EC%E8; (우) http://gazelz.narod.ru/russia/szfo/rkomi.html
2) 필자촬영
3) http://ru.wikipedia.org/wiki/%D0%E5%F1%EF%F3%E1%EB%E8%EA%E0_%CA%EE%EC%E8
4) 필자촬영
5) 필자촬영
6) 필자촬영
7) 필자촬영
8) 필자촬영
9) 필자촬영

제 7 장

순록의 툰드라에서 석유채굴지로: 네네츠 자치구

최우익

1. 여행 전야

2010년 여름 필자는 동토의 땅 네네츠 자치구(Ненецкий автономный округ)의 수도 나리얀-마르 시(город Нарьян-Мар)를 방문하였다. 최근 몇 년간 네네츠 자치구의 1인당 평균소득이 급속히 높아져 러시아연방 83개 주체 중에서 1위를 차지한 사실이 평소 눈길을 끌었다. 러시아의 지역별 사회계층화 현상에 평소 관심이 있던 필자에게 네네츠 자치구의 이러한 변화는 특히 흥미롭지 않을 수 없다. 현재 러시아는 전 지역적으로 1인당 평균소득이 높아지지만 동시에 빈부 격차도 커지고 있고, 지역 간에도 고소득과 저소득 지역의 수준 차이가 심각하게 벌어지고 있다. 1인당 평균소득이 높은 지역으로는 모스크바 시를 비롯하여 야말-네네츠 자치구나 한티-만시 자치구 등을 대표적으로 꼽을 수 있다. 그런데 몇 년 사이에 네네츠 자치구가 치고 올라가 당당히 1위를 차지한 것이다.

2008년 시점 네네츠 자치구의 1인당 월평균소득은 러시아연방 전체에서 1위(48,765루블)로 최하위인 인구셰티야 공화국(5,513루블)보다 무려 9배나 높다. 2000년에만 하더라도 평균소득 순위가 10위권이었는데, 2004년에는 야말-네네츠 자치구를, 2007년에는 모스크바 시를 앞질러 2008년에 1위에 올라섰다.

모스크바 시는 정치·경제의 중심지에다가 국제적인 도시로서, 이미 소비에트 시대부터 온갖 권력자와 고위 경영자들이 그곳에 발을 딛고서 있었으며, 이제는 소비 물가수준이 세계 최고에 달한다는 명성에 걸맞게 돈을 펑펑 써대는 부호들과, 또 나름대로 탄탄한 기반을 가진 중산층이 집결한 곳이다. 1990년대에 모스크바에서 유학생활을 했던 필자는 그 이후로도 1~2년에 한 번꼴로 모스크바를 방문하면서 화려하게 변신하는 도시를 보며 그들의 소득수준과 생활상을 엿볼 수 있었다.

그런데 우랄산맥에 있는 야말-네네츠 자치구나 한티-만시 자치구는 어떤가! 처음에는 발음하기도 어려웠던 이 지역 주민의 생활상은 선뜻

[그림 1] 아래쪽의 모스크바와 북동쪽의 네네츠 자치구1)

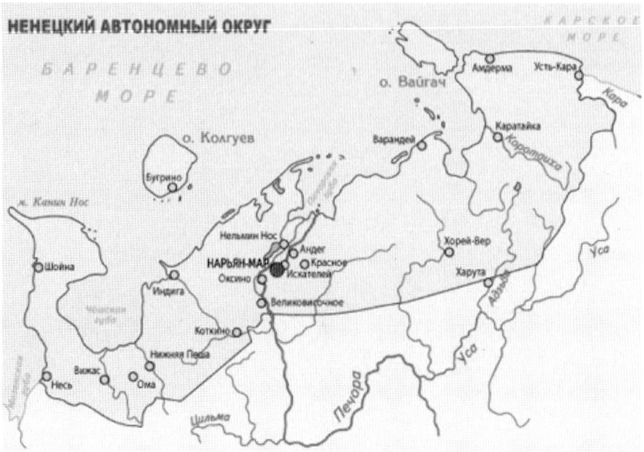

[그림 2] 네네츠 자치구와 나리얀-마르(까만 점)[2]

머리에 떠오르지 않았다. 안정적인 주거환경이나 문화공간이 제대로 없는 상태에서 힘든 중노동을 하는 이곳 노동자들은 소련시대부터 고임금을 지급받았다. 그리고 2000년대 러시아 경제발전을 주도한 석유 및 가스 채굴업이 이곳에서 활발히 일어났기 때문에 역시 기업인이나 노동자나 돈을 벌 기회가 많이 있었을 것이다. 하지만 그들이 번 돈을 어떻게 쓰는지, 모스크바 시민처럼 화려하게 살고 있는지, 아니면 따지고 보니 대다수 노동자는 헐벗었지만, 일부 부유층의 소득이 극대화되어 1인당 평균소득이 높게 나타난 것인지 구체적으로 속사정은 잘 알 수 없었다.

이러던 차에 현지여행의 기회를 얻게 되면서 선뜻 택하게 된 곳이 네네츠 자치구였다. 통계자료를 통해서나 알던 네네츠 자치구는 그 위치가 어디인지 처음에는 정확히 알지도 못했다. 네네츠 자치구는 모스크바에서 북동쪽으로 약 1,500km 떨어져 있고 북극해의 일부인 바렌츠해에 접해 있다. 러시아 지도를 펼치고 대충 눈으로 재보면 마치 모스크바 근교처럼 보이는데, 사실 따지고 보면 서울을 기준으로 했을 때 중국이나 일본 중에서도 꽤 먼 지방으로 날아가야 도달할 수 있는 먼 거리였다.

혹시 모스크바에서 기차나 자동차를 타고 갈 수는 없을까? 10여 년 전인 2000년에 한러 수교 10주년을 기념하여 블라디보스토크에서 모스크바까지 시베리아 횡단 열차를 타고 16박 17일 동안 여행했던 추억이 떠올랐다. 이번에는 모스크바발 네네츠행 열차를 한번 타볼까? 그런데 이런 낭만적인 생각은 이내 접어야 했다. 아무리 인터넷을 뒤져봐도 기차 편을 발견할 수 없었고, 구글어스에서 여기저기 줌으로 당겨 봐도 그럴듯한 도로나 철도가 눈에 들어오지 않았다. 그래도 미련이 남아 지인을 통해 러시아인에게 물어본 결과 돌아온 대답은 '그곳에는 길이 없다'라는 말이었다. 마치 몇 차례 허공에 울려 퍼지다 사라지는 메아리처럼 그 말이 들려 왔다. 길이 없다면 그곳 사람들은 도대체 어떻게 다닌단 말일까?

막연한 불안감이 일기 시작하였다. 지인들을 통해 혹시 그곳에 연고자가 있는지, 어려움에 처했을 때 도움을 요청할 만한 사람을 소개해줄 수는 있는지 수소문해봤지만 돌아온 대답은 허망했다. 러시아인도 네네츠 자치구가 이디 있는지 잘 모르는 사람이 많았다. 그곳에 아는 사람이 별로 없고 도대체 거기는 왜 가냐는 반문만이 돌아올 뿐이었다. 내가 괜한 일을 벌인 것일까? 하지만 인제 와서 그만둘 수는 없었다. 모스크바행 비행기를 예약한 여행사를 통해 모스크바로부터 네네츠 자치구의 수도인 나리얀-마르로 떠나는 비행기를 다시 예약했다. 호텔은 직접 인터넷을 통해 예약했다. 호텔비가 꽤 비쌌다. 웬만한 호텔은 싼 방이 적어도 15만 원 선이었고 비싼 방은 100만 원이 넘었다. 겨우 10만 원 정도의 방을 발견할 수 있었다. 러시아 중심부에서 벗어나 오지로 갈수록 최저생계비가 비싸다. 물가가 이처럼 비싸다는 것은 통계자료로 이미 알고 있었는데, 이제 직접 체험하게 된 것이다.

2. 모스크바에서

8월 13일 금요일 아침 인천공항을 떠나 저녁에 모스크바에 도착하였다. 18일 오전에 네네츠 자치구로 입성할 예정이기 때문에 5박 6일은 모스크바에서 보내고, 나리얀-마르에서 2박 3일을 지낼 것이다. 여느 해와 달리 이번 러시아행은 자욱한 안갯속을 헤치고 나가는 기분이다. 때마침 도시 주변의 산불 연기로 뿌예진 모스크바가 필자의 마음을 읽고 있는지 오버랩되며 자욱한 모습을 드러내었다. 푸틴이 헬기를 직접 몰고 물을 뿌리자 불길이 잡히기 시작했다는데, 그래서 불이 꺼지게 된 건지, 아니면 어차피 꺼질 때쯤 가서 물을 한번 끼얹은 것인지 모호하기는 하지만, 어쨌든 '마초남' 이미지를 사람들에게 한 번 더 각인시키는 데에는 성공했으리라.

1990년대 어느 때부터인가 모스크바 중심지는 만성적인 교통체증에 시달려 왔다. 2000년대 모스크바를 수차례 방문할 때도 몇 번이고 후회했던 것이 깜박 잊고 택시를 집어탔다가 도로 위에 길게 늘어선 자동차들 사이에 끼어 하염없이 시간을 보냈던 일이다. 그래서 이제는 웬만해서는 전철을 타지 택시를 타지 않는다. 그런데 올해 내가 방문한 시점에 모스크바 중심지 도로가 거의 텅 빈 것을 발견하고 놀랐다. 이유인즉슨 불어 닥친 산불 연기를 피해 대다수 모스크바 시민이 주변으로 빠져나갔다는 것이다. 게다가 온도가 거의 30도에 육박할 정도로 더웠다. 충분히 엑서더스가 일어날 만했다.

모스크바 체류 일정을 넉넉하게 잡은 이유 중 하나는 다른 업무도 있었지만 나리얀-마르 현지 방문 전에 도움이 될 만한 여러 자료를 얻고자 함이었다. 도착한 날이 금요일이었고, 주말까지는 일단 책방을 돌며 자료를 찾아보았다. 모스크바의 대형 서점들인 '글로부스'부터 '모스크바' 책방을 돌며 구내 컴퓨터로 검색을 해보았는데, 이런, 네네츠 자치구와 관련된 자료가 하나도 없다. 한국에서도 인터넷으로 검색하여 찾아낸 것이 네네츠 자치구 정부의 공식 홈페이지의 지역개관 정도가 다였는데, 그것이 정말 끝인가? '돔 크니기'에 가서 겨우 두 종의 지도를 얻을 수 있었다. 이건 정말 속된 말로 맨땅에 헤딩하기다. 나리얀-마르 현지에 가면 뭔가 더 자료를 얻을 수 있을 거라고 속으로 타이르며 꺼지려 하는 전의의 불씨를 다시 살렸다.

월요일에는 나리얀-마르에서 묵을 호텔의 인터넷 예약을 확인하기 위해 모스크바에 있는 지점으로 달려갔다. 지방 호텔의 대부분이 모스크바에 있는 대행사를 통해 예약을 처리하거나 홍보를 하는 듯했다. 이틀간의 숙박비와 예약비를 전부 지불하라고 한다. 무심코 지불하려다 생각해보니 25,000원 정도의 예약비를 따로 더 지불한다는 것이 이상했다. 내가 아예 호텔 숙박비 전액을 지금 다 지불하는데 왜 예약비를 또 내야 하는가? 숙박비 전액 지불이야말로 가장 확실한 예약 아닌가? 오히려 할인을 받아야 할 것 같은데, 답변은 이러했다. 호텔방을 확실히 보장해주니까 그 수수료를 내야 한다는 것이다. 예약비를 내기 싫다면 여기서 숙박비도 내지 말고 현지에 가서 직접 돈을 지불하고 방을 구하라고 한다. 지금은 비수기가 시작되었으니 아마 남는 방이 있을 것이란다. 흠, 잠시 고민. 결국, 연고자 하나 없는 곳에서 모험하느니 확실하게 여기서 방을 보장받아야겠다는 생각에 예약비를 더 낼 수밖에 없었다.

유학 시절에도 이와 유사한 경험을 겪은 적이 있다. 시장에서 물건을 사는데 더 많이 사면 살수록 물건값을 더 비싸게 받는 것이다. 깎아주면 깎아주었지 왜 더 비싸게 팔지? 그것은 바로 그들이 오랫동안 겪은 사회주의 경제 시스템으로부터 비롯된 마인드였다. 즉, 정해진 공급량에서 더 많은 몫의 상품을 독차지하려면 더 비싼 값을 치르라는 것이다. 자본주의 시장경제하에서는 경쟁적으로 상품이 무한정 생산되면서 공급과잉 상태가 발생하곤 하는데, 이러한 상황에서 물건을 많이 사주면 사줄수록 판매자 입장에서는 고마운 일이니까 당연히 구매자에게 할인을 해주기 마련이다. 사회주의 이전에도 러시아의 오랜 역사에서 상품과 필요한 물자가 풍족했던 때가 별로 없었기 때문에 남보다 물건을 더 많이, 빨리, 그리고 확실히 구입하려면 더 비싼 값을 치러야 한다는 생각이 이들의 생활 속에 자리 잡혀 있는 것이다.

월요일과 화요일, 알고 있던 연구자들을 만나보았지만, 네네츠 자치구와 수도인 나리얀-마르에 대해 그리 많은 정보를 얻지 못했다. 도서관에 가면 아마도 문헌이나 자료들이 있을 것이라 하지만, 며칠 동안 책방에서 구입한 다른 서적들을 우체국에서 한국으로 보내랴, 오랜만에 아는 사람들을 만나보랴, 그러다 보니 도서관에서 차분히 정보를 검색하고 또 복사할 엄두가 나지 않았다. 레닌 도서관에서 자료를 복사하는 것은 오래 줄을 서 있어야 하거나, 당일 복사물을 받지 못할 때도 많았기 때문이다. 결국, 현지로 무작정 갈 수밖에 없는가 보다.

3. 나리얀-마르 첫째 날

수요일 아침 일찍 모스크바 셰레메티예보 국제공항 D 터미널에서 나리얀-마르행 비행기를 탔다. 약 120석 정도로 중간 규모의 보잉기였지만 러시아 국내선은 탈 때마다 항상 좀 긴장이 된다. 약 2시간 반 걸려서 도착한 그곳, 착륙하는 비행기에서 내려다보니 사진으로만 보았던 구멍이 군데군데 뻥 뚫린 땅의 모습이 눈에 들어왔다. 늪지나 호수, 강과 지류가 많아 그렇게 보이는 것이다. 공항 터미널은 딱 우리나라 지방에서 볼 수 있는 작은 버스터미널 정도의 규모였다. 찬기가 바로 느껴졌다. 모스크바 온도는 30도에 육박했지만, 여기 온도는 아침과 밤에는 2~5도, 낮에는 10도 남짓이었다. 여름에서 초겨울로 순간 이동한 기분이었다. 비행기에서 내리기 전 승객들은 익숙한 듯 잠바나 모자를 꺼내 이미 무장한 상태였다.

비가 추적추적 내렸는데, 여기에 체류한 2박 3일 내내 비가 오락가락

[그림 3] 나리얀-마르 공항[3)]

[그림 4] 페초라 호텔[4)]

했다. 소련시절에 생산됐음직한 낡은 버스를 약 20분 정도 타고 달려 호텔에 도착했다. 길에는 마치 바닷가 주변이라도 되듯 모래가 많이 흩어져 있었는데, 나중에 알고 보니 이 지역은 중요한 모래생산지 중 하나였다. 약 10명 정도가 함께 버스에서 내렸는데, 전부 내가 묵으려고 했던 페초라 호텔로 몰려갔다. 이곳이 대단한 관광지는 아니지만, 남쪽에 있는 코미 공화국과 네네츠 자치구를 잇는 관광코스가 개발되어 있다. 밖에서 본 호텔 모습은 창고 같았다. 다행히 내부는 수리해서 깔끔하게 꾸며놓았다. 옆에 있는 호텔은 훨씬 근사하고 규모도 커 보였는데, 재정상 내가 묵을 처지가 못 되었다.

일단 가져간 내복부터 껴입고 도시 구경에 나섰다. 여느 러시아 도시에서도 흔히 볼 수 있는 레닌 거리를 따라 도시의 중심부인 레닌 광장 쪽으로 조금 걸어가자 조그만 책방이 하나 나타났다. 여기에서 관광지도를 샀는데, 여기저기 소개가 잘 되어 있다. 지도에 의지하며 도시를 돌아보았는데, 체력만 뒷받침해준다면 약 7~8시간 동안 여기저기 돌아보면서 구경할 수 있을만한 크기였다. 네네츠 자치구 전체 인구는 42,000명에 불과하고 그중 거의 절반 정도인 19,400명이 이곳에 살고 있다. 수도이지만 규모는 소도시나 다름없다. '북극의 수도 - 나리얀-마르'라는 문구가 거리 곳곳에서 눈에 띄었다. 나리얀-마르는 네네츠어로 붉은 도시를 뜻한다.

레닌 광장에 다다르자 바로 사원이 눈에 들어왔다. 그 순간 종루에서 종소리가 나기 시작했고, 그 소리에 이끌려 발걸음이 빨라졌다. 춤추듯 종 치는 종지기의 모습은 과거에도 모스크바 근교 도시인 수즈달에서 본 적이 있는데 언제 보아도 신기했다. 여러 개의 종을 몇 가닥으로 이어진 줄들을 당겼다 풀었다 흔들면서 마치 연주하듯 종소리를 내었다. 종지기가 종을 다 울리고 종루에서 내려와 성호를 그으며 사원으로 들어갔고, 나도 최면에 걸린 듯 이끌려 들어갔다. 약 40~50명이 사원 안에 모여 있었고 예배가 시작되려는 참이었다. 과거에 혼례식 장면은 본 적이 있지만, 예배는 처음 본다. 정교 신자는 아니지만, 개신교도인 나도 넓게 보면 같은 기독교인이라 생각하며 반은 관망하듯, 반은 예배를 드리듯 서서 참여하였다. 남자는 부자 사이로 보이는 두 사람과 내가 전부였고, 나머지는 모두 아주머니와 할머니였다. 오후 5시경에 시작된 예배는 6시 30분이 되어서야 끝나갔다. 마지막으로 신자들이 사제 앞으로 차례차례 나가는 순서가 있었는데, 남자들이 먼저 나서야 한다고 아주머니들이 내 등을 떠밀었다. 나는 결국 두 남자 뒤로 엉겁결에 밀려 나가게 되었고, 사제가 나의 이마에 십자가 모양으로 기름(아마도 올리브유)을 발라주었다. 그리고 빵 조각을 하나 받아먹었다. 나도 그들과

[그림 5] 성모현현 사원[5)]

[그림 6] 제단[6)]

하나가 된 듯한 느낌이었다. 에밀 뒤르켐이 말한 종교의 본질 중 하나가 바로 종교적 의식인데, 이를 통해 신도들의 결속력이 강화된다는 그 의미를 몸소 체험한 셈이다. 이 예식은 사실 다음 날 있을 중요한 교회 행사인 '그리스도 변용제'의 전야제처럼 치러지는 것이었다. 오늘은 이것으로 끝내고 일단 호텔로 철수하였다. 내일을 위해 작전도 짜야 했고, 또 배도 고팠다.

4. 나리얀-마르 둘째 날

다음 날 아침 일찍 호텔을 나섰다. 추웠다. 혹시 살얼음이라도 언 것은 아닌지, 길에 고여 있는 작은 물웅덩이를 발끝으로 톡톡 두드려 보았는데 언 상태는 아니었다. 하지만 그럴 정도로 마음이 추웠다. 10시부터 시작되는 '그리스도 변용제'가 열리는 사원으로 일단 향했다. 현지 방송국에서도 나와 촬영을 하였다. 제단 위에는 신도들이 가져다 놓은 갖가지 과일들이 가지런하게 정돈되어 있었다. 그런데 오늘 돌아다녀야 할 일정이 빠듯하여 오래 머물러 있을 수는 없기에 촬영기사 옆에서 슬쩍 사진 몇 장 찍고 나왔다.

교회를 나와 '문화의 집'에 있는 전시관으로 향했다. 전시관 한쪽에는 네네츠인의 유목생활이 소개되어 있고, 또 한쪽에는 최근 급성장한 석유산업에 대해 자세한 설명이 되어 있는 패널들과 사진이 전시되어 있었다. 이것들은 사실 최근에 급속도로 변화하고 있는 네네츠 자치구의 현황을, 그리고 전통과 현대가 뒤섞여 있는 모습 그대로를 보여주는 것이었다.

네네츠 자치구는 툰드라 지대로서 전통적으로 네네츠인이 자연 상태에서 농업, 수렵, 목축(주로 순록), 어업 등을 하며 살아 왔던 지역이다. 하지만 네네츠인은 13~15세기부터 노브고르드 공국에 조공을 바치게 되었고, 때때로 저항하기도 했지만 결국 제정 러시아의 지배를 받았다. 1929년 소비에트 정부에 의해 집단농장화가 진행되면서 네네츠인은 본격적으로 러시아 국가체계에 포섭되었다. 네네츠 자치구라는 공식명칭은 1929년에 제정되었으며, 1935년에는 지금의 수도인 나리얀-마르가 도시로 승격되었다.

러시아 정교가 이 지역에 전파된 것은 18세기 무렵이지만, 현재까지도 네네츠인 대부분이 여전히 샤머니즘을 신봉하고 있다. 순록은 네네츠인의 주요 생계원이자 문화의 바탕이기도 하다. 순록과 연관된 축제일에는 순록 썰매를 타거나 순록 생고기를 먹기도 하며, 순록으로 식량,

[그림 7] 네네츠인의 유목생활 및 석유채굴업 발전 양상에 대한 전시관 모습[7)]

의복, 생활도구 등 모든 것을 마련하였다.

하지만 네네츠 자치구는 소비에트 시대의 근대화 과정에서 전면적인 사회적 변화를 겪게 되었다. 특히 1950년대 석유화학 공업단지가 들어서면서부터 네네츠인의 삶이 변하기 시작하였다. 러시아에서 석유는 1970년대만 하더라도 볼가연방관구에서 가장 많이 생산되었지만, 1980년대부터 현재까지는 우랄연방관구에서 가장 많이 생산되고 있다. 소련 시대에 네네츠 자치구가 속해 있는 북서연방관구는 그다지 석유생산량이 많지 않았지만, 2000년대에 들어와 생산량이 늘어나기 시작하여 우랄과 볼가연방관구 다음으로 큰 규모의 생산지가 되었으며, 생산량도 2008년 시점에는 약 3천만 톤에 달하게 되었다. 이 중 네네츠 자치구가 차지하는 생산량이 약 절반에 달하며, 2009년에도 석유 생산량(1,800만 톤)은 계속 증가하였다.

가스프롬이나 노릴스키니켈과 같은 대기업들이 숲을 밀어내고 공장을 지었는데, 그 결과 산성비 등 환경파괴로 순록의 주식원인 이끼가 오염되고 사람들의 건강이 나빠지기도 했다. 2003~4년도에 석유생산량이 훨씬 증가하면서 러시아의 대표적인 석유산지 가운데 하나가 된 네네츠 자치구는 이제 새로운 운명 앞에 놓이게 된 것이다.

전시관을 나오자 바로 길 건너편에 거대 석유회사인 루코일 지부의 웅장한 건물이 눈에 들어왔다. 그리고 그 옆에 새로 지어진 최신식 아

[그림 8] 루코일(석유회사)[8)]

파트와 상가 건물들이 건너편의 낡은 목조 건물들과 대비되어 줄지어 서 있다. 석유채굴업 덕분에 일어난 경제성장과 함께 최근 3~4년 전부터는 건설업 붐이 일기 시작한 것이다.

네네츠 자치구의 지역 총생산량을 분야별로 보면, 2005년 유용광물 생산이 74.3%, 그 뒤를 이어 건설이 10.4%를 차지하고 있는 데서 알 수 있듯이 네네츠 자치구의 기본적인 경제는 바로 광업(석유 및 가스)이라고 할 수 있다. 그런데 2006년에는 각각 65.4%와 18.2%, 2007년에는 59.3%와 29.5%로 건설업 비중이 차츰 늘고 있다. 취업자 수는 2000년 21,000명 수준에서 매년 증가하여 2008년에는 약 33,000명 수준으로 늘어나게 되었다. 2008년 기준으로 취업자들은 유용광물 채취에 가장 많은 수가 종사하고 있으며(7,600명), 그다음 건축(3,800명), 운송(3,600명), 교육(3,300명) 순으로 종사하고 있다. 러시아연방 전체로 볼 때 유용광물 채굴업에 종사하는 취업자 비율은 1.5%에 불과하지만, 네네츠 자치구에서는 인구의 23.3%가 이 부문에 종사하고 있어서 이 지역 석유채취산업의 중요성을 실감할 수 있다.

'문화의 집' 모퉁이를 돌아 지도에 나와 있는 작은 '전시박물관센터'를 찾았다. 지도의 사진으로 볼 때는 그럴듯했는데, 막상 가보니 작은 2층짜리 낡은 목조 건물이었다. 입구에 지키는 사람도 없고, 1층 내부를 혼자 구경하고 2층 계단을 올라 작은 작업장 같은 곳을 들어가자 한

[그림 9] 신축 아파트[9)]

[그림 10] 구 가옥[10)]

아가씨가 재봉틀을 돌리고 있었다. 네네츠 토박이 여자였다. 얼굴은 네네츠 사람인데 머리는 노랗게 물들였다. 재봉틀을 멈추고 '도와드릴까요?' 하고 내게 말을 건넨다. 이 여성이 이곳의 관리자였다. 자신이 관리도 하고 또 민속품도 여기서 직접 만들어 팔기도 한단다. 순록이나 여러 동물의 가죽이나 털로 네네츠 전통 민속품이나 장난감을 만들고 있었다. 내가 한국에서 왔다고 하니 멀리서 왔다고 놀란다. 마침 들어온 그녀의 친구가 기념사진을 찍어 줬는데, 본인도 한국에서 온 내가 신기한지 자신의 카메라로 나와 함께 사진을 찍기도 했다. 민속 의상을 입은 네네츠인이 가방에서 디지털카메라를 꺼내는 것을 보니 전통과 현대가 어우러져 기묘하다.

한국에서 모스크바로 떠나기 전에 네네츠 자치구 정부의 대외관계부 부장과 만남을 약속했었는데, 나리얀-마르에 도착하여 어제부터 몇 차례 전화했지만 통화 중이거나 전화를 받지 않았다. 내일이면 떠날 것이라서 이제 더는 지체할 수가 없었다. 그래서 그냥 정부 건물로 무작정 찾아갔다. 입구의 경비실에서 구내전화로 통화가 되었다. 다행히 약속을 기억하고 반갑게 환대해준다. 좀 바빠서 통화연결이 잘 안 되었나 보다고 한다. 그 분위기로 봐서 시간을 많이 뺏을 수는 없을 것 같았다. 약 30분간 미리 준비해 두었던 중요 질문들을 던졌다. 대체로 네네츠 자치구의 사회·경제적 변화에 관한 내용이었다.

[그림 11] 전시박물관센터[11)]

[그림 12] 네네츠인 여성과 함께[12)]

그는 일단 네네츠 자치구의 경제발전상에 대해 자랑스럽게 이야기했다. 지역 총생산량이 최근 급증했는데, 이것은 무엇보다도 석유생산 덕분이었다. 주민의 소득도 늘었는데, 특히 관료들은 월평균 100,000루블(약 400만 원), 석유가스 부문의 고위직 전문가들은 130,000루블(약 520만 원)을 받기도 한단다. 노동자 중에는 이주민들이 많은데, 우크라이나, 타타르스탄 공화국, 그리고 주변의 아르한겔스크 주, 코미 공화국에서도 유입되고 있다. 이들은 교대조로 나누어 근무하고 짧은 시간 돈을 벌고 바로 떠난다. 네네츠 자치구 주민은 석유업에 종사하기도 하지만, 그 외에도 회계, 공공사업, 운송, 통신, 의료, 치안, 교육 등의 업무를 담당한다. 역시 이곳에 자동차도로는 제대로 닦여져 있지 않다. 강과 늪지가 많아 도로를 건설하기 어렵기 때문이다. 그런데 겨울에 이곳이 얼면 차를 타고 다니는 길이 생긴다고 한다. 꼭 필요한 경우에는 헬기가 주로 이용된다. 요즘에는 강물이 줄어 배를 띄우기가 어렵다. 환경이 파괴된 것이냐는 물음에는 잘 모르겠다고 답한다. 소득은 높지만, 물가가 비싸고 또 살만한 물건이 많이 있지도 않다. 당연히 과일, 채소 가격이 높고 삶의 질이나 만족도는 낮을 수밖에 없다.

이곳 생활상에 대한 여러 가지 의문이 어느 정도 해소되었다. 대체적인 분위기도 알 수 있었다. 그 후 내가 통계자료를 통해 확인한 바로는 지출항목에서 러시아 전체의 평균 모습과 이곳은 양상이 많이 다른데, 2008년 기준 러시아인 전체가 상품구매와 서비스요금으로 지출하는 비율이 소득의 74.1%이지만, 네네츠 자치구 주민의 경우에는 23%에 불과하다. 반면, 금융자산으로의 지출 분은 러시아 평균 8.9%에 불과하지만, 네네츠 자치구 주민의 경우는 62.3%에 달한다. 금전적 수입이 높기는 하지만, 살만한 상품이나 서비스는 이에 미치지 못하는 측면도 있고, 또한 많은 경우 네네츠 자치구의 이주노동자들이 수입금을 외지로 송금하거나 직접 가지고 나가기 때문에 이러한 현상이 나타나는 것으로 풀이된다.

네네츠 자치구에서 2008년 시점 월평균 25,000루블(약 100만 원이며, 이 정도 수입을 올린다면 러시아에서 대체로 중산층에 포함되는 것으로 간주할 수 있다) 이상의 소득을 올리는 주민의 비율은 62.5%로 러시아연방 전체에서 가장 높다. 이것은 모스크바(42.8%), 한티-만시 자치구(47.1), 야말-네네츠 자치구(53.5%), 추코트 자치구(42.4%)보다도 월등히 높은 것이다.

하지만 인간이 거주하기에 양호한 지역이 아닌 만큼 최저생계비 역시 높게 나타나고 있다. 2008년 4분기 기준 네네츠 자치구의 월평균 최저생계비는 8,659루블로 이는 추코트 자치구(9,856루블), 캄차카 변강주(9,727루블) 다음이다. 한편 소득이 높은 지역일수록 불평등 정도가 심하게 나타나는데, 네네츠 자치구도 모스크바에 이어 지니계수가 0.469로 2위를 차지하고 있다. 0.4 이상이면 보통 불평등 지수가 높다고 여긴다. 이처럼 경제는 발전하고 소득은 높아가지만, 그 이면에는 그들의 사회적 고민도 함께 깊어 가고 있다.

네네츠 자치구 주민들은 툰드라 지대에서 자연경제를 유지하며 수세기 동안 제정 러시아의 지배를 받았고 20세기에는 소비에트 체제에 의해 사회주의 근대화 과정을 겪었다. 그런데 최근 개혁기에는 석유생산 산업의 급속한 발전으로 엄청난 사회·경제적 격동이 네네츠 자치구에서 지금 일어나고 있는 것이다. 고임금과 고소득이 보장되는 일자리가 늘어났지만, 이것이 오랫동안 자연 상태를 유지하며 삶을 영위해 왔던 네네츠인의 운명을 앞으로 어떻게 바꾸어 놓을지 잘 모르겠다.

5. 나리얀-마르를 떠나며

8월 20일 네네츠를 떠나는 날 오전에는 근교 소도시 이스카텔레이를 방문했다. 버스로 약 30분 거리였다. 여기도 역시 곳곳에서 신축 중인 건물들이 눈에 띄었다. 이곳에서 탁 트인 페초라 강 언저리를 걸을 수 있었다. 인적이 없어 혼자 휘젓고 다녔다. 차가운 강물에 손도 담가보고 조약돌도 하나 집어 기념으로 호주머니에 넣어 두었다. 그제야 내가 이곳에 왔다 간다는 사실이 실감 난다. 강가 언덕에는 작은 오두막 바냐(사우나)들이 몇 채 서 있었다. 지금은 자물쇠로 굳게 잠겨 있어 한동안 사용하지 않은 듯했다. 주변에 모래사장이 펼쳐져 있는데, 유리병 조각이 여기저기 흩어져 있어 맨발로 걷기에는 위험해 보였다. 한여름 밤 여기에서 있었을 광란의 파티가 눈에 보이는 것 같다. 누군가는 이 오두막에서 흠뻑 땀을 낸 다음, 모래사장에서 모닥불도 피우고 보드카도 한잔했으리라.

페초라 강을 뒤로하고 모스크바행 비행기를 탔다. 이제 다시 여름이다. 모스크바에 도착하여 바로 비행기를 갈아타고 한국으로 출발했다. 비행기 안에서 눈을 감고 지난 며칠을 생각하니 정말 한여름 밤의 꿈을 꾼 것 같다. 그 속에 저 멀리 큰 뿔을 머리에 이고 있는 한 마리 순록이 보인다. 가까이 다가가 살펴보니 하늘을 쳐다보는 순록의 눈망울에는 빠른 속도로 날아가는 헬리콥터의 잔영이 흐른다.

[그림 13] 네네츠 소년과 순록[13)]

주석

1) http://gazelz.narod.ru/russia/szfo.html
2) http://gazelz.narod.ru/russia/szfo.html
3) 필자 촬영
4) 필자 촬영
5) 필자 촬영
6) 필자 촬영
7) 필자 촬영
8) 필자 촬영
9) 필자 촬영
10) 필자 촬영
11) 필자 촬영
12) 필자 촬영
13) 필자가 민속 박물관에서 구입한 사진

II

러시아 북서연방관구 연구포커스

제 8 장

탈경계 시대 러시아 국경 지역의 변방성: 프스코프 주의 경험

송준서

러시아는 현재 14개 국가와 육지로 국경을 맞대고 있는데, 이는 곧 러시아가 동서남북에 걸쳐 많은 국경지대(borderland)를 가지고 있음을 의미한다. 외국과 짧든 길든 어떠한 형태로든 국경을 공유하고 있는 지역을 국경지대라고 정의할 때, 거대한 영토를 가지고 있는 러시아연방을 구성하고 있는 83개 연방주체 중 40%에 해당하는 33개 지역이 외국과 국경을 맞대고 있다. 여기에 바다를 사이에 두고 국경을 맞대고 있는 지역을 추가하면 일본과 국경을 마주하고 있는 사할린 주, 그리고 미국 알래스카와 마주하고 있는 추콧카 자치구 등을 더하게 되면 국경지대로 구분되는 러시아 연방주체의 수는 더 늘어난다. 이는 곧 러시아 전체 지역에 대한 균형 잡힌 그리고 심도 있는 이해를 위해서는 이들 국경지대에 대한 이해가 필수라는 것을 암시해 준다.

사실 소련 붕괴와 냉전 종식으로 인해 구소련시기 '철의 장막'이라 불리면서 물리적 침투가 거의 불가능하였던 소련의 국경지역은 탈소비에트 시기 동안 많은 변화를 경험하였다. 이 지역은 외국과의 인적, 물적 자원의 왕래가 증가하면서 불법 또는 합법적 이주 및 디아스포라의 관문이 되었으며, 한편으로는 활발한 경제활동의 근거지가 되었다. 그 외에도 2008년 그루지아(조지아)와의 분쟁, 그리고 2010년 일본과 쿠릴 열도 남단 4개 도서에 대한 영유권 문제 등으로 분쟁 지역으로 부상하기도 하였다. 더구나, 15개의 공화국으로 이루어졌던 소련이 붕괴하면서 갑자기 국경지역으로 변화된 지역도 있다. 예를 들어 프스코프 주는 소연방 구성 공화국이었던 에스토니아, 라트비아가 1991년 독립을 선언하고 벨라루스가 소련붕괴 이후 독립국가가 되면서 본의 아니게 3개의 '외국'과 국경을 맞대는 지역이 되어버렸다. 물론 유사한 예는 또 있다. 브랸스크 주, 쿠르스크 주, 벨로고로드 주는 우크라이나라는 '외국'과 국경을 마주하게 되었으며, 카프카스 산맥 이북에 위치하고 있는 크라스노다르 변강, 체첸 공화국은 구소련 공화국의 일원이었던 그루지아(조지아), 아제르바이잔이라는 새로운 외국과 국경을 마주하게 되었다. 그리고 오렌부르크, 첼랴빈스크 주, 쿠르간 주, 노보시비르스크 주, 옴스크 주들도 역시 카자흐스탄이라는 '외국'과 국경을 맞대게 되었다.

국경 지역에 위치한 연방 주체라고 해서 정치, 경제, 사회, 문화적으로 모두 비슷한 상황에 놓여 있지는 않을 것이다. 어느 정도의 국경선을 마주하고 있는지, 그리고 어떠한 종류의 종교, 문화 공동체와 국경을 접하고 있는지, 그리고 영토 분쟁의 역사적 경험 유무, 분쟁의 불씨가 아직 남아 있는지 등등 다양한 요인에 의해 각 국경지역의 상황은 유동적이다. 이러한 다양한 변수에도 불구하고 우리는 과연 유라시아 대륙의 북서쪽에서 극동지역까지 펼쳐져 있는 국경선을 따라 위치한 국경지역에서 경계지역으로서의 공통된 정체성을 발견할 수 있을까? 본고에서는 프스코프 주를 '변방성'이라는 개념을 이용하여 분석함으로써 러시아 국경지대가 지니고 있는 특성에 대해 고찰해보겠다.

1. 국경 지역의 '변방성'

국경지대는 중앙의 관점에서 볼 때 종종 '프론티어' 또는 '변방'으로 여겨진다. 특히 러시아와 같이 영토가 큰 나라의 경우 국경지대에는 국가의 중심부에서 멀리 떨어져 있다는 '변방성(marginality)'을 더 강하게 느낄 수 있다. 보통 변방 지역이라 하면 개발이 덜 되고 따라서 불편한, 그러한 지점에 위치하고 있다는 생각이 떠오른다. 하지만, 한편으로는 긍정적 측면을 내포하고 있기도 한데, 변방은 다소 자율적인 공간이 될 수 있으며 변방의 주민들은 자신의 지역을 위해 자체 전략을 발전시켜 나갈 수도 있는 기회를 갖는다. 이런 점에서 변방 지역은 새로운 기회를 창출해 내는 지역이 될 수도 있고, 그와 동시에 지방 세력들에게 가능성을 가져다 줄 수 있는 기회의 땅이 될 수 있다. 예를 들어 지리적으로 자국 내의 중심부에서 멀리 떨어져 있지만, 외국과 인접한 이러한 지역은 정치체제와 정체성이 다른 외국 지역과 자국을 연결해주는 일종의 '통로' 역할을 할 수 있으며, 이를 통해 인접국과 협력을 도모하여 경제적 이득을 얻을 수 있다. 이러한 변방성을 지닌 지역은 인접국과의 긴밀한 협력을 우선시하게 되므로 필연적으로 탈안보(desecuritization)적 성향을 지니고 있다. 한편, 이들 지역은 자국의 중앙정부와의 관계에서는 긴장을 유발할 수도 있는데, 그 이유는 안보 관련된 이슈나 또는 그 외 안건에 있어서 '중앙'이 지시하는 것에 대해 거부반응을 보일 수 있기 때문이다.

2. 프스코프 주의 경우

러시아 국경 지역의 변방성을 프스코프 주의 예를 통해 구체적으로 살펴보자. 러시아 정치학자 안드레이 마카리체프(Andrey Makarychev)

[그림 1] 프스코프와 유럽[1]

는 러시아 국경 지역에 위치한 연방 주체 중 하나인 프스코프 지역의 변방성을 접경지역인 에스토니아와 라트비아와의 관계 분석을 통해 설명하고 있다. 프스코프 주 지도자들은 소련 붕괴 이후 10년이라는 과도기가 지난 2000년대부터 국경을 유럽과 러시아를 가르는 굳건한 장막으로 보았던 냉전적 시각에서 탈피하여 외국과의 경계를 투과성이 좋은 하나의 막 정도로 간주하기 시작하였다. 이러한 태도를 바탕으로 프스코프 지역 엘리트들은 정치, 경제적으로 중앙에 지나치게 의존하지 않고, 대신 이웃 국가와 상호 호혜 추구를 통해 지역의 이익을 도모하는 전략을 추구하기 시작하였다. 마카리체프는 이 같은 현상을 "브뤼셀

(EU의 본부가 위치한 곳으로 유럽을 상징)과 모스크바(러시아를 의미) 사이"의 국경지대에 위치하고 있는 프스코프 주의 지정학적 위치에서 발현된 특성으로 규정하면서 두 개의 강국 '사이에 낀 정체성(in-between identity)'이라고 정의 내렸다.

에스토니아, 라트비아와 접경하고 있는 프스코프 주에는 친유럽적 성향이 상당히 강하고, "프스코프는 유럽을 향해 열려 있으며 유럽과의 가까운 관계를 위해 해야 할 특정 역할이 있다"는 생각이 지방 엘리트들 사이에서 최근 들어 확산되고 있다. 그 예로서 프스코프 주 당국자들은 프스코프에 EU사무소를 개설해달라는 제안서를 제출하였고, 2003년 프스코프 시 창설 1100주년 기념행사도 프스코프의 '사이에 낀' 정체성을 알리는 것을 중심으로 기획하였다. 당시에 홍보된 메시지는 프스코프 주는 '유럽을 향한 러시아의 얼굴'이 되어야 한다는 것이었다. 더 나아가 프스코프 지역의 교과서에는 프스코프에서 핀란드 헬싱키까지의 거리는 프스코프와 국경을 맞대고 있는 벨라루스의 비텝스크

[그림 2] 2008년 프스코프에서 열린 제4차 "국경을 초월한 협력: 러시아연방, EU, 노르웨이" 국제회의. 벽면 가운데 프스코프 주 문장을 비롯 EU, 러시아, 노르웨이 국기 등이 보인다.2)

(Vitebsk)와의 거리와 같으며, 바르샤바는 프스코프에서 러시아의 블라디미르나 랴잔에 가는 시간이면 도착할 수 있는 거리에 있고, 스웨덴의 오슬로와 덴마크의 코펜하겐은 아르한겔스크에 가는 비행기 연료로 도달할 수 있는 거리에 있다고 기술되어 있다. 이는 이 지방 주민들에게 프스코프가 생각보다 서유럽에 훨씬 가까이 위치하고 있음을 일깨워 주려는 노력으로 볼 수 있다. 이 외에 프스코프의 정치 담론에는 러시아 정교가 기독교 신앙의 한 분파라는 것이 반복해서 등장하는데 이는 러시아 문화가 유럽 문화와 공통분모를 가지고 있고 유럽 문명의 일부임을 강조하고 있음을 보여주는 것이다.

프스코프 주의 변방성은 지역 관료들의 국경 문제에 대한 담론에서도 관찰된다. 1990년대 까지만 해도 국경문제에 대해 안보 문제와 직결시켜 생각하는 경향이 지배적이었지만, 21세기에 접어들어 프스코프 지역 관료들이 지경학적 측면에서도 국경 문제를 고찰하기 시작함으로써 인접한 유럽 국가와 좋은 관계를 유지하기 위해 노력하고 있다. 예를 들어 주지사 예브게니 미하일로프(Evgenii Mikhailov)는 2003년 라트비아 법정이 군사범죄로 재판받고 있는 러시아인 2차 대전 참전용사를 석방한 사건을 예로 들면서, 이웃 발트 해 국가들에서 러시아와 관련해 긍정적 변화가 일어나고 있다고 공식 석상에서 강조하였다. 또한, 2004년 발트 3국의 NATO 가입을 앞두고 러시아의 여론이 안보 불안감을 표명할 때, 프스코프 지역 엘리트들은 EU와 나토의 확장은 러시아 국경지대에 대한 국제적 신임을 증대시키고 국제 비즈니스를 하기 위해 매력적인 지역이라는 이미지를 심어줌으로써 프스코프 지역에 긍정적 영향을 미칠 것이라고 주장했다. 부주지사 드리트리 샤호프(Dmitrii Shakhov)는 심지어 나토와 교류할 준비가 되어 있음을 공공연히 선언하기도 하였다.

3. 변방성에 대한 제약

하지만 프스코프 주가 인근 유럽 국가들에 대해 변방성에 기반한 정책을 마음껏 수행할 수 있는 것은 아니다. 장애 요소가 있다. 첫째, 변방성에 기반한 정책은 상대 국가로부터의 우호적 태도가 필수적이다. 한 손으로 박수를 칠 수는 없기 때문이다. 그러나 프스코프와 인접한 발트해 국가의 경우 프스코프를 유럽의 일환으로 보기보다는 '타자'로 보는 시각이 지배적이다. 이러한 상황은 분명 서쪽에 위치한 유럽 국가들과의 관계 증진을 통해 정치·경제적 이득을 획득하여 생존해나간다는 전략에 방해가 되는 것이다. EU가 프스코프를 바라보는 시각은 분명 러시아를 바라보는 시각에 기반한 것이다. 냉전의 경험, 러시아 제국과의 영토쟁탈 경쟁 이외에도 서유럽 측에서 볼 때는 러시아와 서로 간에 유대감을 심어줄 수 있는 문화적 공통점도 찾아내기가 쉽지는 않다. 일례로 서유럽국가들이 러시아 정교회와 공동의 이익을 위해 협력하고 관계를 발전시킨 역사적 경험이 거의 없다. 양 지역 간의 이러한 공통된 문화적, 역사적 요소의 결여는 EU 국가들이 진정으로 마음을 열고 프스코프 주를 유럽의 변방의 하나로 인식하고 EU의 특정 프로젝트에 참여시키는데 거부감을 갖게 하고 있다. 사실 많은 유럽 국가들은 프스코프 주를 유럽의 한쪽 끝 부분으로 보기보다는 경계 '바깥쪽'에 위치하는 지역으로 보는 경향이 강하다. 즉 그들에게 프스코프는 유럽이 아닌 것이다.

둘째, 모스크바는 국경지대의 프스코프 주가 외국과의 활동을 활발히 전개하는 것에 대해 의혹의 눈길로 늘 주시하고 있다는 점도 프스코프의 변방성에 기반한 정책 수행에 부담이 되고 있다. 모스크바 지도부는 프스코프 주의 '변방'으로서의 행보들은 러시아의 안보에 이롭지 못하다고 보고 있다.

셋째, 비록 프스코프 고위 당국자들은 EU와의 협력이 향후 프스코프 지역 발전에 가장 도움이 되는 것으로 생각하고 있지만, 프스코프 주 당국의 실무자들은 실제로 EU가 어떠한 기구인지 그리고 어떻게 유럽 지역에서 활동 하는 것이 유용한지, 소위 말하는 '확장된 유럽(Wider Europe)' 또는 '이웃국가 정책(Neighborhood Policy)'의 개념이 프스코프 주에 어떻게 적용되는지에 대한 실질적인 지식을 충분히 가지고 있지 않다. 따라서 유럽과 협력 업무를 수행하는데 비효율적인 경우가 많다. 프스코프 주민들의 인식 또한 변방성 정책을 적극적으로 수행하는 데에 도움이 되지 않고 있다. 지역 주민들은 유럽 국가들과의 협력이 가져올 변화와 혁신을 두려워하고 있으며, 동시에 유럽이라는 외부 세력에 대한 항구적 의존에 대한 두려움 또한 가지고 있다. 이렇듯 프스코프 주의 변방성에 기반한 정책은 유럽과 모스크바라는 '외부'인은 물론 주 내부로부터도 적극적 지원을 받지 못하는 상황에 있다.

* * *

거대한 땅덩어리를 가진 만큼 긴 국경선을 가지고 있는 러시아는 많은 국경지대를 가지고 있다. 소련이 붕괴되고 냉전이 종식된 후 세계화가 빠르게 확산되고 인적·물적 자원의 이동이 급증하면서 탈경계 시대를 맞이하고 있는 이 시점에서 탈경계 지역으로서의 러시아 국경지대에 대한 연구의 시의성을 찾을 수 있을 것이다. 본고에서는 러시아 영토의 서쪽 끝에 위치한 프스코프 주의 국경지역 정체성을 '변방성'이라는 개념을 통해 고찰해 보았다. 여기서 한 가지 지적해야 할 점은 변방성은 단지 국경지역이 가지고 있는 다중적이고 다층적인 지역 정체성의 한 부분이라는 것이다. 그렇다면 인접한 외국과의 교류에 중점을 두는 이 변방성 개념은 과연 러시아 내 여타 국경지역의 정체성을 설명하는 데에도 효과적으로 사용될 수 있는 것인가? 이들 러시아 국경 지역 간의 공통점과 차이점은 무엇인가? 만약 상이점이 있다면 어떤 요소들이 이들 국경 지역을 서로 상이하게 만들었는가? 탈경계 시기 러시아 국경지역에 대한 연구는 러시아를 또 다른 측면에서 유형화 할 수 있는, 그리고 지역적 다양성 및 특수성에 따라 러시아를 재구성할 수 있는 기회를 제공할 것이다.

[그림 4] 중국 쪽에서 바라본 중국-러시아 국경. 러시아 자바이칼 변강과 중국의 내몽골 자치구 지역의 만주리 시에 위치하고 있다. 최근에 지어진 거대한 중국 측 관문 뒤로 러시아의 국경 관문이 보인다. 3)

주석

1) http://map.primorye.ru/raster/maps/commonwealth/cis_europe_pol_95.asp?l=eng
2) http://www.barents.no/good-neighborhood-on-the-agenda.4517287-41098.html
3) http://www.boston.com/bigpicture/2009/09/two_mongolias.html

제 9 장

'고립영토' 개념에 입각한 칼리닌그라드 지역연구의 이론적 탐색

제성훈

1. 들어가며

발트해 연안 리투아니아와 폴란드 사이에 러시아와 육지로 직접 연결되어있지 않지만 엄연한 러시아의 영토인 칼리닌그라드 주(Kaliningrad oblast')가 있다. 한 국가의 영토지만 연속적으로 이어져있지 않고, 다른 국가의 영토에 둘러싸여있는 이런 지역을 지정학적 용어로 '고립영토(孤立領土)' 또는 '비지(飛地)'라고 한다. 칼리닌그라드는 1945년 소련 영토가 되었지만 행정구역상 러시아 공화국에 속해 있었기 때문에, 소련 해체와 인접한 리투아니아 독립 이후 러시아연방의 고립영토가 되었다.

이 연구의 목적은 고립영토에 대한 이론적 탐색을 통해 칼리닌그라드 지역의 지정학적 분석에 필요한 개념적 기초를 마련하는 데 있다. 이러한 목적을 달성하기 위해, 이 글은 다음과 같이 전개될 것이다. 첫째, 고립영토의 개념을 규정하고, 그 다양한 형태를 분류하는 과정에서 칼리닌그라드가 어떠한 형태의 고립영토인지 해명한다. 둘째, 고립영토의 일반적 특성을 열거하고, 경계지역 이론에 기초하여 고립영토의 대외관계 형태를 제시한다. 이를 통해 궁극적으로 칼리닌그라드 지역연구에 필요한 가설을 설정하고, 연구에 있어서 주목해야 할 대외관계의 양상을 규정한다.

[그림 1] 칼리닌그라드 주의 지리적 위치[1)]

2. 고립영토란 무엇인가?

2.1 엔클레이브와 엑스클레이브

일반적으로 고립영토란 본토로부터 지리적으로 분리되어 타국에 의해 둘러싸여 있는 영토를 의미한다. 그러나 이론적 차원에서 고립영토는 두 가지 개념, 즉 엔클레이브(enclave)와 엑스클레이브(exclave)로 분리된다. 이 개념들은 여러 문헌에서 빈번하게 혼용되고 있지만, 엄밀히 말하면 전혀 다른 두 개념이다. 아래 그림은 이 두 개념의 차이를 설명하기 위해 만들어진 가상의 지도이다.[2)]

[그림 2]에서 고립영토 C는 B의 엑스클레이브이자, A의 엔클레이브이다. 그러나 [그림 3]에서 C는 B의 엑스클레이브이지만, A 또는 D의 엔클레이브가 아니다. 왜냐하면, 이 경우 C가 B로부터 지리적으로 분리되어 있지만, 둘 이상의 국가에 둘러싸여 경계를 마주하고 있기 때문

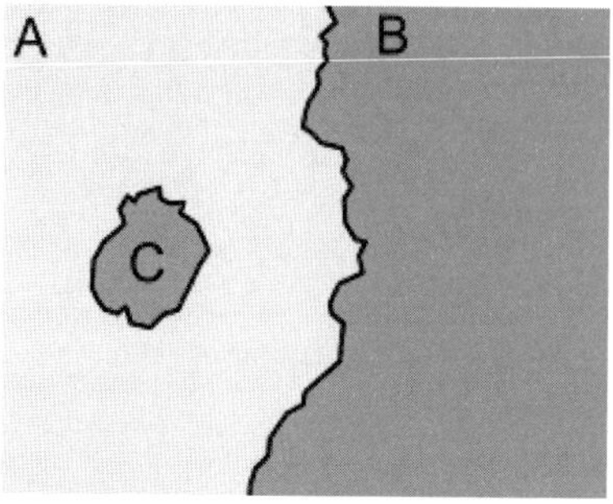

[그림 2]

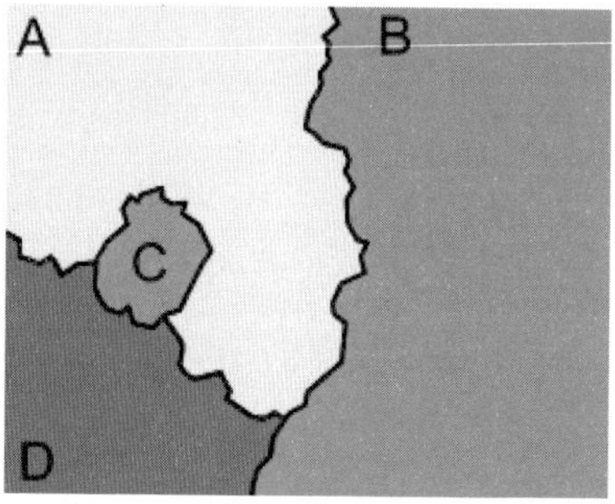

[그림 3]

이다. 즉, 엑스클레이브는 동시에 엔클레이브가 될 수 있지만, 반드시 그런 것은 아니다. 엑스클레이브의 대표적인 예는 현재의 방글라데시인 동파키스탄, 제2차 세계대전 이후 폴란드와 러시아에 합병된 동프로이센, 북미의 알래스카 등이다.

엔클레이브 역시 동시에 엑스클레이브가 될 수 있지만, 반드시 그런 것은 아니다. 엔클레이브 그 자체가 주권국일 경우에는 그 자체가 본토이기 때문에 결코 엑스클레이브가 될 수 없다. 대표적인 사례는 남아프리카 공화국의 경계 내에 위치한 레소토 왕국, 이탈리아 내에 위치한 바티칸 시국 등이다.

다시 말해, 엑스클레이브는 한 국가의 입장에서 본토에서 지리적으로 분리되어 다른 국가 또는 국가들에 둘러싸여 있는 영토의 일부로 규정할 수 있다. 반면, 엔클레이브는 한 국가의 입장에서 자국 영토에 의해 완전히 둘러싸여 있는 타국의 영토를 말한다. 결국, 이 두 개념은 고립영토를 누구의 입장에서 바라보느냐(본토의 입장에서 바라보느냐, 인접국의 입장에서 바라보느냐)에 따라 달리 사용되는 것이다. 따라서 남쪽으로는 폴란드, 동북쪽으로는 리투아니아, 서북쪽으로는 발트해에 둘러싸인 러시아의 고립영토 칼리닌그라드 지역은 러시아의 엑스클레이브이지만, 어느 국가의 엔클레이브도 아니다.

2.2 고립영토의 분류

비노쿠로프(Evgeny Vinokurov)의 견해에 따르면,[3] 고립영토(엔클레이브와 엑스클레이브)는 법적 지위와 지리적 위치를 규준으로 하여 다음과 같이 다시 세부적으로 분류될 수 있다.

먼저, 고립영토가 독립적인 주권국일 경우 '엔클레이브 주권국가(Enclaved sovereign states)'로 분류되고, 이것은 다시 '엔클레이브 국가(Enclaved states)'와 '준 엔클레이브 국가(Semi-enclaved states)'로 나뉜다. 엔클레이브 주권국가는 다른 한 국가의 육지영토에 의해 완전히 둘러싸인 국가를 의미한다. 반면, 준 엔클레이브 국가는 다른 한 국가의 영토에 의해 둘러싸였지만, 해양경계를 가진 국가를 가리킨다.

다음으로, 고립영토가 주권국이 아니라 영토의 일부로서 본토의 외부에 존재하는 경우에는 '국제적 엔클레이브/엑스클레이브(International enclaves and exclaves)'로 지칭되고, 이것은 다시 몇 개의 카테고리로 분류된다.

1) '진정한 엔클레이브(True enclaves)': 다른 한 국가의 육지영토에 완전히 둘러싸인 지역을 의미한다.
2) '해안 엔클레이브(Coastal enclaves)': 준 엔클레이브 국가와 마찬가지로 다른 한 국가의 영토에 둘러싸였지만, 해양경계를 가진 지역을 의미한다.
3) '단순 엑스클레이브(Mere exclaves)': 둘 이상 국가의 영토에 의해 둘러싸인 고립영토를 지칭한다. 따라서 이것은 어떤 국가의 엔클레이브로도 간주될 수 없으며, 단지 한 국가의 엑스클레이브일 뿐이다.
4) '유사 엔클레이브(Pene-enclaves)': 본토로부터 지리적으로 분리되지는 않았지만, 오직 다른 국가의 영토를 통해서만 도달할 수 있는 실질적 의미의 고립영토를 말한다. 예를 들어, 1940년대 알래스카 고속도로가 건설되기 전까지 캐나다의 유콘(Yukon) 지방으

로 가는 길은 반드시 미국 영토를 거쳐야만 했다.

고립영토를 분류하는 마지막 그룹은 '준 국가 엔클레이브/엑스클레이브(Sub-national enclaves and exclaves)'이다. 이것은 영토 내부에서 다른 지역에 둘러싸여 고립된 지역을 의미한다. 즉, 고립영토를 분류하는 두 번째 그룹이 본토의 '외부'에 위치한 고립영토를 상정했다면, 이 그룹은 '내부'의 고립영토를 의미한다. 내부 엔클레이브/엑스클레이브는 첫째, 정치, 행정적 맥락에서 나타난다. 모스크바 주의 경계 안에 위치한 연방시 모스크바는 대표적인 사례이다. 그러나 비노쿠로프는 이러한 고립영토는 높은 수준의 정치, 경제적 자치를 특징으로 하는 연방국가에서만 의미를 갖는다고 주장한다. 따라서 우리나라의 서울특별시와 같은 경우는 여기서 배제된다. 둘째, 사회, 경제적 맥락에서 나타난다. 다민족, 다종교 국가의 영토에는 한 민족 또는 종교그룹이 지배적인 지역이 존재한다. 그리고 이러한 지역 내에 또 다른 상대적 소수 민족 또는 종교그룹이 집단적으로 거주하는 경우도 있다. 또한, 한 국가의 영토 내에는 특별한 경제 레짐이 작동하는 지역도 존재할 수 있다. 중국의 경제특구, 북한의 개성공단 등은 이 같은 사례로 분류될 수 있을 것이다.

고립영토의 분류에서 칼리닌그라드 지역은 특별한 사례가 된다. 그것은 EU가 갖고 있는 독특한 성격 때문이다. 오늘날 EU는 단일한 정치적 공동체이기도 하지만, 그 내부에는 여전히 독립적인 주권국들이 존재하고 있다. 폴란드, 리투아니아에 둘러싸인 칼리닌그라드 지역은 하나 이상의 국가와 국경을 접하기 때문에 '단순 엑스클레이브'로 분류될 수 있다. 하지만, 동시에 그것은 해양경계를 가지고 EU의 영토에 둘러싸인 고립영토이기 때문에 '해안 엔클레이브'로도 볼 수 있다. EU 통합이 더 심화되면, 칼리닌그라드는 보다 확고한 EU의 '해안 엔클레이브' 지위를 부여받게 될 것이다.

3. 고립영토의 특성

3.1 고립영토의 일반적 특성

리즈코바(Natalia Ryzhkova)는 고립영토의 일반적 특성을 다음과 같이 규정한다.[4] 우선, 그것은 대규모 생산시설도 충분한 내수시장도 없는 물리적으로 작은 영토라는 특성을 가지고 있다. 다음으로, 경제적 측면에서 높은 수준의 대외적 의존관계를 가지고 있다. 엔클레이브 주권국은 그 주위를 둘러싸고 있는 타국에 대해 의존적이며, 때로는 특수한 관계를 형성하기도 한다. 엑스클레이브 지역은 더 나아가 본토에도 의존적이며, 종종 그 정도가 매우 크다. 외부에 대한 높은 의존성 때문에 고립영토의 경제는 성장과 침체의 심한 변동을 겪게 된다. 때로는 높은 성장률의 달성이 가능해지고, 반대로 때로는 심각한 경제적 타격을 입기도 한다.

고립영토의 세 번째 특성은 이중적 주변성이다. 고립영토는 본토의 입장에서도, 또한 그것을 둘러싸고 있는 국가들의 입장에서도 지리적으로 주변적 위치에 놓여 있으며, 때로는 경제적으로 저발전된 지역들 사이에 놓인다.

네 번째 특성은 경제발전의 근본적인 한계에 관한 것이다. 통상 천연자원은 제한적이거나 다변화되지 않았으며, 노동력 또한 적은 인구와 본토로의 이주로 인해 만성적으로 부족하다. 물론 싱가포르 같은 엔클레이브 주권국은 이를 성공적으로 극복한 예이다. 그러나 일반적으로 이러한 한계들은 고립영토의 경제발전을 방해한다.

다섯 번째 특성은 정치적, 전략적 중요성이다. 종종 고립영토의 정치적, 전략적 중요성은 그것의 경제적 가치를 압도한다. 따라서 고립영토에 대한 중앙의 정책은 단순히 경제적 효율성의 측면에만 머무르지 않는다.

여섯 번째 특성은 수송문제이다. 고립영토가 본토로부터 멀리 떨어져 있으며, 타국에 의해 지리적으로 분리되어 있다는 두 가지 요인은 동시에 수송문제에 영향을 미친다. 높은 수송비용, 대안이 없는 수송노선 등은 본토와의 관계에 장애를 조성하며, 인접국에 대한 고립영토의 의존성을 심화시킨다. 단일한 국가에 의해 둘러싸여 있는 엔클레이브 국가와 진정한 엔클레이브의 경우 이러한 문제는 더욱 심각하다. 그러나 준 엔클레이브 국가, 해안 엔클레이브, 단순 엑스클레이브는 이보다 나은 상황이기 때문에 결정적인 취약성을 보이지는 않는다.

3.2 고립영토와 경계지역

고립영토는 본질적으로 경계지역의 부분적인 사례이다. 따라서 고립영토에 대한 이론 발전이 아직 충분하지 않은 상황에서 경계지역 이론은 고립영토의 대외관계 연구에 의미 있는 준거점을 제공한다.

경계지역의 대외관계에는 중앙과의 관계, 한 국가의 다른 경계지역들과의 관계, 경계지역을 통과하는 자국과 타국 중앙들 간의 관계, 초경계적 관계 등 몇 가지 형태가 존재할 수 있다.[5] 이에 기초하여 고립영토의 대외관계를 다음과 같이 가정할 수 있다. 첫째, 고립영토와 본토 중앙과의 관계. 고립영토는 타국(또는 타국들)에 의해 고립된 경계지역이기 때문에 중앙과의 관계 실현에서 근본적인 어려움을 갖고 있다. 이 경우 중앙은 다른 경계지역과 달리 고립영토에 대해 비대칭적 접근과 결정을 시도해야 한다. 즉, 고립영토에 대한 특별한 정책이 요구된다는 의미이다.

둘째, 다른 경계지역들과의 관계. 고립영토와 본토의 다른 경계지역들과의 상호관계는 본토 중앙과의 관계보다 더 어렵다. 이 경우에는 고립영토와 다른 경계지역을 연결하는 교통로가 지나는 지역, 이른바 '수문(水門)'의 기능을 수행하는 타국과의 효과적인 상호관계 설정이 매우 중요해진다. 고립영토와 '수문' 지역은 고립영토가 경제적으로 발전할 경우 상호호혜적인 전략적 파트너십을 형성할 수 있다. 한편, 비슷한 지리적 위치에 놓인 본토의 다른 경계지역들은 고립영토와 경제 및 교통 인프라에 대한 중앙정부 또는 외국의 투자를 놓고 경쟁을 벌인다.

셋째, 고립영토를 통과하는 자국과 타국 중앙들 간의 관계. 일반적으로 경계지역들은 자국과 타국 중앙을 연결하는 거점의 역할을 수행한다. 그러나 타국의 중앙에서 고립영토를 거쳐 다시 타국 영토를 지나 본토로 연결되는 경로는 더 큰 비용이 요구된다. 하지만, 이러한 복잡한 경로에 지출되는 비용을 상쇄하는 이점 또는 편익을 가지고 있는 경우에는 중요한 거점의 역할을 부여받는다.

넷째, 인접지역과의 초경계적 관계. 경계지역은 경계의 장벽성과 접촉성이라는 기능적 이중성의 영향을 받는다. 따라서 경계지역에 대한 기존 분류에 따라,[6] 고립영토와 인접지역의 초경계적 경계지역은 다음과 같이 구분될 수 있다.

1) 소원(疏遠)적 경계지역 : 군사행동, 정치적 논쟁, 강력한 민족주의적 경향, 이데올로기 또는 종교적 적대, 문화적 차이 또는 민족적 경쟁 때문에 경계를 넘는 상호관계가 부재하다.
2) 공존적 경계지역 : 어느 정도의 경제적, 문화적 상호협력이 이루어진다.
3) 상호의존적 경계지역 : 경계가 여전히 존재하는 조건에서 다양한 분야의 상호협력이 광범위하게 실현된다.
4) 통합적 경계지역 : 경계를 넘는 상호관계가 완전히 자유로워진다. 노동력, 상품, 금융, 아이디어의 자유로운 이동이 가능해진다.

소원(疏遠)적 경계지역에서 통합적 경계지역으로의 진화는 경계지역의 경제적 발전에 큰 영향력을 미친다. 따라서 칼리닌그라드 경제는 인접지역과 분리된 고립적 발전, 인접지역과의 통합적 발전이라는 두 가지 발전경로 중 하나 또는 절충적인 경로를 선택할 수 있을 것이다.

4. 나오며

이상의 논의에 기초하면, '고립영토'의 지정학적 문제들을 중심으로 칼리닌그라드 지역연구에 필요한 다음과 같은 가설들을 설정할 수 있다. 첫째, 작은 영토로 인해 독자적인 경제발전이 어려울 것이다. 즉, 천연자원, 생산시설, 노동력, 내수시장 등에서 한계를 가지고 있을 것이다. 둘째, 타국에 의해 둘러싸인 영토로 인해 본토와 인접지역에 대한 강한 경제적 의존성을 가지고 있을 것이다. 셋째, 자국 영토 주요부에서 멀리 떨어진 영토로 인해 본토와의 수송로 확보와 그것이 통과하는 국가들과의 관계가 중요시되고 있을 것이다. 넷째, 수송로를 확보하는 데 필요한 비용을 상쇄하는, 경제적 효과 이상의 정치적, 전략적 가치를 가지고 있을 것이다.

또한, 이러한 지정학적 문제들을 분석하는데 있어서 다음과 같은 관계들의 양상에 주목해야 한다. 첫째, 칼리닌그라드 주와 연방정부와의

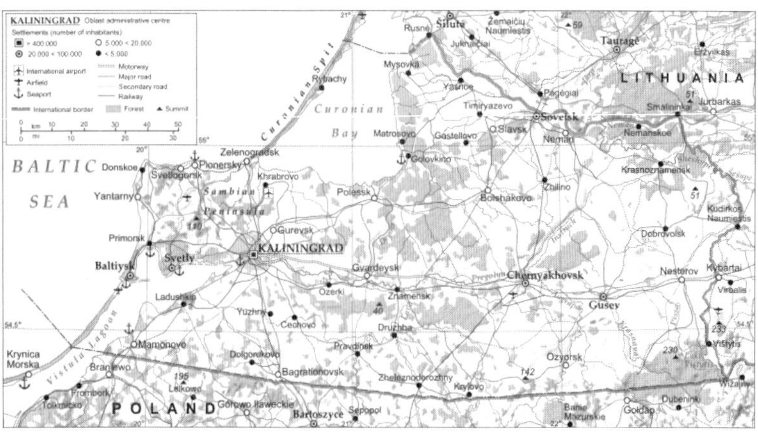

[그림 4] 칼리닌그라드 주 전도 7)

관계; 둘째, 칼리닌그라드 주와 본토 사이에 놓인 지역으로서 리투아니아, 벨라루스와의 관계; 셋째, 칼리닌그라드 주와 경쟁하는 경계지역으로서 상트페테르부르크, 레닌그라드 주 등과의 관계; 넷째, 연방정부와 서유럽 및 EU와의 관계에서 칼리닌그라드 주의 역할; 다섯째, 칼리닌그라드 주와 폴란드, 리투아니아 경계지역과의 초경계적 관계 등이 그것이다.

주석

1) http://www.allvoices.com/contributed-news/10200951-french-mirage-jet-collides-with-lithuanian-plane-no-casualties-reported
2) http://en.wikipedia.org/wiki/Enclave_and_exclave#True_enclaves
3) Evgeny Vinokurov, A Theory of Enclaves, (Lanham, Maryland: Lexington Books, 2007), pp. 17-33.
4) Natalia Ryzhkova, The Russian Baltic exclave of Kaliningrad (Saabrücken, Germany: Lambert Academic Publishing, 2010), pp. 11-14.
5) И. И. Драгилева, Ю. М. Зверев, В. С. Корнеевец, Г. М. Федоров, "Трансграничная кооперация в Балтийском регионе," В. П. Гутник, А. П. Клемешев (под ред.), Балтийский регион как полюс экономической интеграции Северо-Запада Российской Федерации и Европейского союза (Калининград: Изд-во РГУ им. И. Канта, 2006), С. 74-75.
6) B. Van der Velde, R. Martin, "So Many Regions, so Many Borders: A Behavioral Approach in the Analysis of Border Effects" (Paper prepared for the 37th European Congress of the European Regional Science Association, 1997): Денис Давидов, Татьяна Чекалина, "Калининград: плюсы и минусы эксклавности," Космополис № 2(21) (лето, 2008), С. 142에서 재인용.
7) http://en.wikipedia.org/wiki/Kaliningrad_Oblast

제 10 장

경계지역의 정체성: 칼리닌그라드 주에 관한 세 가지 이야기

제성훈

경계문제에 대한 '세계체제-영토적 정체성 접근(World system & territorial identities approach)'에 따르면, 경계는 정체성 문제와 결코 분리될 수 없다. 오늘날 모든 국경은 서로 다른 국가 정체성(national identity)을 구분하는 경계의 역할을 부여받고 있다. 그러나 영토의 가장자리에 위치한 경계지역에서는 다음과 같은 요인들에 의해 국가 정체성이 불명확해지고, 이것은 종종 정체성의 혼란을 야기한다.

첫째는 시간적 요인이다. 근대 국민국가(nation-state)의 출현 이후 국가 간의 경계는 고정적이지 않았고, 전쟁 또는 외교를 통한 병합, 할양, 통합, 독립 등에 의해 끊임없이 변화했다. 이런 맥락에서 오늘날 모든 국경은 역사적 산물이며, 현재의 국경 역시 잠정적인 경계에 불과하다. 따라서 국가 정체성을 부과하는 국가의 변화를 비교적 최근에 경험한 경계지역은 불명확한 정체성, 이른바 '역사의 흉터들(scars of history)'을 갖게 된다.

[그림 1] 러시아 본토와 고립영토 칼리닌그라드 주[1)]

둘째는 공간적 요인이다. 일반적으로 경계지역은 한 국가의 중심부에서 원거리에 있는 지역이지만, 다른 국가의 영토에는 가장 근거리에 있는 지역이다. 만일 폐쇄적인 국경을 가진 소원(疏遠)적 경계지역이 아니라면, 국경을 넘는 상호관계가 형성되고 이것이 발전하면 인적, 물적 이동에 있어 강한 원심력이 작용하게 된다. 따라서 인접국의 물질적, 비물질적 영향력에 가장 쉽게 노출되는 경계지역에서 국가 정체성은 약화되는 경향을 보인다.

러시아의 경계지역들 중 이러한 두 가지 요인의 영향력이 가장 큰 지역은 아마도 칼리닌그라드 주일 것이다. 그것은 첫째, 칼리닌그라드 주가 오늘날 러시아의 여러 지방들 가운데 가장 최근에 영토로 편입된 지역이기 때문이다. 칼리닌그라드 주가 창설된 것은 불과 60여 년 전이지만, 주도인 칼리닌그라드(옛 지명: 쾨니히스베르크)는 그 10배가 넘는 750여년의 역사를 가지고 있다. 과거 수세기 동안 독일인과 리투아니아인들이 지배했던 이 지역은 2차 세계대전 직후에야 소련의 영토가 되었다. 따라서 칼리닌그라드 주는 국가 정체성의 변화를 가장 최근에 경험한 지역이라 할 수 있다. 둘째, 칼리닌그라드 주가 현재 러시아 본토와 육지로 연결되어있지 않은 '고립영토'이기 때문이다. 서쪽의 발트 해 연안을 제외한 나머지 3면이 모두 타국(리투아니아, 폴란드)에 의해 둘러싸여 있고, 이곳에서 러시아 본토로 가는 육로는 최소한 2개국의 영토를 지나고 있다. 이러한 지리적 위치 때문에 칼리닌그라드 주는 본토보다 오히려 인접국의 물질적, 비물질적 영향력에 더 쉽게 노출되어있다. 그렇다면 이러한 두 가지 요인을 고려하면서 실제로 칼리닌그라드에서 정체성 문제가 어떤 양상으로 나타나는지 다음의 세 가지 이야기를 통해 살펴보기로 하자.

1. 첫 번째 이야기: 750주년? 60주년?

2000년대 초 칼리닌그라드 주 정부는 2005년 도시 건설 750주년 기념행사를 구상하고 있었다. 2002년 10월 칼리닌그라드를 방문한 카시야노프 당시 총리가 이에 대한 지지를 표명하자, 자신감을 얻은 주 정부는 이듬해 1월 연방정부의 참여 및 지원을 전제로 하는 '칼리닌그라드 750주년 준비 및 기념을 위한 조직위원회 창설에 관한' 대통령령 초안을 대통령 행정실에 제출했다. 또한, 모스크바에서는 기념행사에 대통령 부인 루드밀라 푸티나를 비롯한 지역 출신 인사들의 정치적 영향력과 재정적 지원을 결집시키려는 목적에서 '칼리닌그라드 향우회(Zemlyachestvo-Kaliningrad)'가 결성되었다.

[그림 2] 2차 세계대전 직후 독일 영토의 분할 점령[2]

그러나 기념행사에 대한 대통령 행정실의 반응은 예상과 달리 부정적이었다. 대통령 행정실은 2005년 칼리닌그라드 건설 750주년 대신, 그 이듬해인 2006년 칼리닌그라드 주 창설 60주년 기념행사에 집중할 것을 제안했다. 당시 주요 언론들은 이러한 제안의 배경으로 국가 정체성 약화에 대한 크레믈린의 우려를 지적했다. 즉, 칼리닌그라드 750주년 기념행사를 계기로 과거 독일 통치시절의 역사가 강조될 경우, 국가 정체성 대신 지역 정체성이 강화될 수 있다는 것이었다.

칼리닌그라드 정치엘리트들과 자유주의적 지식인들은 크레믈린의 제안에 반발했다. 당시 칼리닌그라드 시장 사벤코(Yuri Savenko)는 기념행사에서 독일 통치시절은 750년 역사의 한 부분일 뿐이며, 오히려 이 행사의 진정한 목적은 도시 발전에 필요한 부가적인 재정적 자원을 확보하는데 있다고 강조했다. 주 의회 의원이자 자유주의자인 긴즈부르크(Solomon Ginzburg) 역시 “어떻게 700년의 역사를 건너뛰는 것이 가능한가? 한편에서 우리는 칼리닌그라드가 유럽을 향한 러시아의 창이라고 말하는데, 다른 한편에서 누군가가 이 창문을 꽁꽁 닫아두고 있다”며 연방정부를 비판했다. 행사를 지지하는 목소리가 점점 더 큰 반향을 얻고 있던 2003년 11월, 마침내 푸틴 대통령은 ‘칼리닌드라드 주 60주년 및 칼리닌그라드 건설 750주년 기념에 관한’ 대통령령에 서명했다. 결국 칼리닌그라드 주 정부의 제안이 수용되어 기념행사에 대한 연방정부의 전면적인 지원이 가능해진 것이다. 그러나 대통령령의 제목에서 칼리닌그라드 주 60주년이 1년 전에 있을 도시 건설 750주년보다 먼저 거명된 것은 크레믈린이 정체성 문제를 얼마나 진지하게 고민하고 있는지를 단적으로 보여준다.

칼리닌그라드 주민들과 러시아 연방정부 엘리트들에게 있어 도시 건설 750주년은 단순한 이벤트 이상의 의미를 가지고 있었다. 이것은 결국 수 세기에 걸친 독일 통치시절의 역사를 기념하는 것과 국가 정체성을 유지하는 것이 양립할 수 있는가에 대한 논쟁이었다.

2. 두 번째 이야기: 쾨니히스베르크? 칼리닌그라드?

지명(地名)은 서로 다른 대상들을 구분하려는 기술적 필요성을 넘어, 그 자체로 역사적 의미를 가진 정체성의 도구로 기능한다. 이 때문에 인류의 역사에서 지역의 명칭은 통치주체의 변화에 따라 끊임없이 변화해왔다. 오늘날 러시아에서는 소비에트 시절에 부여된 지명들이 대부분 옛 지명으로 환원되었다. '제2의 도시'이자 북서지역의 중심지 레닌그라드가 상트페테르부르크로, 중부 러시아의 대도시 고리키가 니즈니노브고로드로, 우랄지역의 중심지 스베르들롭스크가 예카테린부르크로 변경되었다. 그러나 칼리닌그라드를 옛 지명인 쾨니히스베르크로 환원하는 것은 전혀 다르고, 훨씬 더 복잡한 문제를 야기한다. 왜냐하면, 칼리닌그라드와 칼리닌그라드 주는 다른 도시들과 달리 1946년에야 소련 영토로 편입되었으며, 옛 지명인 쾨니히스베르크는 독일 통치시절에 독일인들에 의해 부여된 지명이기 때문이다. 칼리닌그라드라는 지명은 1946년 사망한 소비에트 지도자 칼리닌(Mikhail Kalinin)의 이름에서 비롯되었다.

소련 영토가 된지 60년이 훨씬 넘은 지금도 이 지역 주민들은 칼리닌그라드를 종종 옛 지명인 쾨니히스베르크로 부른다. 따라서 2000년대 초 칼리닌그라드의 한 NGO가 쾨니히스베르크 지명 환원을 위한 서명운동을 벌였던 것은 어찌 보면 자연스러운 일일 수도 있다. 지명의 환원을 주장하는 사람들은 옛 지명이 소비에트-스탈린의 잔영과 결별하고 지역의 포괄적인 역사성을 드러낼 수 있다는 점을 강조했다. 또한, 그들은 지명 변경의 목적 중 하나가 독일로부터 지역발전 프로젝트에 대한 재정적 지원과 투자를 얻어내는데 있다는 사실도 결코 숨기지 않았다.

그러나 이러한 주장이 주민 대다수의 공감을 얻어내지는 못했던 것 같다. 2002년 칼리닌그라드 사회학센터가 수행한 여론조사에 따르면,

응답자의 9%만이 쾨니히스베르크로의 지명 환원을 선호했고, 압도적 다수인 78%는 현재 지명의 유지를 원했다. 하지만 다수의 부정적 시각에도 불구하고, 2000년대 초 이 이슈는 칼리닌그라드는 물론 러시아 전체에서 대중적 관심을 불러일으켰다.

리투아니아인, 폴란드인, 독일인들은 일반적으로 칼리닌그라드라는 이 도시의 공식지명 대신 자국식 지명을 사용한다. 리투아니아 고위급 관리들은 러시아인들과 대화할 때조차 리투아니아식 지명을 종종 사용하며, 리투아니아의 전 대통령 아담쿠스(Valdas Adamkus)가 칼리닌그라드의 리투아니아 디아스포라 대표들과의 대화중에 칼리닌그라드와 자국식 지명을 혼용했다는 사실은 러시아 대중들의 분노를 불러일으켰다. 이 때문에 2002년 11월 러시아의 유력 일간지 '이즈베스티야'는 리투아니아의 수도 빌뉴스의 한 서점에서 공식지명 대신 리투아니아식 지명이 사용된 칼리닌그라드 주 지도를 발견했다고 보도하고, 리투아니아로부터 영토요구를 할 의사가 없다는 공식적인 약속을 받아낼 필요가 있음을 지적하기도 했다.

2003년 3월 칼리닌그라드 주 의회는 우리나라의 국회 격인 국가두마에 지명에 관한 연방법 수정안을 제출했다. 이 수정안의 골자는 '외국 기원(foreign origin)'의 명칭으로의 지명 변경을 전면 금지하는 것이었다. 그러나 크레믈린은 이 수정안의 조항이 너무 특정하고 구체적이라는 이유로 부정적인 반응을 보였다. 러시아의 법체계가 이미 원치 않는 지명 변경을 예방하기 위한 절차적 장치들을 가지고 있다고 생각했기 때문이었다. 당시 코텐코프(Alexander Kotenkov) 국가두마 대통령 전권대표는 공개적으로 독일 지명으로의 환원은 어떤 경우에도 일어날 수 없다고 확신했다. "칼리닌그라드 주 의회 의원들이 만장일치로 칼리닌그라드의 지명을 쾨니히스베르크로 변경 및 환원하는 연방법 수정안을 국가두마에 제출하는데 동의했다고 하더라도 ... 나는 국가두마 의원들이 그러한 지명 변경에 동의할 것이라고 생각하지 않는다. 만일 그런

[그림 3] 칼리닌 광장의 칼리닌 동상 3)

일이 일어났다 하더라도, 그리고 연방의회가 그 결정을 승인했다고 하더라도, 나는 러시아연방 대통령이 그 법에 서명할 것이라고 생각하지 않는다." 결국 국가두마는 이 수정안을 부결시켰다.

모스크바 주변에 위치한 도시 트베리(Tver')가 소련시절 지명인 칼리닌(Kalinin) 대신 옛 이름을 되찾은 사실에서 확인할 수 있듯이, 칼리닌그라드의 지명 변경에 대한 반대는 단순히 소비에트 노스탤지어에 기인한 것이 아니었다. 오히려 러시아인들에게 경계지역인 칼리닌그라드의 지명 변경은 엄청난 인적, 물적 피해를 감수했던 2차 세계대전의 결과를 수정하려는 시도로 받아들여졌기 때문이었다. 다시 말해, 지명의 변경이 전후 소련의 영토획득의 정당성을 침해하고, 궁극적으로 국가 정체성을 약화시킬 수 있었기 때문이었다.

3. 세 번째 이야기: 고립영토의 딜레마

고립영토는 타국에 의해 본토로부터 지리적으로 분리되어있다는 특성을 갖는다. 이러한 지리적 특성은 본토와의 관계를 소원하게 만들면서 동시에 인접국 또는 인접지역에 대한 의존도를 심화시킨다. 고립영토로서 칼리닌그라드의 문제는 젊은 세대 중 러시아 본토를 방문한 경험이 있는 사람이 현저하게 적다는 사실에서 단적으로 드러난다. 칼리닌그라드 주 십대의 약 75%는 러시아의 다른 지방을 한 번도 방문한

적이 없으며, 심지어 30세 미만 인구의 약 70%는 모스크바와 상트페테르부르크는 물론이고, 칼리닌그라드 주에서 가장 가까운 본토의 지방인 프스코프 주조차도 방문한 경험이 없다. 반면, 동일한 조사대상의 70%가 인접국인 리투아니아나 폴란드를 적어도 한 달에 한 번 이상 방문하는 것으로 나타났다.

고립영토의 특성에 따라 칼리닌그라드 주민들은 이른바 '비러시아적 환경'에 쉽게 노출되어있다. 이 때문에 그들은 자신의 생활수준을 러시아의 다른 지방보다는 리투아니아, 폴란드의 그것과 비교하려는 경향을 가지고 있다. 2002년에 있었던 한 설문조사에 따르면, 당시 칼리닌그라드 주의 1인당 총수입과 총소비가 러시아의 80여 개 지방들 중 대략 30위 권이었음에도 불구하고, 주민들은 자신들의 생활수준이 러시아 전체의 평균보다 낮다는 인식을 가지고 있었다. 사실이 어떠하든, 중요한 것은 이러한 심리적 불만족이 계속될 경우 칼리닌그라드 주민들 사이에서 분리주의적 정서가 나타날 수도 있다는 점이다.

이러한 문제를 해결하기 위한 대안에는 물질적 방법과 비물질적 방법 두 가지가 있다. 먼저, 물질적 방법은 칼리닌그라드 주민들의 생활수준을 인접국들(리투아니아, 폴란드)과 거의 동일한 수준으로 향상시키는 것이다. 물론, 이러한 시도는 사회적 문제를 감소시키고 주민들의 만족도를 높여, 궁극적으로 국가 정체성을 강화할 수 있을 것이다. 그러나 러시아의 다른 지방들과 대별되는 불균등 발전은 장기적으로 또 다른 문제를 낳는다. 칼리닌그라드 주에 비해 덜 발전된 다른 지방들, 자신의 부를 함께 나누어야 하는 짐스러운 러시아는 칼리닌그라드 주민들에게 매력을 잃게 될 것이다. 또한, 러시아의 낙후된 지방들로부터 칼리닌그라드로의 대규모 이주가 이어지고, 이것은 또 다른 사회적 문제를 파생시킬 것이다.

다음으로, 비물질적 방법은 문화-이데올로기적 수단을 통해 칼리닌그라드 주민들의 국가 정체성을 강화하는 것이다. 즉, 인접국 또는 인접

지역의 물질적 풍요에 대한 관심을 감소시키고 러시아적 정체성을 강화하는 다양한 정책들을 수행하는 것이다. 아마도 현재 모스크바는 딜레마적인 첫 번째 대안보다는 이 두 번째 대안에 더 관심을 두고 있는 것으로 보인다.

2004년 칼리닌그라드 주의 중등교육과정에는 '러시아학(Rossievedenie)'이라는 새로운 과목이 도입되었다. 이 과목의 도입에 주도적으로 참여한 추바이스(Igor Chubais) 교수에 따르면, 새로운 과목의 목표는 어떠한 경제적, 사회적 영향에 관계없이 러시아를 사랑하도록 만드는데 있다. 비슷한 맥락에서 북서연방관구 대통령 전권대표 사무실은 칼리닌그라드 주의 청소년들을 대상으로 다양한 여름캠프와 단체견학을 조직하는 프로그램 '대화'를 운영하고 있으며, 칼리닌그라드 주 정부 역시 이 지역 청소년들이 모스크바와 러시아의 다른 지방들을 방문하는 프로그램 '러시아 아이들의 러시아로의 여행'을 운영하고 있다. 이러한 일련의 정책들은 젊은 세대에게 러시아적 정체성을 강화하기 위한 조치라 할 수 있다.

이른바 기성세대를 대상으로 한 정체성 강화 정책의 대표적 사례는 승리광장의 주교좌성당 건립이다. 그동안 칼리닌그라드 주에는 정교회 성당이 존재하지 않았다. 과거 이 지역에 거주하던 독일인들은 정교 신자가 아니었고, 소련 영토로 편입되고 난 다음에는 정치적 이유로 정교회 성당이 지어질 수 없었다. 그래서 소련 해체 후 칼리닌그라드에 정교회 성당을 건립하는 것은 이 지역의 숙원사업이었다.

현대 러시아 사회에서 정교가 단순한 종교 이상의 의미를 가지고 있다는 것은 이미 많이 알려진 사실이다. 정교는 소련 해체 후 '이데올로기적 진공'을 메울 수 있는 유일한 대체 국가이데올로기로 인식되고 있으며, 정치권과 정교회는 서로 긴밀한 관계를 유지하고 있다. 따라서 현대 러시아에서 정교회 성당의 건립이 종교적 차원을 넘어 문화-이데올로기적 차원의 의미를 갖고 있다. 특히 칼리닌그라드에서는 2차 세계대

[그림 4] 칸트 섬의 주교좌성당[4)]

[그림 5] 승리광장의 구세주 예수 주교좌성당[5)]

전 당시 파괴되었던 칸트 섬의 독일식 성당이 독일의 지원에 의해 복원되면서, 정교회 성당의 건립이 시급한 문제로 대두되었다. 결국 연방정부의 전폭적인 지원 하에 지난 2006년 주 창설 60주년과 지역 정교회 20주년 기념사업의 일환으로 칼리닌그라드 시의 중심지인 승리광장에 구세주 예수 주교좌성당 건립이 완료되었다.

칼리닌그라드 시에서 모스크바까지 거리는 1,300km 정도이지만, 여기서 베를린은 600km, 바르샤바는 400km 밖에 되지 않는다. 여기서 러시아 본토 국경의 프스코프 주는 800km 떨어져있지만, 폴란드 국경은 불과 70km 거리에 있다. 경계지역의 가장 극단적 형태인 고립영토로서 칼리닌그라드의 이러한 지리적 위치는 필연적으로 정체성 문제를 낳을 수밖에 없다. 따라서 연방정부와 주 정부는 젊은 세대와 기성세대를 아우르는 다양한 정책적 시도를 통해 국가 정체성을 유지하려는 노력을 계속하고 있는 것이다.

칼리닌그라드 주에 관한 세 가지 이야기는 지구화로 인해 초국경적 관계가 광범위하게 실현되고 있는 오늘날에도 경계지역에서 정체성 문제가 여전히 중요하다는 것을 극명하게 보여주고 있다. 이러한 문제는 우리에게도 시사하는 바가 크다. 경계지역의 정체성 문제에 대한 깊이 있는 인식만이 중국에게 왜 동북공정이 필요했는지, 남북 교류의 질적인 발전과 통일에 앞으로 어떤 장애물들이 기다리고 있는지에 대한 분명한 해답을 줄 수 있기 때문이다.

주석

1) https://www.cia.gov/library/publications/the-world-factbook/geos/rs.html
2) http://www.globalsecurity.org/military/library/report/other/us-army_germany_1944-46_map3.htm
3) http://ru.wikipedia.org/wiki/%D0%9A%D0%B0%D0%BB%D0%B8%D0%BD%D0%B8%D0%BD%D0%B3%D1%80%D0%B0%D0%B4
4) 필자 촬영
5) 필자 촬영

제 11 장

중세 노브고로드인의 세계관

황성우

'러시아의 천년 고도,' '러시아 모피제국,' '러시아 고대문화의 보고(寶庫),' '러시아 민주주의의 메카'로 불릴 수 있는 노브고로드는 러시아 역사에서 크게 세 가지 중요한 의미를 갖고 있다. 첫째, 정치적 측면에서 볼 때, 짜르와 전제정치로 대변되는 러시아의 정치문화 속에서 예외적으로 노브고로드는 자율적 의사결정기구인 베체를 중심으로 하는 민주주의 전통을 유지하여 '노브고로드 공화국'이라는 명성을 얻기도 했다. 둘째, 경제적 측면에서 볼 때, 노브고로드는 '발트 해-흑해' 교역로의 중심에 위치하여, 상업도시로서 이름을 떨쳤으며, 특히 모피제국으로서 경제적 부를 축적하여 중세러시아의 경제 중심지로서 역할을 담당했다. 셋째, 문화적 측면에서 볼 때, 노브고로드는 초기 러시아 문화의 정수를 보여주는 다양한 건축물과 연대기 제작, 이콘 예술 등을 통해 그들만의 독특한 예술적 흔적을 남겼다.

이 가운데 우리에게 잘 알려진 베체는 모스크바를 중심으로 발전한 중앙집권적 정치문화가 축적된 러시아에서 예외적으로 민주적 정치문화가 나타난 현상으로서 눈여겨 볼만한다. 일반적으로 베체는 모든 자

[그림 1] 노브고로드의 시장(A. 바스네초프)[1)]

유민들의 가장(家長), 혹은 토지 소유자들의 협의체로 알려져 있다. 베체에서는 다수결 원칙이 아닌 만장일치제를 고수했고, 신분 고하를 막론하고 누구나 베체의 소집을 알릴 수 있었으며, 회의는 베체의 종이 울리면 시작됐다. 또한 베체의 회의 장소는 주로 교회 광장이나 시장터였다. 베체는 전쟁과 평화에 관한 문제, 법 제정, 세금 징수 등 도시의 주요한 현안을 논의하여 결정했으며, 또한 공후를 임명하고 해임할 수 있었고, 노브고로드의 시장 역할을 했던 포사드니크(посадник)와 군사령관 격인 천인대장(千人隊長) 티샤츠키(тысяцкий), 그리고 교회 지도자인 대주교 후보를 선출했다. 특히 이러한 정치문화적 전통은 1136년 당시 노브고로드 공후였던 브세볼로드 므스티슬라비치(Всеволод Мстиславич)를 해임하고, 1156년 스스로 대주교를 선출한 시점부터 1478년 모스크바에 의해 붕괴될 때까지 지속적으로 유지되었는데, 이 글에서는 베체에서 시행한 대주교 후보 추천과 그의 선출방식과 관련된 사항을 살펴보고자 한다.

노브고로드 교회의 수장으로서 대주교는 기본적으로 종교 업무를 담당했을 뿐만 아니라, 베체의 '집행위원회(Совет Господ)' 수장의 역할을 맡아 세속 업무도 담당하여 실질적으로는 노브고로드의 최고지도자 역할을 담당했다. 집행위원회는 베체의 업무를 효율적으로 수행하기 위한 실무기관이었는데, 이곳에는 전·현직 포사드니크와 티샤츠키, 귀족 등 저명인사들이 참여했다.

중요한 사실은 12세기 중반 이후 노브고로드에서는 공후, 지방 성직자, 베체가 노브고로드의 대주교 후보를 선출하여 이후 키예프의 수좌대주교가 승인하는 절차를 진행했다는 점이다. 이러한 선거절차는 평신도와 세속적 군주 등 교회 외부의 간섭을 배제하려는 당시의 관행에 어긋났다. 더욱이 988년 기독교가 국교로 정해진 이후, 러시아 교회의 수장인 키예프의 수좌대주교는 모든 주교들을 임명했으나 유독 노브고로드에서만 이와 같은 관행이 유지되었기 때문이다. 또한 대주교 후보를 선출하는 방식도 먼저 후보 세 명을 추천한 후 제비뽑기를 통해 최종 후보를 결정했다.

공후나 평신도가 주교 선거에 개입했던 사례는 러시아에 국한된 현상은 아니다. 서유럽 사회에서도 동일한 현상이 발생했는데, 5세기에서 12세기까지 서유럽 기독교 세계에서 진행된 주교 선출방식은 주교, 수좌대주교뿐만 아니라, 일반 성직자와 평신도 등 모든 사람들이 주교 선거에 참여하는 것이었다. 이후 7세기가 흐르는 동안 지방 공후들의 권력이 강화되자, 공후들은 점차 성직자 선거과정에 개입했고, 그 결과 모든 사람들이 참여하여 선거인단을 구성하는 민주적 방식과 교회법에 따라 평신도나 세속 군주를 배제하고 소수의 성직자 엘리트만이 참여하는 방식이 상호 갈등을

[그림 2] 노브고로드 베체(A. 랴브쉬킨)2)

빚게 되었다. 이후 공후가 권력을 남용하여 지나치게 주교 선거에 개입하는 사례들이 나타나자, 하인리히 4세에게 '카놋사의 굴욕'을 안겨준 그레고리 7세는 공후나 평신도들을 배제시키고 오직 성직자들만이 주교 선거에 참가해야 한다는 개혁을 단행했다. 그러나 이후에도 지방 공후들은 시대적 상황에 따라 강약의 차이는 있지만 근대시기에 이르기까지 주교 임명이나 성직자 선거에 끊임없이 개입하고자 했다.

동방교회에서는 성직자 선거에 세속적 개입이 일반화되어 황제나 공후들이 성직자들을 임명하거나 해임시키는 일이 잦았다. 러시아교회도 서유럽보다는 동방교회의 관행에 더 가까이 있었다. 중세시기 교회 관행에 따르면, 평신도 관리들이 성직자에 임명되거나, 혹은 후보로 선출되어 수좌대주교의 승인을 받는 경우가 일반적이었다. 초기 러시아 중심지였던 키예프와 이후 중심지 역할을 했던 블라디미르, 모스크바의 공후들은 키예프나 全루시 수좌대주교의 추후 승인을 받기는 했지만 주교들을 임명할 수 있었다.

다른 지역과 다르게 '자체의 공후를 가지고 있지 못했던'[3] 노브고로드는 상대적으로 민주적 절차에 따라 주교를 선출할 수 있는 객관적 환경이 존재했다. 물론 노브고로드에서도 독자적으로 대주교를 선출한 시점은 12세기 중반이후, 즉 1156년부터였고, 이 전통은 노브고로드가 모스크바 공국에 멸망하는 시점까지 지속됐다. 그리고 이 역시 묵시적으로 러시아 교회의 수장인 수좌대주교[4]가 인정했기 때문에 가능한 일이었다.

노브고로드가 자치권을 획득한 1156년부터 모스크바에 의해 붕괴되는 1478년까지, 정확하게 보면 1471년 마지막 대주교 선거가 있기까지 노브고로드에서 시행된 21번의 주교와 대주교 선거에서 19명이 선거에 의해 선출됐고, 그중 제비뽑기에 의해 선출된 경우는 총 9번이었다. 키예프의 수좌대주교가 임명한 경우는 오직 두 번이었는데, 1165년 일리야(Илья), 1249년 달마트(Далмат)를 임명한 경우였다. 제비뽑기로 주

[그림 3] 마르파 보레츠카야와 노브고로드 베체의 파괴(K. 레베데프)[5]

교를 선출한 사례는 1193년에 처음 발생했는데, 1229년에도 제비뽑기로 주교가 선출됐고, 1359년 이후에는 1458년 이오나(Иона)가 대주교에 임명된 사례만 제외하고 모두 7명의 대주교가 제비뽑기에 의해 선출됐다.

공직선거에서 제비뽑기에 등장한 것은 러시아가 처음은 아니다. 우리가 알고 있는 고대 아테네에서도 이미 제비뽑기 방식은 시행되었다. 약 기원전 6세기에 형성된 아테네 민주주의는 '법 앞의 평등'(Isonomia)을 추구하는 개념으로부터 출발했다. 모든 사람이 평등하다는 전제하에 소수가 아닌 다수의 지배에 의해 민주주의는 완성될 수 있으며, 민주주의의 시험대로서 제비뽑기 방식은 그들이 추구하던 공정성을 완성하기 위한 기본적인 방식이었다. 제비뽑기 방식은 주로 공직자를 선출하기 위한 방법으로 사용됐는데, 민주주의에 대해 초창기에 개념 정의를 시도했던 아리스토텔레스나 『역사』의 저자로 잘 알려진 헤로도투스 역시 제비뽑기 방식이 물질적 유혹으로 인한 타락 가능성이 있는 선거보다도 더 민주적이라고 판단했다.

물론 아테네의 선거방식이 노브고로드에 영향을 미친 것은 아니다.

노브고로드에서 시행된 제비뽑기 방식의 기원은 명확하지 않다. 노브고로드인들이 고대 아테네에서 시행된 제비뽑기 방식의 선거과정을 알고 있었다는 직접적인 증거가 없기 때문이다. 단지 분명한 것은 1156년 처음으로 노브고로드인들이 대주교를 선출할 때와 다르게 1193년에는 베체에서 세 명의 후보자가 선출되고, 그 세 명의 후보자 중 한 명이 처음으로 제비뽑기 방식에 의해 대주교 후보로 추천되어 추후 수좌대주교의 승인을 받았다는 것이다. 베체에서 선출되던 기존의 방식에서 제비뽑기 방식으로 변화한 이유는 일차적으로 노브고로드가 독립을 유지하던 시기에 명확한 주교선출 방식이 존재하지 않았다는 점을 시사하지만, 그럼에도 불구하고 노브고로드가 모스크바에 병합되기 이전까지 이러한 제비뽑기 방식은 별다른 저항없이 지속되었다.

연대기에 기록된 대주교 후보들의 출신을 살펴보면, 총 20명의 후보자 이름과 출신배경이 등장한다. 기록된 7개의 사례 중에서 세 명의 후보자 이름이 모두 거론된 경우는 6번이고, 1274년의 선거에서는 두 명의 이름만 언급됐다. 20명의 후보자 출신배경을 살펴보면, 수도원장 12

[그림 4] 노브고로드 1150년 기념우표(2009년 발행)[6]

명, 대주교 집사(ключник) 2명, 주교 1명, 참회승(духовник) 1명, 사제 1명, 일반 수도승 1명, 그리고 지위가 불명확한 그리스인 2명이다. 이중에서 대주교로 선출된 사람들은 수도원장 4명, 대주교 집사 1명, 참회승 1명, 수도승 1명이다. 여기서 주목해야 할 사실은 상대적으로 신분이 높은 수도원장이나 주교뿐만 아니라, 사제, 집사, 참회승, 일반 수도승과 같은 하위 성직자들이 후보자로 선출됐고, 이들 중에서 위에서 언급했듯이, 집사, 참회승, 수도승 출신이 대주교로 선출됐다는 점이다. 상대적으로 신분이 낮은 계층에서 대주교가 선출될 수 있다는 사실은 선발 기준이 출신배경뿐만 아니라, 신앙심과 신실한 생활태도, 존경의 대상 등 합리적인 요인이었다는 것을 알 수 있다.

베체에서 추천된 후보자를 선발하는 방식을 살펴보면, 먼저 세 명의 대주교 후보자의 이름이 새겨진 단지를 노브고로드 성 소피아 성당의 제단에 올려놓고, 나이 많은 장사제[7]), 장님, 혹은 공후의 어린 유아를 통해 단지들을 하나씩 베체로 가져간다. 제단에 남겨진 마지막 단지에 이름이 새겨진 사람이 바로 대주교 후보로 확정된다.

* * *

노브고로드에서 시행된 베체의 존재나 대주교의 선출방식에서 나타난 제비뽑기방식은 당시 러시아 및 서유럽 세계의 공직선거에서도 존재하지 않았던 독특한 제도이다. 하지만 단지 베체의 의사결정과정과 노브고로드에서 발전한 제비뽑기 선거방식 때문에, 노브고로드가 러시아의 다른 지역보다 더 민주적이었고, 노브고로드는 러시아 민주주의의 요람이라는 사실을 강조하고자 하는 것은 아니다. 베체가 가장들의 모임에는 분명하지만, 노예 계층까지 포함하는 협의체는 아니었다. 베체 역시 중세의 신분적 한계를 넘지는 못했다. 제비뽑기 방식도 당시로서는 상대적으로 민주적 방식이라고 말할 수 있지만, 노브고로드인들이 처음으로 고안한 것은 아니다. 고대 아테네 사회나 성경에서도 분명 제비뽑기 방식에 대해 언급하고 있다. 노브고로드인들이 아테네의 방식을 따랐다던가, "제비뽑기로 결정된 사람은 전적으로 신의 의지에 따라 선발된 사람이다"는 성경 구절을 인용하여 대주교를 선출했다는 증거는 없다. 오히려 성경 작가들과 노브고로드 연대기 작가들이 지적하고 있듯이, 제비뽑기 방식은 인간의 선택 메카니즘이 아니라, '신의 의지에 따라 구동되는 절차'라는 중세적 믿음 속에서 노브고로드인들은 민주주의와 신의 선택을 통해 겸양과 겸손의 미덕을 발휘했다고 볼 수 있다. 신이 대주교를 선출했다고 믿음으로써 그들은 공직은 귀족들의 정치적 분쟁이나 계파간의 갈등을 초월하여 정해지는 것이라는 사실을 굳게 믿고 싶었던 것이다. 그래서 결과에 승복하고 그 결정을 따랐던 것이다. 그리고 대주교 후보의 출신배경을 고려해볼 때 노브고로드인들은 중세가 갖는 신분적 한계에도 불구하고 그들 나름의 '평등(Isonomia)' 개념을 보다 구체적으로 실천했다고 볼 수 있다. 결국 노브고로드의 정치문화적 전통은 베체나 제비뽑기와 같은 구조적 형식에서 나타나는 것이 아니라, 노브고로드인들이 시행한 제도의 운영 속에 포함된 실질적 내용에서 나타난 민주적 사고방식에서 찾을 수 있다.

주석

1) http://ru.wikipedia.org/wiki/%D0%A4%D0%B0%D0%B9%D0%BB:Novgorod_torg.JPG
2) http://upload.wikimedia.org/wikipedia/commons/a/af/Veche_of_Novgorod.jpg
3) 노브고로드는 다른 러시아의 지방 도시와 다르게 자체 왕조를 발전시키지 않았다. 러시아 최초 통치자인 류릭크 이후 키예프 출신 공후들이 노브고로드를 통치했는데, 그들은 주로 공후의 아들이나, 신뢰가 높은 공후의 친척들이었다. 1136년 이후 노브고로드인들은 자신들의 지도자를 스스로 선출하기 시작하였는데, 종종 공후를 초대하는 경우도 있었다. 물론 노브고로드인들은 공후를 초대했을 뿐만 아니라, 공후를 직접 해임하기도 했다. 14세기 전반에는 약간의 예외는 있었지만 노브고로드의 공후는 보통 블라디미르의 공후가 겸직하였다. 그 결과 노브고로드가 자치권을 행사했던 시기에 노브고로드의 공후는 단순히 '임명직 관리'로 볼 수 있었다.
4) 1589년 모스크바 교회가 총대주교구의 지위를 획득하기 전까지 러시아 교회의 수장은 수좌대주교(митрополит)였다.
5) http://upload.wikimedia.org/wikipedia/commons/5/57/LebedevK_UnichNovgrodVecha.jpg
6) http://ru.wikipedia.org/wiki/%D0%A4%D0%B0%D0%B9%D0%BB:Stamp_1150_Novgorod_2009.png
7) 여기서 말하는 장사제(архисвященник)는 사제(священник)와 보제(дьякон)를 포함하여 '백 수도승'으로 분류되는 교구사제 성직자이다. 이들은 가족을 거느릴 수 있으며, 교회로부터 최소한의 토지를 할당받았다. 흔히 러시아 역사에서 성직자와 백성들 사이에서 발생하는 갈등을 말할 때, 이들 교구사제와 일반 농민 사이에서 발생하는 갈등을 말하는 데, 그 이유는 이들이 교회로부터 최소한의 토지만을 제공받았기 때문이다. 따라서 신실하지 못한 사제들의 경우 다양한 명목을 내세우며, 일반 농민들로부터 '세금'을 징수했다.

제 12 장

국가 형성 1150년을 맞이한 노브고로드 발전 전략 2030

황성우

흔히 러시아 역사를 이야기할 때, '세 도시의 이야기'라고 말한다. 여기서 말하는 세 도시란 키예프, 모스크바, 상트페테르부르크를 지칭한다. 그 이유는 키예프와 모스크바, 상트페테르부르크가 각각 러시아 역사의 고대, 중세 및 현대, 근대를 상징하기 때문이다. 키예프 루시의 두 번째 통치자인 올레그 공후는 드네프르 강을 따라 위치해 있는 키예프에 도착해서 이 도시를 "모든 러시아 도시의 어머니"라 명명하고 전체 동슬라브인의 중심지로 구축한다. 그 이후 키예프는 몽골의 침략을 받아 패망할 때까지 고대 러시아의 정치, 경제, 종교, 문화의 중심지였다. 몽골의 지배 속에서 세력을 성장한 모스크바는 14세기 초반 수좌대주교의 거주지로 확정되면서 러시아의 중심지 역할을 수행하기 시작한다. 몽골의 지배를 벗어난 이후에는 유럽러시아 대부분의 지역을 장악하면서 중앙집권국가의 형태를 갖추고 러시아의 중심지로 부상한다. '유럽으로 나가는 출입구' 역할을 안고 18세기 초에 탄생한 상트페테르부르크는 제정러시아의 수도로서 러시아혁명까지 근대 러시아의 중심무대가 됐다. 러시아혁명 이후에는 다시 모스크바가 세계 공산주의 운동의 본거지로서 소연방의 주인공 도시로 등장한다. 이렇듯 시기별로 중심지 역할을 했던 세 도시의 이야기를 통해 우리는 러시아 역사의 전체 흐름을 파악할 수 있고, 그 문화의 중심에도 다가갈 수 있다.

우리가 익히 알고 있듯이, 오늘날 지구상에 존재하는 모든 도시는 자연발생적인 촌락과 달리, 인간의 지혜와 재능에 의해 만들어진 인위적 창조물이다. 그 결과 모든 국가는 해당국가의 역사적, 정치적, 경제적, 문화적 속성을 반영하고 내포하고 있는 대표적인 도시들을 가지고 있기 마련이다. 물론 이러한 도시들 중에서 상대적으로 역사가 오래되고 정치, 경제, 사회, 문화의 중심지인 도시가 수도로 정해지는 것이 일반적인 경우이다. 하지만 시대적 상황과 변화에 따라 수도는 아닐지라도 수도 못지않게 풍부한 신화와 역사, 그리고 정치·경제적 중심지로서 상징적 의미를 간직하고 있는 도시도 존재한다.

러시아의 경우로 보자면, 앞서 언급한 세 도시 이외에도 러시아의 정체성을 규명하고, 문화적 상징을 대표할 수 있는 도시가 바로 노브고로드이다. 러시아 최초의 국가가 탄생한 중심지이자, 중세 모피제국의 심장부로서 노브고로드가 가지는 고유한 속성 외에도, 모스크바의 전제정치에 대비되는 민주제도가 시행되어 '노브고로드 공화국'이라는 명칭을 부여받은 사실은 노브로고드 역사가 러시아 역사에서 차지하는 역할과 비중이 그리 작지 않음을 보여준다.

[그림 1] 노브고로드 1150주년 기념 엠블럼1)

역사와 문화가 살아 숨쉬는 러시아의 천년고도(千年古都) 노브고로드가 역사, 문화, 관광 중심지라는 기존의 이미지를 뛰어 넘어 새로운 러시아 북서관구의 경제적 메카로 부상하기 위해 '노브고로드 비전 2030'을 제시했다. 2009년 도

[그림 2] 노브고로드 주 깃발[2)]

시창건 1150년을 맞이하고, 2012년 러시아 최초의 국가가 형성된 지 1150년을 맞이해 준비한 노브고로드 발전전략을 검토하는 것은 노브고로드의 미래상을 가늠할 수 있는 잣대가 된다는 점과 더불어 이 도시와 유사한 역할과 기능을 수행하는 우리나라의 경주를 비교하는 차원에서도 매우 의미있는 작업이라 하겠다.

노브고로드 발전전략 2030의 기본 취지는 변화하는 외부의 객관적 환경에 빠르고 능동적으로 대처하고, 국가기관 및 지방권력기관을 효과적으로 관리·통제함으로써 짜임새 있는 중장기적 발전계획을 수립하는 데에 있다. 또한 과거로부터 현재에 이르기까지 노브고로드 주가 계승해오고 있는 역사적 중요성을 부각시키고, 지역의 문화적, 정신적 가치들을 보존하여 궁극적으로는 높은 경제성장과 함께 주민들의 복지 향상을 꾀하는 것이다.

발전전략의 기본 목표는 노브고로드 주가 가지고 있는 역사적, 인구학적, 종교적, 환경적, 정치적, 사법적 상황 및 자연지리, 노동이동 상황, 부존자원의 효율적 관리 등을 고려하여 2030년까지 노브고로드 주의 사회경제적 발전문제를 효과적으로 해결하고, 노브고로드 주민들의 생활수준을 향상시키며, 발전의 우선적 방향과 목표를 설정해 중장기적 발전계획을 조율하고 연방정부의 행정기관과 노브고로드 주의 행정기관의 협력과 조화를 강조하는 것이다. 이를 위해 노브고로드 주는 첫째, 2030년까지 장기적 차원에서 계서제적 목표를 수립하고, 둘째, 각급 지방 및 시 행정기관의 정책결정과정에 대한 정보를 수집하며, 셋째, 발전전략 수행에 필요한 관련법 개정 및 입법화를 추진하고, 넷째, 발생 가능한 다양한 시나리오에 대비한 시뮬레이션 모델을 창출하는 것이다. 총 8개 영역으로 구분한 구체적인 목표는 다음과 같다.

· 노브고로드 주의 사회경제적 발전을 위한 전략 분석 및 관리
· 노브고로드 주의 경쟁력을 강화하고, 중장기적 전망을 제시
· 노브고로드 주의 발전을 저해하는 제약요인들을 지속적으로 분석
· 노브고로드 주의 발전을 위한 핵심영역 및 기본 잠재력 분석
· 발전과정에 발생할 수 있는 다양한 시나리오 분석
· 연방정부로부터 지원받을 수 있는 우선 영역 선택
· 발전전략을 현실화할 수 있는 메커니즘 창출과 관리 감독(모니터링) 시스템 구축
· 사회경제 발전의 영역별 실제 운용방식 및 그 방향성 제시

노브고로드 발전전략 2030에 나온 발전전략의 주체들은 첫째, 노브고로드 주에 속해 있는 각급 시 행정기관 및 산하기관과 산하단체, 둘째, 연방정부의 국가기관 지부, 셋째, 노브고로드에서 활동하고 있는 경제주체들이다. 이들 주체들은 세부적인 전략과 목표, 그리고 우선적 발전방향 및 내용들을 설계하고, 행정기관의 기본입장을 정리하여 계획의 현실화 방안을 수립하고, 전략 목표 수행을 위한 각 주체들 간 협력과 조화를 이끌어내어 발전전략의 중복성과 예산 낭비를 사전에 방지하고 있다.

노브고로드 발전전략 2030에는 전체 노브고로드 주를 아래와 같이 세 개의 지역으로 구분하여 구체적인 지역별 발전방향을 제시하고 있다. 이러한 지역구분을 통해 얻고자 하는 것은 당연히 지역별 안배를 통해 지역의 균형발전을 이룩하고자 함이며, 노브고로드 주가 러시아의 북서연방관구에 속한다는 현실적 요구와 유럽과 상대적으로 가깝다는 지리적 연계성을 고려한 조치라고 할 수 있다.

· 북부산업지역(노브고로드, 보로비치)
· 관광·레저지역(솔리츠이, 스타라야 루사, 발다이)

· 남부지역(홀름스키) 및 북동지역(흐보이넨스키, 페스토프스키)

[그림 3] 노브고로드 주 문장3)

전체적으로 보면, 노브고로드 주의 발전전략 2030에는 노브고로드주가 가지고 있는 역사적 의미를 강조하고 연방정부의 재정지원을 통해 역사기념비와 유적지, 기념물들을 보존하며, 궁극적으로 노브고로드 주가 전체 러시아연방 발전의 주역이 되어 그 선도적 역할을 하는 지역으로 발돋움해야 함을 역설하고 있다. 아울러 이를 통해 자라나는 후속세대 및 젊은이들에게 국가에 대한 사랑과 충성, 그리고 국가발전을 위한 올바른 이데올로기를 제공하려는 정책적 배려까지 포함하고 있다.

결국 노브고로드 주의 입지적, 기능적 조건에 부합하는 구체적 사업과 연계를 극대화하여 지역이 가지고 있는 생태환경적, 역사문화적 요소를 부각시킴으로써, 노브고로드 주가 디지털 시대의 성장 거점공간으로 발전할 수 있는 토대를 구축함이 중요하다고 하겠다. 그리고 최초의 러시아 국가 발원지라는 노브고로드의 역사적 정체성을 확보하고, 지역의 발전 잠재력을 극대화하여 미래를 창도하는 주도적 역할을 담당함으로써, 궁극적으로는 노브고로드 시민의 삶의 질 향상과 지역 경쟁력 제고에 기여해야 발전전략의 미래 선도성이 더욱 빛날 수 있을 것이다.

그리고 이러한 노브고로드 발전전략 2030은 우리에게도 시사하는 바가 크다. 전 세계적으로 화두가 되고 있는 글로벌화, 지방화 등 급속한 정보화 사회의 도래에 맞춰 21세기 새로운 국제사회의 변화와 흐름에 능동적으로 대처할 수 있는 발전적이고 생산적인 장기 비전과 미래상을 제시함으로써, 생활수준 향상 및 국정전반에 걸친 주민들의 참여를 유도하여 국민 모두의 역량을 결집할 수 있는 미래전략의 필요성을 제기했기 때문이다.

우리나라 역시 삶의 질과 환경을 중시하는 주민의식의 변화와 지방분권화의 진전, 지식정보 사회의 도래 등 급변하는 미래 환경에 대체할 수 있는 총체적인 비전 제시가 필요한 시점에서, 노브고로드 주의 발전전략은 동일한 전통과 기능을 가진 천년고도 경주시가 중앙정부의 국책사업과 연계하고, 세계화와 지방화 시대에 도시의 경쟁력을 확보하여 친환경적인 역사문화도시 건설 등 장기적인 발전 목표를 세우는 데 커다란 도움을 줄 수 있다고 본다.

다시 말해서 노브고로드의 발전전략을 참조하여 장기적 비전에 부합하는 정책의 일관성과 방향성을 유지하고 세계화, 지방화, 정보화 시대에 부응할 수 있는 경주시 차원의 실천지향적인 계획을 수립하는 것이 중요하다. 이렇게 노브고로드 주와 발전전략을 비교분석함으로써 오랜 역사와 전통을 자랑하는 우리의 경주시 역시 지역경제, 환경, 과학, 기술, 문화, 복지 등등 사회 전 영역에 걸쳐 도시공간을 분석하여 입체적이면서 총체적인 장기발전계획을 수립할 수 있을 것이다.

"시민과 전 세계인들이 함께 하는 열린 미래형 도시 건설, 전 세계인과 시민들이 만족하는 편리한 교통체계, 대중교통 및 숙박시설 완비, 첨

[그림 4] 노브고로드 시 청사[4)]

단과학 도시 구축, 새천년을 선도하는 문화관광 역사도시 구현, 사회복지, 의료, 보건 등을 구비한 희망찬 복지도시 실현, 자연과 하나 되는 환경친화적 도시 건설 등등" 경주시가 내세우고 있는 모토 역시 노브고로드 주의 발전전략과 맥을 같이 하고 있다. 노브고로드와 경주 두 도시의 기능과 역할, 러시아와 한국에서 차지하는 역사적 위치를 고려할 때 상호 연관된 유사성은 너무도 많다. 두 도시의 발전모델은 상호 보완적 성격을 띨 수 있기 때문에, 두 도시를 위한 창의적인 지역경제 분석방법과 독자적인 발전모델을 창출할 수 있고, 이것은 결국 기능이 유사한 전 세계 도시들에 하나의 롤모델이 될 수 있다고 생각한다. 마지막으로 아직 우호협정이 체결되지 않은 노브고로드와 경주 두 도시가 하루 빨리 자매결연 도시로 거듭나기를 기대해 본다.

※ 노브고로드 비전 2030에 대한 자세한 내용은 노브고로드 주 홈페이지(www.niac.natm.ru) 참조

주석

1) http://www.novgorod1150.ru/jubilee/symbols/
2) http://upload.wikimedia.org/wikipedia/commons/6/68/Flag_of_Novgorod_Oblast.svg
3) http://upload.wikimedia.org/wikipedia/commons/1/1a/Coat_of_arms_of_Novgorod_Oblast.svg
4) 필자 촬영

제 13 장

광활한 산림 속 순록과 수달의 땅, 코미

김혜진

독일 영토보다 조금 크고, 프랑스 영토보다는 조금 작은 면적을 가진 코미 공화국은 네네츠 자치구와 함께 러시아 북서관구의 끝을 차지하고 있다. '코미'라는 독특한 이름의 기원에 대해서는 남쪽에 흐르는 카마(Kama) 강과 연관이 있을 것이라는 설과 인간, 인류를 나타내는 고대 페름어 komз에서 유래했다는 설이 있다. 러시아의 중심부로부터 멀리 떨어져 있는 지리적 위치, 시베리아와 유사한 추운 기후와 긴 겨울, 게다가 울창한 침엽수림으로 둘러싸여 있는 자연환경은 코미민족이 자신들만의 독특한 문화를 형성하고 그것을 오랫동안 유지할 수 있게 하였다. 산업화와 전지구화가 세계 곳곳에 침투해 있는 지금까지도 코미 땅에는 사람들의 발길이 닿지 않는 처녀림이 존재하고 있다. 이 원시림은 1995년 유네스코 세계유산으로 지정된 바 있다. 광활한 산림 속에서 사는 코미인들에게 수렵과 채취는 당연히 그들의 주요 경제활동이었다. 다람쥐에서 수달, 여우, 순록에 이르기까지 이 지역의 모든 동물은 코미인들의 사냥 대상이 되었으며, 특히 이 동물들의 모피는 중요한 경제수단이 되었다.

풍요로운 숲은 코미인들에게 살아갈 수 있는 음식, 집을 지을 수 있는 재료, 추운 겨울을 날 수 있는 피난처와 땔감을 주었다. 다른 한 편으로는 종종 길을 잃어버릴 만큼 빽빽하고, 사람이 함부로 지나가기 어려운 깊은 산속은 그만큼 수많은 비밀과 초자연적인 힘을 가진 대상이기도 하였다. 코미인들은 숲, 그리고 숲을 이루는 나무, 숲속에 사는 동식물을 숭배하였다. 이러한 믿음과 신앙은 주변 환경과 관련된 신화나 미신들을 무수히 만들어 냈다. 즉, 코미인들을 둘러싼 자연환경의 특징 -기후, 토양, 동식물대 등-은 코미인들의 물질·정신문화의 다양한 영역에 영향을 미쳤고, 그것은 이 사람들의 관습, 신앙, 예식 등에 깊숙이 스며들었다.

1. 코미인들에게는 일 년이 아홉 달?

코미민족의 수렵달력은 굉장히 독특한 특징을 가지고 있다. 수렵이 주요 경제활동이었던 고대 코미인들은 일 년은 열 두달이 아니라, 아홉 달로 구성되어 있다고 생각하였다. 우리나라에서 시간신과 방위신의 역할을 하는 십이지(十二支)가 있듯이, 코미민족에게도 각 달을 상징하는 동물들이 있다. 코미인들의 수렵달력은 원의 형태를 띠고 있는데, 매월을 대표하는 아홉 가지 동물들이 원을 중심으로 새겨져 있다. 이 달력에서는 시간의 흐름이 특이하게도 시계 반대 방향으로 되어 있다. 고대 코미인들의 달력은 일반적인 달력의 의미도 담겨 있지만, 코미인들의 주된 사냥감이었던 다양한 동물들의 생물학적 주기와도 관련이 있다.

오늘날 사람들이 새해가 1월에 시작한다고 보는 것과는 달리, 혹은 고대 러시아인들처럼 9월에 새해가 시작한다고 생각했던 것과는 달리,

옛 코미인들은 한 해가 3월 21일 춘분에 시작된다고 여겼다. 수렵달력에 의하면 춘분 다음날부터 1년의 첫 번째 달이 시작된다. 첫 번째 달은 '곰의 달'로, 3월 22일에 시작하여 4월 27일에 끝난다. 3월 말부터 4월에는 북우랄 곰들이 겨울잠을 끝내고 굴에서 나오는 시기이다.

[그림 1] 고대 코미인들의 수렵달력[1)]

두 번째 달은 '순록의 달'이며 4월 28일부터 6월 2일까지 지속된다. 이 시기에 순록들은 새끼를 낳으며, 새끼를 낳은 지 3~4일이 지나면 암컷들은 자신들의 뿔을 잃게 된다. 달력에 새겨진 것은 바로 뿔 없는 암순록이다.

세 번째 달은 '북방족제비의 달'이다. 6월 3일부터 7월 4일까지 계속되는 이 시기동안 북방족제비는 토끼, 다람쥐, 들쥥들을 뒤쫓아 다니고, 봄에 태어난 새끼들도 제 발로 먹이를 찾아다니는 시기이다.

다음 달은 '오소리의 달'에 해당되는 달로, 7월 5일부터 8월 9일까지 이어진다. 그 전 달이 족제비들이 주로 활동하는 시기라면, 이 달에는 오소리가 새끼들과 활발하게 돌아다니는 시기이다.

오소리의 달 뒤에 오는 달은 '큰순록(лось)의 달'이다. 큰순록의 달은 8월 10일부터 10월 4일까지 계속되어, 앞선 다른 달들보다 기간이 길다고 할 수 있다. 이 기간에 해당하는 9월 23일에는 추분이 시작되는데, 달력에서는 이를 표시하기 위해 큰순록의 얼굴 밑에 태양 모양의 기호를 그려 놓는다. 이달은 본격적인 가을 사냥이 이루어지는 시기로 토끼, 곰, 해달을 비롯하여 일반 순록과 큰순록에 대한 사냥이 시작된다.

여섯 번째 달은 '수달의 달'로 10월 5일부터 12월 19일에 해당되며, 두 달 반 정도의 시간이 할당되어 있어 1년 중 가장 긴 달이라고 할 수 있겠다. 이 시기에 일반적인 동물 사냥이 끝나고 본격적으로 모피 사냥이 시작된다. 이때 수달, 해달, 여우, 담비, 토끼, 다람쥐 등의 모피가 최상의 상태를 갖추고 있기 때문이다.

뒤를 이어 오는 '여우의 달'은 12월 20일에 시작하여 1월 24일에 끝난다. 12월 22일이 동지이며, 달력에서 역시 이를 구분 짓기 위해 여우의 꼬리부분에 살짝 끊어진 자국을 새겨놓는다.

여우의 달이 끝나고 1월25일부터 2월 21일에 해당하는 다음 달은 '다람쥐의 달'이다. 다람쥐가 이 달을 상징하는 이유는 이 시기 모피 사냥의 주요 대상이 다람쥐이기 때문이다. 이 시기 다른 동물들은 탈모가 일어난다. 특히 여우는 짝짓기 시기에 접어들어 암컷을 사이에 둔 수컷들 간의 싸움으로 털이 뜯기고 찢어지기 일쑤이다. 이 경우 모피의 가격이 떨어지기 때문에, 이 시기 좋은 모피 상태를 유지하고 있는 다람쥐 사냥이 주를 이룬다.

마지막 달은 '담비의 달'로 2월 22일에 시작하여 3월 21일, 춘분에 끝난다. 달력을 보면 춘분을 표시하기 위해 역시 담비의 발치에 점선 모양으로 원을 그려 놓은 것을 알 수 있다. 이 시기 모피사냥철은 끝나지만, 담비 사냥만은 예외이다. 담비는 3월에 유독 활발하게 움직이며, 담비의 모피는 3월에도 탈모나 퇴색현상 없이 여전히 훌륭한 모피로서의 가치를 가지고 있기 때문이다.

이처럼 달력에 표현된 동물들은 코미 지방의 동물상(fauna)에 속하며, 코미민족의 주요 경제활동, 즉, 수렵의 주요 대상을 나타낸다. 각 달의 구분은 동물들의 생물학적 리듬을 고려하여 각 동물이 가장 상품으로서 가치가 높을 때를 기준으로 이루어졌다는 것을 알 수 있다. 옛 코미인들은 이러한 달력모양의 고리를 가슴에 달고 다니는 사냥꾼에게는 항상 좋은 사냥감이 찾아온다고 믿었다.

2. 순록고기를 먹는 사람들

달력에서 볼 수 있었던 동물들은 코미민족의 의식주에서도 찾아볼 수 있다. 많은 동물 중 특히 순록은 중요한 위치를 차지하고 있으며, 이는 북부 코미인들이 17세기 후반 이웃 민족인 네네츠인들로부터 순록 사육업을 받아들였던 것과 관련 있다. 시간이 지나면서 코미인들은 네네츠인들보다 순록업을 더욱 발전시켰고, 순록사육은 높은 경제적 이득을 얻을 수 있는 주요 경제활동으로 자리 잡게 되었다. 순록사육업은 주로 우신스크, 이젬스크 등 네네츠 자치구와 가까운 코미 북부 지역에서 성행했으며, 오늘날까지 이 지역에서는 순록사육을 주업으로 삼는 사람들을 찾아볼 수 있다. 과거 반 유목형태의 순록사육업은 소비에트 시기에는 집단농장의 형태로 변화되었으며, 현재는 이 농장이 공장이나 기업의 형태로 바뀌었다.

과거 코미인들은 순록을 '신이 인간에게 준 선물'이라고 여겼는데, 그만큼 순록은 다목적으로 사용되었다. 여느 시베리아 지역에서도 그렇듯이 순록은 눈이 많이 내리는 지역에서 중요한 이동 수단의 역할을 한다. 순록가죽과 털은 순록사육자들에게 이동천막인 '춤'을 만드는 주요한 재료가 되어, 북부지역의 혹독한 추위를 막아주는 역할을 하였다. 또한 순록 모피는 추운 겨울을 이겨낼 수 있도록 따뜻한 옷과 신발, 그리고 '투추(тучу)'라는 독특한 가방 등을 만드는데 사용되었다.

순록은 코미인들에게 단백질과 비타민을 제공하는 중요한 음식이기도 하였다. 질긴 쇠고기와 그 맛이 비슷하다는 순록의 고기는, 현재까지도 순록사육을 계속하는 북부 지방에서 주로 식용되고 있다. 순록사육 작업반에서는 순록고기 및 모피 가공공장과 함께, 순록모피를 이용해 기념품 등을 만드는 공방을 같이 운영하고 있다.

순록은 그 자체만으로도 다방면으로 쓸모 있는 동물이었지만, 순록의 형상 역시 코미인들의 일상생활 깊숙이 녹아들어 있다. 순록의 뿔

[그림 2] 코미 공화국의 수도 식팁카르 시내의 한 목재가옥 내부 모습 2)

모양은 코미인들의 의상이나 가방 등의 무늬로 자주 사용되며, 실을 잣는 물레의 장식에서도 자주 볼 수 있다. 또한 문턱, 창문, 성소, 창고 등 거주양식에서도 곧잘 찾아볼 수 있다. 오늘날까지 코미 집에서는 동물의 모양을 곳곳에 새기거나 그릴 뿐만 아니라, 실제 순록의 뿔을 집안 인테리어에 사용하는 것을 자주 볼 수 있다. 거주양식에 동물 형태들이 자주 이용되는 것은 장식의 목적에서 뿐만 아니라, 그 동물들이 집을 지키는 수호자, 혹은 부적과도 같은 의미를 가지고 있기 때문이다. 코미의 가장 동북쪽 도시인 보르쿠타와 인타의 공식문장에서도 순록의 문양을 찾아볼 수 있다.

3. 나무와 숲의 정령

다른 고대 민족들처럼 고대 코미인들에게서도 토테미즘과 애니미즘을 찾아볼 수 있다. 동물이나 새, 나무 등 곳곳에 영혼이 있다고 믿거나, 신들이 동물이나 새, 나무 등의 모습으로 변한다는 생각은 인간과 자연의 밀접한 관계를 설명해 주는 동시에 코미인들의 고대 신앙을 엿볼 수 있게 한다. 동물의 경우, 코미인들은 곰이야말로 숲속의 제왕이자, 하늘의 신인 '욘(Ён)'의 아들이며, 때때로 숲의 정령이 사람을 곰으로 바꿔 버린다고 믿었다.

동물과 더불어, 숲과 함께 살아가는 코미인들에게 나무숭배의식은 자연스러운 현상일 것이다. 러시아인들이 숲의 정령이 있다고 믿었던 것처럼, 코미인들도 모든 나무들에게 영혼이 있다고 생각하였으며 그 영혼들을 존경해야 한다고 믿었다. 그들은 숲의 정령이 동물들의 모습으로 변하거나, 혹은 인간과 비슷한 모습, 예를 들면 털북숭이에다 키가 나무만한 인간의 모습으로 사람 앞에 나서기도 한다고 생각하였다. 숲의 정령을 화나게 하면, 사람들은 숲 속에서 길을 잃거나, 야수들을 만나게 되기 때문에, 정령의 심기를 건드려서는 안 된다고 여겼다. 그렇기 때문에 나무를 베기 전과 후, 혹은 열매나 버섯 등을 따기 전과 후에 숲의 정령을 위한 예식을 올리기도 한다. 이러한 예식들은 여러 가지 형태로 나타나는데, 코미인들은 길의 교차점에 서 있는 나무 그루터기에 음식을 남기고 오기도 하였다.

나무들은 인간의 말을 이해할 수 있기 때문에 나무 밑에서 자는 일이 생길 때도 역시 미리 허락을 구해야 한다고 믿었다. 그렇게 하면 나그네들이 자는 동안 나무의 정령이 온갖 위험으로부터 그들을 지켜준다고 여겼다. 숲의 정령을 도와주거나 착한 일을 하면, 복이 찾아온다고 믿었는데, 이러한 믿음은 '이르캅(Иркап)'을 주인공으로 하는 코미 민담에서도 엿볼 수 있다. 이 전설은 숲의 정령이 물의 정령과 싸울 때 용맹스러운 사냥꾼인 이르캅이 숲의 정령이 이길 수 있도록 도와주자 숲의 정령이 그 보답으로 마술나무를 선사한다는 것으로 시작된다. 그러나 그 나무로 마술스키를 만들어 동물보다도 더 빨리 움직일 수 있었던 이르캅이 혼자 동물들을 너무 많이 사냥한 탓에 벌을 받아 물에 빠져 죽는 것으로 끝이 난다. 숲으로 둘러싼 코미의 자연환경과 그것에서

[그림 3] 수도 식팁카르의 목조가옥[3)]

비롯한 미신들, 그리고 수렵사회에서도 지켜야 할 도덕이 존재한다는 것을 보여주는 이야기이다.

나무가 가옥을 이루는 주재료였던 만큼, 집을 짓는데 사용하는 목재를 고르는데도 코미인들은 신중하게 행동하였다. 주위에 넘쳐나는 것이 나무들이었지만, 그렇다고 모든 나무들이 집을 짓는데 사용되지는 않았다. 오랫동안 코미인들은 전나무나 자작나무는 베서는 안 되는 나무로 생각해왔다. 또한 몇몇 나무들은 집을 짓는데 사용하게 되면 불운이 찾아온다고 믿었는데, 대표적으로 고목은 절대 써서는 안 된다는 믿음이 깊었다. 이것은 실제로도 강하지 못한 고목을 사용할 경우, 그 가옥은 오래 가지 못하거나 무너지기 십상이기 때문에 이러한 미신은 실제 경험에서 생겨났을 것이다.

나무와 가옥은 긴밀한 관계를 가지고 있어, 이에 대한 미신들도 생겨났다. 고대 코미인들은 난로 근처의 구조물이 삐걱거리는 소리를 내게 되면 집안의 여자가 아프게 되고, 금이 간 나무를 상석에 쓰게 될 경우에는 가장이 아프게 된다고 믿었다. 상석의 나무가 삐걱거릴 경우 가장이, 난로 근처 나무가 삐걱거릴 경우에는 가장의 부인이 아프게 된다는 것은 집안에서의 남성과 여성의 각자 있어야 한다고 여겨지는 위치와 역할을 상징하고 있기도 하다. 이외에도 집안의 여자에게 죽음이 다가올 경우, 나무 바닥이 소리를 내며 갈라진다고 믿었다. 이러한 미신들을 보면, 종종 집안의 구조물을 여성의 이미지와 연결시키고 있는데, 이것은 더 나아가 집안의 일은 여자, 사냥과 같은 집 밖의 일은 남자로 양분되었던 과거 사회의 단면을 반영하는 것이기도 하다.

4. 자만한 여우 위에 영특한 토끼

앞서 언급했듯이, 수많은 동물들은 코미인들의 정신세계에도 반영되어 있는데, 미신 중에서도 동물이나 곤충과 관련된 것들을 많이 찾아볼 수 있다. 몇 가지 미신들을 예로 들자면, 거미가 오면, 좋은 소식이 있을 것이다; 벌을 보면 좋은 소식이 생길 것이고, 도마뱀을 보게 되면 나쁜 일이 생길 것이다; 까마귀가 울면 나쁜 소식이 들게 된다 등이다.

어떠한 동물이나 곤충은 긍정적 이미지를, 다른 동물들은 부정적 이미지를 가지고 있는데, 고양이나 뻐꾸기처럼 두 가지 의미를 동시에 가지고 있는 동물들도 있다. 예를 들면, 뻐꾸기가 마을로 날아들면, 나쁜 소식이 생길 것이라는 미신이 있는 반면, 뻐꾸기가 앉아 있는 나무의 큰 가지를 꺾거나 껍질을 벗겨 내서 가지면, 무엇을 나눌 일이 생길 때 큰 몫을 가지게 될 것이라는 믿음도 있다. 고양이의 경우, 고양이가 세수를 하고 있으면, 손님이 올 것이라는 미신과 동시에 고양이가 길을 건너면, 불운이 온다고 믿었다.

코미인들에게 수탉은 신성한 상징성을 띠고 있어 수탉의 고기를 먹어서는 안 된다는 믿음을 가졌지만, 암탉은 그와 반대로 부정적인 이미지를 가지고 있다. 암탉이 수탉처럼 울면 슬픔이 찾아온다거나, 암탉이 부리를 크게 벌리면 누군가 죽을 것이라는 미신이 그 예이다.

동물들이 갖고 있는 상징성이나 특정한 이미지는 코미민족의 민담에서도 찾아볼 수 있다. 코미 민담과 노래에서 어떤 동물은 영리하고, 어떤 동물은 거만하거나 우둔한 이미지로 그려진다. 특히, 곰, 여우, 토끼

등은 코미 민담에서 자주 등장하는 동물이다. 하나의 민담을 간략히 소개하자면 다음과 같다.

숲 속에 토끼와 여우가 살고 있었다. 여우의 털은 비쌌으나, 토끼의 털은 그렇지 못했다. 여우는 매일같이 자신은 비싼 동물이며, 아름다운 털을 가지고 있다고 자랑하였다. 이를 못마땅하게 여긴 토끼는 계속 그렇게 자랑을 하면, 언젠가 여우 털을 망가뜨릴 것이라고 으름장을 놓았다.

모두들 토끼가 용감하다는 것은 알고 있었지만, 아무도 토끼의 말을 믿지 않았다. 겨울이 가고, 봄이 가고 여름이 지나갈 동안 토끼는 자신의 말을 지키지 못했다.

가을이 다가올 무렵 토끼는 여우에게 숨바꼭질 놀이를 제안하였고, 토끼는 달리고 달려 여우를 함정으로 이끌었다. 토끼를 쫓던 여우는 자작나무 틈에 끼게 되었고, 토끼는 움직일 수 없는 여우를 지칠 때까지 찰싹찰싹 때리며 훈계를 하였다.

토끼에게 맞은 데다 나무 틈을 벗어 나오느라 여우의 털과 가죽은 여기저기 찢어지고 헤졌으며, 분에 찬 여우는 토끼를 쫓아갔다. 일곱 개의 산을 지나, 일곱 개의 숲을 거쳐, 여섯 개의 강을 지나는 동안 토끼는 갖은 잔꾀로 매번 여우를 속였으며, 거기다 여우 털의 가격이 폭락했다는 소문을 퍼트리고 다녔다. 그 후로 여우는 더 이상 자신의 털을 자랑하지 않았다.

* * *

이처럼 과거 코미인들을 둘러싸고 있었던 숲, 나무, 그리고 곰, 여우, 토끼 등과 같은 동물들은 코미인들의 의식주, 정신세계 등에 많은 영향을 미쳤다. 고대 코미인들이 남긴 조소물, 조각, 그림 등 여러 고고학적 자료들을 보면 야수, 새, 인간, 물고기 등 다양한 동물들이 혼합되어 형상화되어 있다는 것을 알 수 있다. 이런 것들을 통해 고대 코미인들의 신앙적 관념에 있어서 여러 동식물이 어떠한 위치를 차지하고 있는지, 어떻게 인간과 더불어 살아왔는지 유추해 볼 수 있다. 물론 옛 코미인들이 살았던 시기와는 달리, 오늘날 숲은 좀 더 사람들의 접근이 용이해졌고, 의식주 또한 현대식으로 바뀌었다. 순록고기나 순록가죽으로 만든 옷이나 신발 등은 일부 지역을 제외하고는 점점 코미 지역에서 찾아보기 힘들어졌으며, 목조가옥은 수도인 식팁카르에서도 가끔 볼 수 있지만, 많은 가옥들이 현대식 아파트로 대체되어 가고 있다. 더욱이 동물들을 일상생활에서 실제로 보는 것도 힘들어졌다.

그럼에도 불구하고 고대 코미인들이 가지고 있었던 동물들에 대한 관념이나 이미지는 다양한 민담과 전설, 노래, 속담과 미신 등을 통해 전해 내려오고 있으며, 현재까지도 일상생활 곳곳에 남아있다. 순록뿔이나 털로 만든 여러 장식품들은 여전히 집안을 꾸미는데 사용되고 있다. 수렵과 함께 코미인들의 주요 경제활동 중 하나였던 어업으로, 물고기는 부를 상징하게 되었는데, 이러한 믿음은 오늘날까지 남아있어 물고기 모양의 조각 등을 집에 놓아 부를 기원하기도 한다. 이 뿐만 아니라, 옛 코미인들이 나무나 동물을 신성시하여 실제 이름 대신 의인화하여 불렀던 이름들은 코미인들의 성으로 남아있다. 고대 코미인들이 토끼를 토끼라는 단어 대신 불렀던 '코치'는 '코체프'(Кочев = Зайцев)로, 곰을 대신해 불렀던 '오시'는 오세프 (Ошев = Медведев)라는 성으로 정착된 것 등이 그 예이다.

코미인들의 일상생활과 종교적 관념에서 동물과 식물 소재들이 끊임없이 재생산되는 것은 코미민족과 그들을 둘러싸고 있었던 동식물들이 밀접하게 관련을 맺고 있었다는 것을 말해주고 있다. 이러한 것들이 현재적 관점에서 어떻게 수용되고 변화하는지 관찰하는 것은 앞으로 흥미로운 연구가 될 것이다.

주석

1) http://www.greatbearkomi.ru/product_info.php?products_id=67
2) 필자 촬영
3) 필자 촬영

제 14 장

북극: 분쟁 공간의 확장

이리나 코르군

천연자원 부족 현상은 21세기의 지구가 직면한 현실적인 문제가 되었다. 동서고금을 막론하고 모든 자원은 정해진 양이 있기 마련이다. 하지만 이제서야 자원 고갈 문제가 심각하게 대두되고 있는 것은 공급자인 자원 환경과 수요자인 인간 환경의 급격한 변화에 따른 것이라고 볼 수 있다. 천연자원 중 수요가 가장 급증한 에너지원은 석유와 가스다. 석유와 가스가 소중하다는 것은 모두가 주지하는 사실인데, 여기에는 몇 가지 이유가 있다.

첫째, 이들의 매장량이 현저히 줄어들고 있다는 점이다. 정확한 탐사 매장량과 잠재적 유가스전의 매장량을 측량하는 일은 어려운 일임에 틀림없다. 그럼에도 전문가들은 석유채굴량이 최고조에 달하는 때가 어느 해가 될지 자신들의 견해를 내놓고 있다. 문제는 그 견해들이 좀 다양하다는 것인데, '석유채굴량 최고조의 해는 2010년 직후에 도래할 것'이라는 조사가 있는 반면, '아니다, 그것은 2030년 직후 또는 그 이후가 될 것'이라는 견해도 있다.[1] Bentley는 이를 그래프로 정리하여 보여주고 있다.

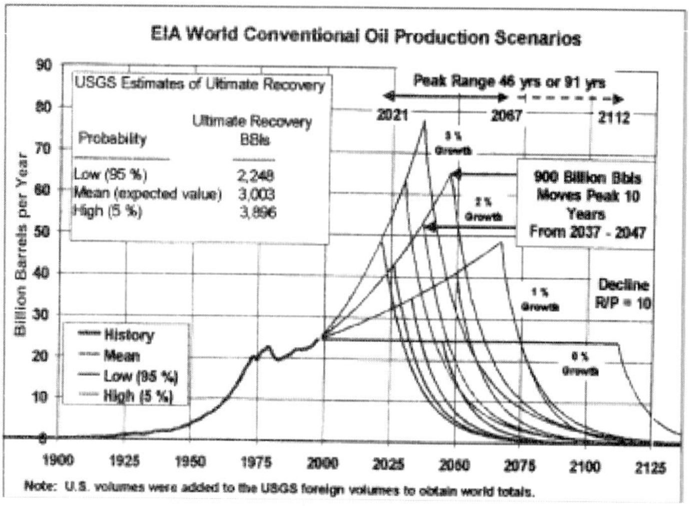

[그림 1] 석유채굴량 피크에 대한 평가[2)]

둘째, 중국, 인도, 중동 국가들의 급격한 경제발전으로 에너지자원에 대한 수요가 급증했다는 점을 들 수 있다. 최근 IEA는 2011년 국제 석유 소비량이 1일 8,820만 배럴이 될 것으로 평가했다. 1999년에 세계 1일 석유 소비량이 약 7,200만 배럴이었던 점과 비교할 때, 약 11년 만에 석유 소비량이 22% 증가한 것이다. 특히 개발도상국가들이 연간 석유 소비량 증가의 70%를 점하고 있다. 세계 금융위기와 유럽연합을 비롯한 선진국들의 엄격한 에너지 정책은 어느 정도 수요 감소를 촉진했지만, 세계경제 활성화 및 새로운 수요 증가 국면이 시작됨에 따라, 2011년에는 수요가 다시 증가할 것으로 예상된다.

셋째, 석유와 가스의 적용 분야가 지속적으로 확장되어가고 있다. 현재 석유는 플라스틱, 고무, 용제, 세제, 비료, 약제, 화장품 생산 그리고 식품 생산에도 사용되고 있다. 이미 20세기 말에 화학제품의 1/3 이상이 석유에서 생산되었다. 가스 역시 비료 생산을 비롯하여 다양한 화학제품 생산 사이클에 적용되고 있다. 그리고 가스는 교통수단의 연료로서도 사용량이 점차 늘어가고 있다.

넷째, 일부 석유와 가스자원 채굴 지역에서의 분쟁, 긴장 그리고 복잡한 기후 조건(예를 들어, 태풍 '카트리나'의 영향으로 멕시코만의 몇몇 해상 플랫폼이 파괴되었다)으로 인해 채굴 과정 및 수송 관련 리스크가 높아지고 있다.

다섯째, 지표면 가까이에 위치한 유전들이 이미 개발됨에 따라 보다 깊은 곳을 굴착해야 하는 등, 석유 채굴 조건이 점점 복잡해져 가고 있다. 기본적인 석유, 가스 채굴 지역의 자원이 고갈되어감에 따라, 석유, 가스 채굴의 중심이 점차 지구 북부로 이동하고 있다. 러시아 북부 지역도 그러한 사실을 반증하고 있다. 코미 공화국에는 세계 최대 규모의 유전이 위치하고 있으며, 1988년에 발견된 슈토크만 가스전은 방대한 양의 천연가스 보유지로 유명하다. 다른 북반구 북부 국가들인 캐나다, 미국, 노르웨이도 비슷한 상황이다. 그러나 지구 북부지역 유가스전들도 자원고갈 문제에 직면해 있으며, 따라서 이 나라들도 점차 북극을 향해 개발을 전개할 필요성에 당면해 있다.

위와 같은 상황이 결국 유가스 시장 변화 및 주로 가격변동[3])을 통해 나타나는 시장의 불안을 심화시키고 있다. 특히 에너지자원 공급의 접근성 및 안정성이라는 문제는 최근 국가경제 지속발전 담보 요소로서의 의미를 가지는 에너지안보라는 맥락에서 특별한 시의성을 가진다. 그 결과로 채굴과 공급에 대한 통제권 확보 경쟁, 그리고 석유가스가 대량 매장되어 있는 것으로 예상되는 지역을 확보하기 위한 경쟁이 급속히 확산되어 가고 있으며, 첨예화 되어가고 있다.

1. 새로운 지평

21세기 초 북극은 북빙양을 접하고 있는 5개국, 즉 러시아, 노르웨이, 덴마크, 미국, 캐나다의 관심 대상이자 분쟁 대상이 되고 있다. 향후 영국, 아일랜드, 아이슬랜드 등의 국가들도 이 분쟁에 참여할 가능성을 배제할 수 없다. 이처럼 여러 나라가 관심을 두는 그곳에 대규모의 석유, 가스뿐 아니라 주석, 망간, 금, 니켈, 납, 백금 등의 광물도 대량 매장되어 있다고 평가되기 때문이다.[4)]

국제적으로 권위 있는 미국 잡지 Science는 북극의 석유 매장량을 전 세계 탐사매장량의 13%에 해당하는 830억 배럴로 평가하며, 천연가스 매장량은 1550tcm으로 평가하고 있다. 그 양은 전세계가 평균 연간 300억 배럴을 소비한다고 할 때, 거의 3년치에 해당되는 양이며, 가스의 경우에는 14년간 쓸 수 있는 양이다. 그리고 자원의 대부분이 해저 500m 이내의 깊이에 위치하고 있기 때문에, 채굴 기술을 조금만 개선한다면, 충분히 채굴할 수 있는 수준이다. 북극지역에 관심을 불러일으키는 또 다른 요인이 지구 온난화이다. 얼음이 녹음에 따라 이 지역에서의 탄화수소 채굴이 극히 용이해지기 때문이다. 2007년에만도 얼음층이 1/3정도 줄어들었다. 얼음이 녹음에 따라 북빙양이 유럽, 아시아, 아메리카 간의 편리한 수송로가 될 것이기도 하다.

또한 Science가 밝힌바, 미탐사 석유자원의 대부분이 미국령 알래스카 해안에 매장되어 있으며, 천연가스 대부분은 러시아 해안에 매장되어 있다([그림 2] 참조). 한편, 자원매장지 개발을 위해서 각국은 자원의 자국 영토 귀속 여부를 입증해야 한다. 현재 북극까지 펼쳐진 대륙붕은 공식적으로 아무에게도 귀속되어 있지 않다. 형식적으로 국제해저기구(International Seabed Authority)의 관리하에 있을 뿐이다. 따라서 현재 북빙양에 접하고 있는 모든 국가들이 북극 대륙붕에 대한 권리를 주장하고 있다. 분쟁은 주로 로모노소프 해저산맥[5)]과 멘델레예프 해저산맥을 둘러싸고 전개되고 있다. 이곳에서의 권리를 주장하는 나라 중 하나인 러시아가 이 지역을 차지하기 위해서는 로모노소프 해저산맥이 시베리아 대륙의 연장이라는 점을 증명해야 한다. 덴마크는 로모노소프 해저산맥이 덴마크 왕조 령 그린란드가 침수한 것이라고 주장하고 있

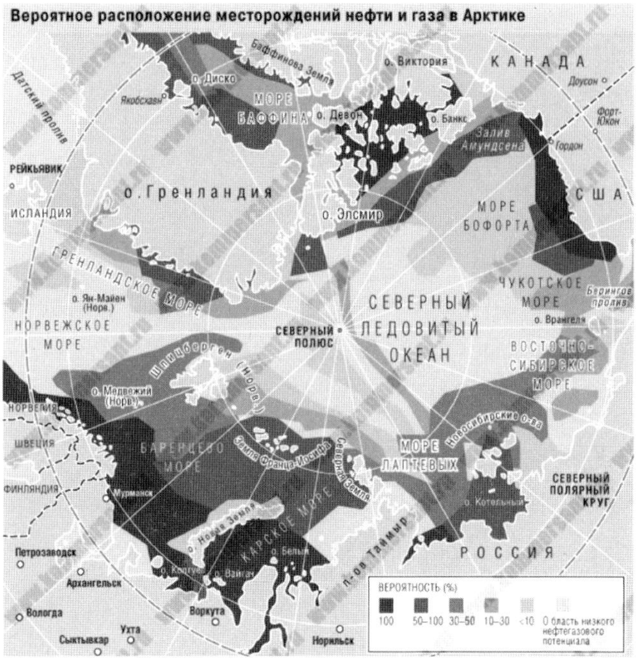

[그림 2] 북극의 석유, 가스 매장지 분포 예상도6)

고, 미국, 캐나다, 노르웨이도 그와 유사한 논거를 제시하고 있다.

2. 간략한 역사

북극을 둘러싼 경쟁은 20세기 내내 지속적으로 이어졌으며, 공개적이라기 보다는 비공개적인 성격을 가진 것이었다. 이와 관련된 몇 가지 역사적 사실을 들어보겠다. 북극에 대한 지배권을 먼저 공식적으로 주장한 국가들 가운데 하나로 캐나다를 들 수 있다. 캐나다는 이미 1909년에 지배권을 공식 주장했으며, 이어서 소련이 지배권을 주장했다. 소련은 1926년 공산당중집위 간부회의령으로 해안선에서 북극까지의 영역을 포함한 국가 북부 국경을 확정했다. 당시 모스크바는 노르웨이의 슈피츠베르겐 제도 주위 200해리 수역을 인정하지 않았고, 이것이 향후 바렌츠 해에서의 양국 간 이해 충돌의 기반이 되었다. 1950년대 말 캐나다는 다시금 북극에 대한 권리 문제를 제기했고, 국제재판소는 향후 100년간 그 어떤 국가도 북빙양 해저가 자국에 속한다는 점을 입증하지 못하면, 해당 지역은 캐나다에 속하게 될 것이라고 약속했다.

1982년 UN 해양법협약으로 각국은 대륙붕의 해저 끝부분에서부터 200해리 경제수역을 설정할 수 있게 되었다. 그러나 그런 결정은 바렌츠 해 영향권 분배에 관한 입장이 크게 달랐던 러시아와 노르웨이 간의 불화를 해결해주지 못했다. 양국의 분쟁은 2009년에 와서야 조정할 수 있었다. 북극해에 접하고 있는 국가들 가운데 미국만 위 해양법협약을 비준하지 않았으며, 러시아도 즉시 서명하지 않았었다. 따라서 이 협약은 1997년 4월에야 러시아에 대해 효력을 발휘하기 시작했다. 그 후 표면적으로는 별다른 분쟁이 발생하지 않았으며, 이 기간 동안 러시아가 주도하는 이 지역에 대한 학술적 연구가 진행되었다. 북빙양에 대한 학술적 연구분야에서 러시아는 연중 사용 가능한 부유식 스테이션을 사용하는 최초, 유일의 국가이다.

21세기 들어 이해의 충돌이 극명해졌다. 2001년 12월 러시아는 로모노소프 해저산맥과 멘델레예프 해저산맥이 러시아 대륙붕의 연장이라는 점을 들어 북극까지의 경제수역 확대에 관한 신청서를 유엔에 제출했다. 그리고 유엔에서는 그렇게 보는 근거를 제출할 것을 요구했다. 이에 따라 근거 수집을 위한 몇 개의 탐사대가 조직되었으며, 2007년에는 한 탐사대가 북빙양 해저에 러시아 국기가 든 캡슐을 설치했다. 러시아의 이런 행보에 대해 서구의 여론이 들끓었는데, 한편으로는 그런 어려운 작업수행을 높이 평가하면서도 다른 한편으로 러시아의 정치적인 의도를 비난했다.[7] 여러 나라들 가운데 특히 캐나다가 격분했다. 캐나다 외무장관은 인터뷰에서 러시아의 행위를 언급하면서, "세계를 돌아다니면서 깃발을 꽂고 여기가 우리 영토라고 선언해서는 안 될 일이다.

지금은 14세기나 15세기가 아니다. 캐나다도 러시아도 자신들이 서명한 국제법도 있고 의정서도 있다. 거기에 모든 것이 규정되어 있다. 따라서 캐나다는 러시아의 이번 탐사를 전혀 개의치 않는다. 그것은 러시아가 보여준 단순한 쇼일 뿐이다"고 말했다.[8] 한편, 미국은 보다 완곡한 논평을 했지만, 대륙붕에 대한 권리를 확보하기 위해 알래스카 북부에서 멘델레에프 해저산맥까지의 해저 정보수집을 위한 미-캐나다 공동 학술탐사대를 서둘러 조직했다. 덴마크도 유사한 반응을 보였다.

북극을 둘러싼 급박한 정세 변화는 이해당사국들의 북극군사주둔 강화 조치를 통해서도 알 수 있다. 러시아 해군은 북부 해안선에 대한 전함 및 항공기의 전략적 순시를 재개했으며, 러시아연방 안보위원회는 2008년 12월 17일에 북극개발전략을 확정했다. 이 문서에는 2016년까지 해당 지역을 러시아의 주요 자원기지가 되도록 하고, 그곳을 수호하기 위한 별도의 부대를 창설하는 계획이 담겨있다. 나아가 러시아 해군 지휘부는 대륙붕 경계에 관한 지도제작 자료를 93-97% 공개할 용의가 있다고 밝히기도 했다. 그로부터 3주가 지난 2009년 1월 12일 워싱턴도 러시아의 전략과 유사한 북극개발전략을 공개했다. 이어서 캐나다도 북부 매켄지강 하구 순찰을 강화했으며, 북극 순양함 건조에 75억 달러를 지출할 것이며 항구도 건설할 것이라고 밝혔다. 그 이외에, 2009년 1월 30일 나토 사무총장 야프 데 후프 스헤페르가 북극지역 군사주둔을 강화할 것이라고 발표하기도 했다.

거시적인 측면에서, 이런 조치들은 모두 선언적인 특성을 가지는 것이며, 여러 가지 면에서 각국이 대륙붕 경계에 관한 새로운 조약이 체결되는 2013년을 앞두고 자국이 입장을 강화하기 위해 취한 조치들이라고 볼 수 있다. 북극해에 접한 국가로서 자국의 영해 확장에 대한 권리를 주장하고자 하는 국가는 유엔 산하 해당 위원회에 신청서를 제출해야 하며, 이 위원회의 결정이 협약에 반영될 것이다.

3. 러시아의 이익

오늘날 아마도 러시아가 북극에서 자국의 입지 확보에 가장 적극적인 나라라고 할 수 있다. 러시아의 행보는 세 가지 방향, 즉 앞서 언급했던 군사주둔 강화, 연구활동 강화, 그리고 러시아 및 외국의 정치가, 학자, 사업가들 간의 논의의 장이 될 국제 북극위원회 설치 등으로 이루어지고 있다. 이 중 세 번째 방향에 해당되는 포럼이 2010년 9월 모스크바에서 개최되었는데, 이 자리에서 푸틴 총리는 '국제 북극 10개년'을 추진하자고 제안했으며, 러시아 지도부는 북극지역 러시아영토 '대청소'와 보호구역 및 국립공원 수를 증가시키는 등 이 지역 환경문제에 대한 관심을 제고할 것이라고 선언했다.

이상 언급된 조치들 이외에, 본고의 주제와 관련된 중요한 사건 하나를 소개하고자 한다. 2009년 봄 러시아와 노르웨이는 바렌츠 해 국경설정에 관한 조약에 서명했다. 양국의 국경문제는 1970년부터 시작되었으며, 분쟁 대상은 면적 17만 5천 km^2 지역이었다. 소련은 자국영해 서쪽 경계선을 제안했고, 노르웨이는 슈피츠베르겐 제도와 노바야 제믈랴 제도로부터 동일한 거리를 제안했다([그림 3] 참조). 결국 분쟁지역은 슈피츠베르겐 제도의 배타수역을 제외한 나머지 부분을 거의 동등하게 분할하는 중간선을 따라 분할되었다. 이 조약을 통해 해당 지역 대륙붕 개발 유예상태가 사실상 해소되었으며, 바로 거기에 이 조약의 기본적 가치가 있다. 한편, 이 영토분쟁이 해결되지 않았다면, 모스크바가 로모노소프 해저산맥과 멘델레예프 해저산맥을 근거로 하여 영해 확장 신청서를 제출할 기회가 줄어들었을 것이라는 점도 중요하다. 즉, 이를 위해 러시아는 노르웨이를 협력국가로 만드는 조치를 취했던 것이다.

전반적으로, 북극영토 확보를 위한 러시아의 이런 적극적인 자세는 놀라운 것이 아니다. 그것은 이 지역 자원이 석유가스 수출에 지나치게

[그림 3] 바렌츠 해 국경 구획 방안들[9)]

의존적인 국가경제를 위한 중요한 요소가 될 수 있기 때문이다. 그리고 러시아가 국제시장에서 신뢰할만한 거대 공급자로서의 위치를 확립하기 위해서는 수년의 기간으로 체결되는 국제 계약의무 완수가 필요하다. 그러나 20세기 중반부터 생산하고 있는 유가스전만으로는 국제 계약의무 불이행의 위험이 있을 수 있기에 새로운 유가스전을 지속적으로 탐사해야 한다. 그런 이유에서 러시아 정부가 커다란 관심을 가지고 북극지역을 대하고 있는 것이다.

이미 오늘날 북극해 유가스전의 탐사매장량은 서시베리아와 페르시아만의 거대 유가스전의 매장량과 비교될 만한 정도이다. 예를 들어, 바렌츠 해, 페초라 해, 카라 해의 총 자원량은 715억 톤 석유상당량으로 평가되며, 아직 탐사가 미진한 동시베리아와 추코트 해의 총 자원량도 그에 못지않을 것이다. 바로 그런 점이 물러설 수 없는 경쟁의 근거가 되는 것이다.

북극 자원개발로 러시아는 국내 석유가스 수요를 충족시키고 국제 계약의무를 완수할 수 있을 뿐 아니라 도로, 교량, 항만, 유조 터미널, 유조선단 건설을 병행할 수 있을 것이다. 달리 말하자면, 인프라도 발전시킬 수 있을 것이다. 그리고 그 모든 것은 국가 전체적으로 보다 균형 있는 지역 발전 추진도 촉진시켜줄 것이다. 또한 복잡한 조건에서 채굴하기 위해서는 첨단기술, 첨단장비 그리고 새로운 채굴방법이 필요하며, 채굴된 자원을 친환경적으로 가공하고 수송하는 것도 필요하다. 그리고 현재 러시아에서는 대부분 외국산 설비가 사용되는데, 그런 상황이 지속되면 문제가 해결되지 않을 것이다. 국산 첨단기술 개발이 필요하며, 그것은 혁신적 요소의 제고라는 점에서 국가경제 현대화 프로그램에도 잘 조화된다. 즉, 북극개발의 경제적 효과는 지대할 것이다. 전문가들의 평가에 따르면, 지질탐사, 학술적 연구, 선박 건조 및 장비제작을 위해서도 연간 약 70억 루블, 즉 2억 달러 이상이 필요하다. 그리고 현재의 러시아 영해 내 대륙붕 개발에도 2050년까지 2.5조 달러가 필요하다. 그런데 이 모든 비용은 이미 중기적 전망에서 회수 가능한 것이다.

한편, 러시아가 북극 자원을 개발하는 데는 몇 가지 문제가 있다. 먼저, 누가 새로운 유가스전을 개발할 것인가가 문제가 된다. 2008년도 법률에 따르면, 그것을 개발할 권리는 국영기업인 가스프롬과 로스네프트만 가지고 있다. 그러나 이 회사들은 재원이 부족하다. 러시아연방 천연자원부 세르게이 돈스코이 차관이 밝힌 것처럼, 가장 낙관적인 시나리오에 따르더라도, 국영기업들의 힘만으로 북극을 개발한다면 165년 뒤에나 가능해질 것이다. 따라서 '국방 및 국가안보 확보와 관련된 전략적 의미를 가지는 경제조직에 대한 외국인투자 수행 절차에 관한 법'이 외국인 투자자가 50%까지 지분참여를 할 수 있도록 수정되었다. 기술이 부족한 것도 그만큼 심각한 우려를 낳고 있다. 이 부분에도 외국인 파트너의 참여가 중요하다. 예를 들어, 노르웨이는 바렌츠 해 분할 문제에서 러시아에 양보했는데, 그것은 공동 자원개발에 노르웨이산

장비를 사용하는 것으로 예정되어, 그로 인한 경제적 효과가 독자적 자원개발에 비교될 만한 것이기 때문이었다. 그러나 러시아 경제로 유치되는 외국자본은 석유, 가스 분야와 같은 전망 있는 분야에서조차 높은 리스크를 가진다. 따라서 러시아는 외국인 파트너들을 안심시킬 수 있는 재정보증 등의 제도를 마련해야 한다. 물론, 사할린-1, 사할린-2 프로젝트에서의 협력 경험이 도움이 될 것이다. 그러나 러시아는 대외정치 활동과 더불어 자체 시스템으로 그런 대규모 프로젝트를 준비해 나가야 할 것이다.

4. 몇 가지 결론

오늘날 북극은 몇 개의 국가가 노리는 '맛있는 음식'이 되었다. 아직은 북극해 분쟁지역 소유권이 2013년에 결정될 수 있을 것이라고 보기는 어렵다. 로모노소프 또는 멘델레예프 해저산맥이 시베리아 대륙 프랫폼 또는 그린랜드의 가라앉은 부분의 연장 또는 그 어떤 다른 것이라는 점이 입증되었다고 해도, 그런 결정은 항상 입증 근거 부족으로 인한 분쟁의 소지가 있으며, 따라서 결정 자체가 지연될 수 있는 것이다. 그 외에도, 이 지역에는 모든 당사국들 간의 일련의 영토분쟁이 존재하기 때문에, 그것이 해결되지 않고서는 유엔 위원회는 특정 국가에 유리한 결정을 내릴 수 없을 것이다. 한 국가의 권리만 인정하게 되면, 비난의 물결이 이는데 그치지 않고, 다양한 정치, 경제적 압력이 반영된 각 국가의 대응행위 또는 각국의 북극해 국경 강화에 따른 군사적 대립 강화 등이 초래될 수 있다.

유엔을 중심으로 하는 등의 공동개발, 공동지배[10] 체제 구축이 최적의 해결책 가운데 하나가 될 수 있다. 한 국가가 독립적으로 개발하기가 극히 어려운 광대한 공간을 개발할 수 있게 되므로, 공동개발은 시간과 재원 절약이라는 측면에서도 유리한 것이다. 그러나 아직 각국은 양보할 준비가 되어있지 않다. 2008년 5월 그린랜드 회의에서 북극 강대국들은 북극 분할을 위해 새로운 법률을 만들 필요가 없으며, 현존하는 국제법을 따르는 것으로 충분하다고 선언했다. 현존 법률을 재검토하는 것이 현재의 지위를 악화시키거나 상실시킬 수도 있기 때문이다. 아직 그 어떤 국가도 경쟁에서 물러설 의사가 없으므로, 조만간 세계는 북극자원 개발을 위한 협력체가 형성되는 것을 볼 수 있을 것이라고 생각한다.

※ 번역: 한국외국어대학교 러시아연구소 HK교수 김민수

주석

1) 러시아과학아카데미 시베리아지부 석유가스지질학 및 지구물리학 연구소 연구감독책임자 A. 콘토로비치의 견해에 따르면, 세계 석유채굴 정점은 2030-2040년에 도래하며, 그때가 되면 연간 채굴량이 46-48억 톤이 될 것이라고 한다. “Пик мировой добычи нефти придется на 2030-40 гг. – эксперт,” Рынки & Бизнес, 25.12.2009. URL: http://rynok.biz/a/2009/12/25/Pik_mirovoj_dobichi_nefti
IEA는 ‘석유채굴 피크’가 2030년경에 도래할 것이라고 전망하고 있다. “Исследование: дефицит нефти станет ощутимым к 2020 г,” Ведомости, 08.10.2009. URL: http://www.vedomosti.ru/newsline/news/2009/10/08/856039
2) R. W. Bentley, “Global oil and gas depletion: an overview,” *Energy policy*, 30 (2002), pp. 189-205.
3) С. В. Жуков, “Динамика и структура спроса на нефть и природный газ,” С. В. Чебанова (ред), *Мировой кризис и глобальные перспективы энергетических рынков*, Материалы совместного заседания Ученых советов Института мировой экономики и международных отношений

РАН и Фонда "Институт энергетики и финансов," 22 мая 2009 г. ИМЭМО (Москва: 2009), стр. 90.

4) "Российская экспедиция на Северный полюс," *Война и мир*, 4. 8. 2007. URL: http://www.warandpeace.ru/ru/news/view/13895/

5) 로모노소프 해저산맥 – M.V. 로모노소프의 이름을 딴 북빙양 중부의 해저산맥. 노보시비르스크 군도에서 캐나다 북극해 엘즈미어섬까지 약 1,800km에 걸쳐 분포되어 있다. 1948년 소련 탐사대가 발견하였다.

6) "Арктический газ достанется России," *Газета «Коммерсантъ»*, № 96 (4151) от 30.05.2009 URL: http://www.kommersant.ru/doc.aspx?DocsID=1179746

7) 예를 들어, Times신문의 "Mineral war begins as Russians plant flag 2 1/2 miles beneath pole"

8) "Мир об экспедиции в Арктику: от раздражения до восторга," *Вести*, 03.08.2007. URL: http://www.vesti.ru/doc.html?id=133101

9) "Россия и Норвегия сыграли партию в шельф," *Газета «Коммерсантъ»*, № 75 (4375) от 28.04.2010 URL: http://www.kommersant.ru/doc.aspx?DocsID=1361676

10) 북극 공동지배 문제에 대해서는 앵커리지 NRF 제5차 총회에서 발표된 Sutyrin S.F.의 논문 «What Type of Global Governance Do We Need in the Arctic?»에 자세히 검토되어 있다. URL: http://www.nrf.is/images/stories/pdf/anchorage_2008/proceedings/plenary_papers/5th_nrf_anc_2008_sutyrin_what_type_global_governance_need_in_arctic.pdf

제 15 장
북극의 변화와 러시아의 선택

최 우 익

1. 북극의 변화와 지정학적 변동

지난 몇 년간 북극의 변화는 사람들을 고무시키고 불안에 떨게 하는 근원지가 되었다. 캐나다 북서항로와 러시아 북부항로의 개발은 유럽과 극동 간의 무역 경로를 상당히 단축(거리상으로도 수천 킬로미터에 달하며 시간상으로도 수십 일을 단축)시킬 가능성을 열었다. 한편 아직 매장량이 정확히 파악조차 되지 않은 막대한 석유와 가스로 인해 북극해와 이해관계가 있는 국가 간의 국가 주권, 안보, 지역의 안정성에 금이 가게 되지 않을까 하는 우려도 낳고 있다. 현재 북극에서 일어나고 있는 변화를 기술, 경제, 기후, 법률 등 네 영역으로 나누어 살펴볼 수 있다. 이 글은 러시아의 입장에서 보는 북극의 변화 양상과 이에 대한 향후 러시아의 진로와 방향성에 대해

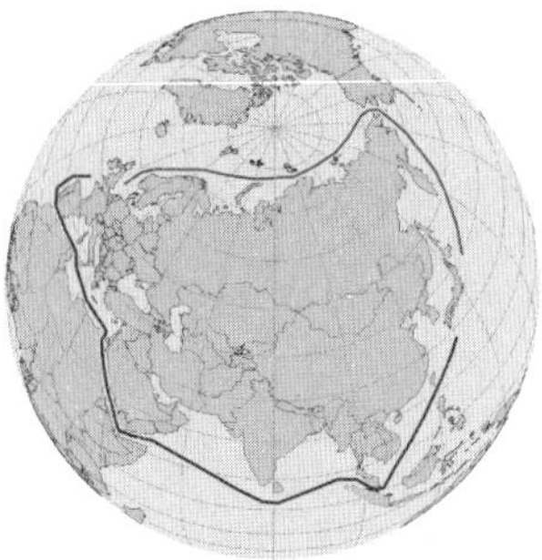

[그림 1] 북극해 항로와 지중해-인도양-태평양 항로의 비교[1)]

개괄적인 차원에서 정리하고 있다.

1.1 기술의 변화

북극해를 덮고 있는 얼음층을 극복할 수 있는 돌파구가 20세기 수십 년간의 연구 끝에 마련되었다. 즉, 북극해의 얼음을 헤치고 그 사이로 빠져나갈 수 있는 강철 선체가 개발된 것이다. 또한, 원자력 에너지로 가동되는 쇄빙선이 북극 해안 전체를 돌아다닐 수 있게 되었다. 게다가 이중 선체로 된 새로운 선박 구조가 고안되면서 쇄빙선의 도움이 필요하지 않은 상용 화물선과 유조선이 나타나기에 이르렀다. 이에 뒤이어 심해와 극지의 조건에서도 석유와 가스 채굴이 가능한 새로운 기술 개발이 뒤따랐다.

[그림 2] 핵연료 쇄빙선[2)]

1.2 경제의 변화

최근 수십 년 동안 서유럽의 에너지 수요가 가파르게 증가하자 제2

차 세계대전 후 경제 관계가 단절되었던 유럽 시장과 소련의 에너지기업 간의 협력관계가 다시 회복되었다. 소련의 붕괴는 유럽과 러시아가 에너지 자원에 대한 협력을 한층 증대시킬 수 있는 계기를 마련해 주었다. 한편 이러한 환경의 변화는 유럽 국가에게 러시아의 원료가 서구의 에너지원을 다각화시킬 기회뿐 아니라 투자의 기회도 될 수 있다는 인식을 주게 되었다. 미국의 지질 조사국에 의하면 북극의 지표 밑에는 아직 정확히 조사되지 않은 세계 탄화수소(석유와 천연가스의 주요 구성성분) 총 매장량의 4분의 1이 있을 것으로 추정되며, 이로 인하여 러시아 북극 자원 개발에 대한 유럽, 동아시아, 미국 등 전 세계의 관심이 쏠리고 있다.

1.3 기후의 변화

지난 30년 동안 진행된 기후의 온난화 현상 때문에 인류는 과거에 비해 더 수월하게 북극에 접근할 수 있게 되었다. 북극 지역 겨울의 얼음층이 이전보다 거의 10% 감소했기 때문이다. 2007년 여름 관측에 따르면 얼음의 면적은 1979~2000년 기간의 평균 수준과 비교하여 삼 분의 일이 감소했다. 이러한 현상은 향후 수십 년간 계속될 것이다. 기후 변화에 대해 국제전문가 집단에 제출한 러시아 해양기상청의 2008년 보고서에는 2040년 북극 해안의 겨울 기온이 거의 4도, 여름에는 2~3도 상승할 것으로 예측되고 있다. 겨울의 추위는 덜 혹독해지고, 하천과 해안 지역의 얼음은 더 녹아 사라지게 될 것이다.

이러한 온난화 현상으로 인하여 향후 수십 년간 이 지역 생태계에 변동이 일어날 것이고, 숲은 북쪽으로 더 퍼져 나갈 것이며, 식물의 생장기간이 늘어날 것이다. 지구 온난화로 인하여 세계가 러시아의 북극 중앙부에 접근하는 것이 용이해 졌으며, 북극해에 접해 있는 러시아 내륙과 세계 각 지역 간의 거리는 가까워질 것이다.

1.4 법률의 변화

1926년 소련은 북극점에서 소연방 북쪽 해안의 동쪽과 서쪽 끝점을 잇는 선에 따라 나뉘게 되는 구역으로 북극 지대를 분할할 것을 제안하였다. 그러나 당시는 북극에 접근하는 것 자체가 힘든 일이었기 때문에 이 제안이 별로 중요하게 받아들여지지 않았다. 제3차 UN 해양법회의에 가서야 해양에서의 국가 관할권 경계에 대한 문제가 제기되고 포괄적인 합의가 도출되기에 이르렀다.

1982년에 체결된 UN 해양법협약(Конвенция ООН по морскому праву)은 해양 연안국들의 경계선 설정에 대한 새로운 법규를 확정하였다. 그 후 1997년 러시아는 해안과 북극 해양의 섬들이 포함된 12해리 영해와 200해리 배타적 경제수역 범위에 해당하는 북극해 지역의 영토 주권을 보장하는 협약에 가입하였다. 협약에는 대륙붕에 대한 포괄적 정의가 내려졌고, 그에 따라 1926년 구역별 분할의 원칙을 선포했던 주장대로 러시아가 바다 심연의 대부분을 획득할 수 있는 기회를 가지게 되었다.

북극 심해에서 새로운 자원을 발굴할 수 있다는 기대 속에서 구역별 분할의 원칙에 따라 그에 대한 심의권이 러시아에 우선적으로 인정되었다. 그리고 2001년 러시아는 협약에 고지된 대로 자신의 대륙붕 지리 및 지질학적 특징에 기초하여 경계를 확정 짓도록 하는 제안서를 UN의 대륙붕경계위원회(Комиссия по границам континентального шельфа)에 제출하였다. 하지만 위원회는 제시된 데이터가 결정을 내리기에는 불충분한 것으로 간주하였다. 현재 모스크바는 추가로 자료를 수집하여 새로운 데이터로 계산된 신청서를 다시 제출하는 과정에 있다.

2. 북극에 대한 러시아의 지정학적 전략

러시아가 육지에서 바다로 주권에 관한 관심을 높이게 된 데에는 국가의 정책이나 계획뿐 아니라 바로 이와 같은 기술, 경제, 기후 및 법률의 변화가 배경에 깔려 있다. 안보, 개발, 해양 및 운송 분야를 포함하여 러시아의 최근 정책들은 북극의 개발 계획에 주안점을 두고 있다. 2008년 9월 러시아연방 안전보장이사회(Совет Безопасности РФ)는 북극이 러시아의 주요 전략자원 기지라고 언급하며, 군부대 특히 국경병력이 북극에서 국익을 보호하기 위해 만반의 태세를 갖추고 있어야 한다고 촉구했다. 이 지역의 석유와 가스 채굴의 잠재성은 이미 증명되었다. 노릴스크 지역에 묻혀 있는 지하자원만으로도 러시아는 니켈과 팔라듐 세계 최대 생산국이 되었고, 구리, 코발트, 백금도 어느 국가 못지않게 상당한 양을 생산하고 있다. 이와 함께 석탄, 철, 알루미늄, 금, 다이아몬드와 같은 광물자원의 개발 잠재성도 시베리아 중앙고원과 내륙 지역 곳곳에서 확인되고 있다.

2000년부터 북해 항로는 러시아가 정책적으로 우선순위를 두어 고심하는 주요 사안이 되었다. 최근 교통부에 의하여 작성된 '2030년 운송전략(Транспортная стратегия до 2030 года)'에는 신형 쇄빙선의 건립과, 바다와 강의 항구를 현대화시키는 세부적인 계획들이 포함되었다. 낡은 쇄빙선들을 대체하기 위해 세 척의 신형 원자력 쇄빙선이 건립될 것이고, 이러한 쇄빙선 함대는 무엇보다도 북해 항로의 연중 가동을 가능하게 할 것이다. 신형 디젤구동 쇄빙선은 항구와 연안의 에너지 시설 유지 및 보수를 위해 활용될 것이고, 소형 쇄빙선은 연안 및 수색구조 작업을 위해 투입될 것이다. 또한, 북극해 항로가 교통 노선으로서 제대로 기능하기 위

[그림 3] 북극과 북극해[3)]

해 북극해와 연결된 큰 하천이 함께 개발되어야 한다. 이러한 점에서 북극에 대한 러시아의 정책은 전체 북극해 연안지역의 경제발전에 큰 영향을 미칠 것이다. 북극해로 연결되는 하천의 개발은 세계 최대의 삼림 자원뿐만 아니라 매장된 유용광물에 대한 접근을 용이하게 해 줄 것이다. 또한, 이러한 하천에 대한 개발은 북극 연안지역과 남쪽 지역 간 농업과 공업의 교류를 촉진할 것이다.

물론 북극의 경제발전에는 큰 비용이 소요된다. 하수, 농산물 생산, 산업폐기물, 목재 가공 등을 어떻게 처리할 것인가의 문제가 나타나고 있고, 인간이 생존할 수 있는 환경을 유지하면서 불가피하게 발생하는 오염 문제도 또한 나타나고 있다. 북극의 새로운 개발과 동시에 오염을 방지하는 조치들과 토지자원의 합리적 이용 방안이 함께 마련되지 않는다면 환경은 파괴될 것이다.

큰 비용이 들어간다는 점을 감안하여 러시아의 공식적인 북극 발전프로그램은 특히 균형 잡힌 개발의 필요성을 강조하고 있다. 2006년 러시아는 북극의 영유권을 주장하는 국가들로 구성된 북극위원회(Арктический совет)에 지속적 발전을 위한 의견서를 제출했다. 이 의견서는 지역발전부(Министерство регионального развития)에 의해 계속 검토되고 있다. 또한, 러시아는 북극해의 수질 및 해양 환경보호에 대한 국제적인 의무가 있다. UN 해양법협약은 국가 법률의 채택 및 시행을 통해 토지오염원을 방지해야 할 의무를 담고 있다. 북해 항로의 개발은 뭔가 문제가 발생했을 때는 물론이며, 정상적인 조건에서도 선박으로 인해 발생하는 오염 때문에 매우 신중할 필요가 있다.

UN 해양법협약은 선박으로 인해 발생되는 오염의 방지와 관리의 문제를 세밀하게 다루고 있다. 배타적 경제수역 내 얼음으로 덮인 지역의 해양 환경을 보호하기 위해 공정하고 과학적인 기준의 오염방지관리 권한이 연안국들에 위임되었다. 또한, 러시아는 북해 항로의 이용을 규제하는 책무를 받았고, 러시아의 해양 정책에는 공식적으로 '국제법상의 일반적인 규범, 그리고 해상 활동에 대한 러시아연방의 국제 조약'이 반영되어 있다.

북극 지역에 대한 러시아 외교 정책의 원칙적인 지향점은 평화와 협력을 바탕으로 하는 것이다. 이러한 원칙은 미국과 노르웨이 간의 양국 국경협정에, 북극 국가 간의 일룰리셋(Ilulissat) 조약에, UN 해양법협약에, 그리고 또 북극위원회, 국제해양기구(Международная морская организация), 기타 국제기구 등의 조약문에 반영되어 있다.

해상 무역의 발전과 함께 러시아는 점차 세계적 수준에서 자유롭게 항해할 수 있는 여건을 확보하는 데에 모든 노력을 기울이고 있으며 근해에 대한 안보의 확보에도 많은 관심을 보이고 있다. 특히 북극에 대한 러시아의 지정학적 관심은 계속 커지고 있으며, 이에 따라 해양 주권의 확립과 확대에 러시아는 더욱 관심을 두게 되었다. 이것은 안보, 과학, 정보 교환, 해양자원의 개발, 환경보호에 대한 단일한 규범과 원칙을 지닌 북극에서의 상호 해상협력을 통해 가능할 것이다. 이러한 협력의 여건이 성공적으로 조성된다면 유라시아의 남쪽과 서쪽에서 발생

[그림 4] UN 해양법협약에 따른 경제수역도[4)]

하고 있는 분쟁이 더는 북쪽으로 옮겨가지 않도록 하면서, 북극은 세계의 협력지역 중 하나가 될 수 있을 것이다. 러시아의 입장에서 바라보는 이러한 협력관계의 주요 내용은 다음과 같다.

2.1. 법치의 강화

러시아와 미국은 북극에서 법규범 준수에 대한 모범을 보여야 한다. 나아가 러시아와 미국은 북극의 해상경계에 대한 합의를 비준해야 하며, 미국은 UN 해양법협약에 가입하여야 한다. 해양법협약에 대한 일치된 이해와 준수는 북극해 연안 국가들로 하여금 논쟁적인 문제들을 해결하고, 북극 영토관리의 규범을 확립하는 데에 밑바탕이 될 것이다. 또한, 이러한 협약은 추후 북극해의 통과, 자원개발, 과학적 연구수행에 관심을 지닌 다른 나라에도 적용되어야 할 것이다.

2.2 북극 활동과 정책에 대한 관리 및 감독

북극위원회는 북극에 대한 정책을 심의하기 위한 중심적인 포럼의 장으로 간주되어야 한다. 예를 들어 국제해양기구의 북극 선박건조법에 대한 협상과 같이 특정한 행위가 다른 기구에서 일어나더라도 북극위원회는 이에 대해 심의를 하면서 감독기구의 역할을 할 필요가 있다.

2.3 군사 협력과 긴급 상황 조치

자연재해나 인재에 대한 방재행위에서 모든 북극해 연안 국가의 효율성을 높일 필요가 있다. 각 국가가 모든 종류의 선박, 항공기, 위성 및 관측소, 그리고 구조 장비를 보유할 필요는 없다. 보유 장비, 공동기획, 업무준비에 대한 정보를 교류하고 상호지원과 협력을 강구한다면, 그것은 모든 북극권 국가들에게 이득이 될 것이다.

2.4 해상 안전 및 행동의 통일

러시아와 미국이 중심이 되는 북극해 연안 국가들은 해상의 긴급 상황에 대해 대비할 필요가 있다. 예를 들어 선박의 손상이나 기름 유출을 포함하여 수색 및 구조 작업으로부터 거대한 재해까지 대비하여야 한다. 국제해양기구에 속한 북극해 국가들은 선박구조를 동일하게 하거나, 때로는 북극횡단 선박의 운항규범을 단일하게 제정할 수 있다. 또한, 지역마다 어로행위의 협력을 통해 지속 가능한 어업을 보장하고 어획량을 조절할 수 있을 것이다. 베링 해협에서 해상교통을 함께 관리하고 통제하고 있는 러시아와 미국 간의 협약은 북극항로의 안전을 보장하는 중요한 초석이 되고 있다.

2.5 정보의 교환

해상의 안보를 유지하고 자원을 관리할 필요가 있다. 인간의 활동, 해양, 바다의 얼음층과 기후에 관한 정확하고 신속한 정보를 수집, 분석, 공개하면서 서로 협력하여 해양생태계를 보호할 필요가 있다. 선박과 항공기에 대한 공동의 관리와 추적, 그리고 소속 확인제도(특히 북극 이외 국가들에 대하여) 등은 현재 북극의 관리수단이 마땅치 않은 실정임을 감안할 때 이에 대한 효율성을 최대로 높일 수 있는 적절한 조치들이다.

2.6 북극에 대한 과학적 연구

모든 이해 당사자들과 함께 연구를 수행하고, 그 연구결과를 교환하는 것은 누구에게나 환영받을 일이다. 해안 국들은 상호협력하고 데이터를 교환하면서 그들의 배타적 경제수역 내에서 타국이 과학적 연구의 실험과 절차를 용이하게 진행할 수 있도록 보장해야 한다. 여러 주체가 참여하고 훌륭한 성과를 보이는 극지 연구프로그램들은 국가 수준의 지원을 받을 필요가 있으며, 그러한 연구 기관들이 안보나 산업 비밀을 제외한 모든 통계 및 자료에 자유롭게 접근할 수 있도록 보장하여야 한다.

2.7 북극 이외 국가들의 북극에 관한 관심

북극과 관련하여 흥미를 느끼는 모든 당사자가 함께 모여 의견을 나눌 수 있어야 한다. 북극 이외 국가들도 이익을 취할 수 있으며, 그들도 북극 바다를 항해할 수 있는 권리를 가질 수 있다. 동시에 북극 지역 주변의 원주민들이 자신들의 문화를 보존하고 발전시킬 수 있도록 지원할 필요가 있으며, 그들의 전통수렵, 무역 및 경제활동, 특히 북극의 온난화로 가능하게 된 새로운 사업 및 활동에 대해서도 보장하여야 한다. 모든 사람이 자신의 이해와 근본적으로 관련된 것이라면 북극에서 일어나는 모든 활동과 조치에 참여할 권리를 가질 수 있다.

3. 러시아의 북극 비전과 선택

과거 러시아의 봉쇄 전략은 이제 사라졌다. 21세기에 러시아의 새로운 지정학적 비전은 대륙의 고립된 국가로서가 아니라, 북극해 연안과 그 일대의 거대한 광물 매장지역에서 자원을 획득하는 여러 해양 강국 중 한 국가로서 자신의 위치를 확립시키는 것이다. 아마도 21세기 중반쯤 북해 항로는 정기적인 운송 경로가 될 것이다. 처음에는 계절에 따라 쇄빙선이 필요하겠지만, 점차 기후조건의 변화에 따라 운항기간이 확장된 정기선이 다닐 수 있게 될 것이다.

21세기 북극에 대한 러시아의 비전은 처음에는 북쪽 지역에 한정되겠지만, 그 후 점차 범위가 확대되어 물자를 싣고 바다를 통해 세계 도처를 오고 가는 해양 강국으로 발돋움하는 것이다.

[그림 5] 해양강국 러시아5)

주석

1) http://www.polit.ru/news/2009/09/14/
2) http://ruatom.ru/milit/icebreakers.htm
3) http://www.newsru.com/pict/big/1202063.html
4) http://museum.rosneft.ru/past/chrono/year/1982/
5) http://sp.rian.ru/images/14769/67/147696791.jpg

III

러시아 북서연방관구 심층연구

제 16 장

21세기 네네츠 자치구 석유채굴업의 발전과 주민의 사회·경제적 변화*

최우익

1. 서 론

네네츠 자치구(Ненецкий автономный округ)는 툰드라 지대에 속해 있으며 전통적으로 네네츠인(Ненцы)이 자연 상태에서 농업, 수렵, 목축, 어업을 하며 살았던 지역이다. 하지만 소비에트 시대에 근대화 과정을 통해 네네츠 자치구에서는 많은 변화가 일어났고, 최근 21세기에는 다시 엄청난 사회·경제적 격동의 바람이 불게 되었다. 최근의 변화는 무엇보다도 이 지역이 이제 러시아의 대표적 석유채굴지 중 하나로 변모하였기 때문에 일어난 것으로 관측될 수 있다.

러시아에서 석유는 1970년대만 하더라도 볼가연방관구에서 가장 많

* 이 글은 서울대학교 러시아연구소『러시아연구』제21권 제1호에 게재된 논문으로서 본 서적의 기획에 맞게 내용을 조정하고 윤문 과정을 거쳐 수록된 것임을 밝힘.

이 채굴되었지만, 1980년대부터 현재까지는 우랄연방관구에서 가장 많이 채굴되고 있다. 본고에서 살펴볼 네네츠 자치구가 속해 있는 북서연방관구는 소련시대에 남부연방관구보다도 석유채굴량이 적었지만, 점차 채굴량이 늘어 2000년대에는 우랄과 볼가연방관구 다음으로 석유를 많이 채굴하게 되었다. 그 채굴량은 2009년 시점에 약 3,360만 톤에 달하게 되었으며,[1] 이 중 네네츠 자치구가 차지하는 석유채굴량은 절반이 넘는 1,880만 톤에 이른다.[2]

네네츠 자치구를 포함하여 러시아 북극의 경제는 소연방 시대부터 중앙집권적 계획과 관리의 틀에서 유지되어 왔으며, 오늘날 탈중앙적 시장경제체제에서도 연방정부의 영향력이 강하게 남아 있다. 현재 이 지역은 러시아 석유와 가스의 가장 중요한 채굴지 중 하나로 부각되고 있는데, 이 과정에서 나타난 중앙과 지방의 역할 분담, 지방의 권한 확대, 이 지역에 거주하는 소수민족들의 보호, 환경문제, 지역민들의 생존권 등은 중대한 이슈로 등장하고 있다.[3]

오늘날 러시아의 석유채굴에서 네네츠 자치구가 차지하는 중요성은 적지 않으며, 또한 자치구 내의 측면에서 보았을 때도 석유채굴이란 절대적 위치를 차지하게 되었는바, 이로 말미암아 오늘날 네네츠 자치구 주민은 급격한 사회·경제적 변화를 겪고 있다. 변화에 대한 결과는 현재 여러 사회·경제적 지표에서 나타나는바, 이에 대한 분석과 정리는 개혁기 변화하고 있는 러시아 사회현상에 대한 이해로서 뿐만 아니라, 현재 러시아학의 중요한 과제 중 하나인 지역연구로서의 의의도 내포하고 있다.

---

1) Росстат, *Российский статистический ежегодник* (Москва: 2010), стр. 405.
2) Росстат, *Регионы России. Основные характеристики субъектов Российской Федерации* (Москва: 2010), стр. 176.
3) Elena N. Andreyeva & Valery A. Kryukov, "The Russian model: Merging and sustainability," *Arctic Oil and Gas: Sustainability at risk?* (London and New York: Routledge, 2009), pp. 240-287.

또한, 네네츠 자치구에 대한 연구는 이곳에 소수민족인 네네츠인 다수가 거주하고 있다는 측면에서 인종 및 민속학으로서의 의미가 있다.[4] 네네츠 자치구가 주요 석유채굴지라는 점 외에도 북극해 항로와 자원 개발, 북극 지역의 운송 및 교통의 요충지, 이에 따라 안보적 중요성이 강조되는 지역이라는 점에서 이 곳에 대한 연구는 또한 경제학적, 지정학적 가치가 있다.[5] 그 외로도 이 지역은 환경과 생태 문제와도 관련하여 시사점이 많다는 점에서 네네츠 자치구의 연구는 여러 가지 중대한 학문적 함의가 있다고 할 수 있다.[6]

반면에 그 중요성에 비해 러시아를 포함하여 국내외 연구자들의 네네츠 자치구와 그곳 거주민들에 대한 연구, 특히 이 중에서도 이들에 대한 사회·경제적 측면의 연구는 거의 전무한 실정이다. 사실 시베리아, 극동, 북극 지역은 중앙으로부터 공간적으로 멀리 떨어져 있을 뿐만 아니라, 독특한 지리적, 기후적 특징과 다양한 천연자원을 보유하고 있다. 따라서 이들 지역은 중앙과 다른 자신에 고유하고 적합한 경제적, 사회문화적 공동체와 인적 관계들로 구성되어 있다.[7] 하지만 이들 지역과 지역민들의 경제적, 사회적, 문화적 연구는 매우 불충분한 상태이다.

따라서 네네츠 자치구와 같이 최근 주요 석유채굴지로 부각된 지역에 있어서 그 지역의 경제를 유지하고 재생산하며, 또 사업을 벌이고

4) James Forsyth, *A history of the peoples of Siberia: Russia's north Asian colony* (Cambridge: Cambridge University Press, 2000).; Andrei V. Golovnev & Gail Osherenko, *Siberian survival: the Nenets and their story* (Ithaca and London: Cornell University Press, 1999).

5) Aslaug Mikkelsen & Oluf Langhelle, *Arctic Oil and Gas: Sustainability at risk?* (London and New York: Routledge, 2009).

6) Garik Gutman & Anni Reissell, *Eurasian Arctic Land Cover and Land Use in a Changing Climate* (New York: Springer, 2011).; T. Kue Young & Peter Bjerregaard, *Health Transitions in Arctic Populations* (Toronto: University of Toronto Press, 2008).; Grete K. Hovelsrud & Barry Smit, *Community Adaptation and Vulnerability in Arctic Regions* (New York: Springer, 2010).

7) И. П. Рязанцев, М. С. Халиков, *Экономическая социология: Региональный аспект* (Москва: Академический Проект, 2005), стр. 42-47.

노동을 하는 해당 지역민에 대한 사회·경제적 측면의 연구는 시급한 과제일 수밖에 없다. 2000년대 네네츠 자치구의 경제적 변화는 이곳에 거주하는 자치구 주민의 사회·경제적 양상에 심대한 영향을 미치게 되었는바, 본고에서는 이에 대해서 인구, 이주, 소득, 임금, 계층분화 등의 측면에서 살펴보고자 한다. 이러한 연구는 지역민들이 새로운 경제체제와 사회문화적 환경에 대한 적응 문제, 그리고 더 나아가 향후 이러한 체제와 환경을 잘 유지, 발전시킬 수 있는지 그 가능성을 타진할 수 있는 중요한 단서들을 포착할 수 있게 할 것이다. 또한, 네네츠 자치구와 유사한 다른 석유 및 가스 채굴지역 연구를 위한 유추와 해석, 그리고 비교 연구 자료로서의 가치도 있을 것이다.

본고에서는 러시아 지역학과 관련한 기존 문헌들에 대한 검토를 통해 네네츠 자치구의 형성과정과 지역적 배경을 정리하며, 러시아 통계청 자료를 동원하여 최근 네네츠 자치구 주민의 사회·경제적 변화와 특성에 대하여 경향성을 추출하고 분석하고자 한다.

1장은 서론, 2장은 네네츠 자치구의 사회·경제적 변화의 배경으로서 20세기 근대화 과정과 1990-2000년대 개혁기 석유채굴업의 발전과정, 3장에서는 네네츠 자치구 주민의 사회적, 경제적 변화와 특징에 대해 분석하고 있으며, 4장에서는 결론으로서 본고의 연구결과와 의의를 정리하고 있다.

2. 네네츠 자치구의 근대화 과정과 2000년대 채굴업의 발전

2.1 소비에트기의 근대화 과정

네네츠 자치구에 인간이 거주하게 된 역사는 기원전 8천 년 경까지 거슬러 올라가는데, 11세기경 남쪽의 사모예드인 중 일부가 북극해 쪽으로 이주하여 정착한 것이 네네츠인의 기원으로 알려져 있다. 13-15세기에는 네네츠인이 노브고로드 공국에 조공을 바쳤고, 16세기까지는 타타르족에게도 조공을 바쳤다. 하지만 16세기 말부터 세력을 넓히기 시작한 러시아인에게 사모예드인은 다시 편입되었다. 이후 네네츠인은 저항하기도 하였지만 결국 제정러시아에 지배당하였고, 1929년 소비에트 정부에 의해 집단농장화가 진행되면서 본격적으로 러시아 국가체계에 포섭되었다.[8] 독립적인 행정 단위로서 네네츠 자치구라는 공식명칭은 1929년에 제정되었으며, 1935년에 지금의 수도인 나리얀-마르가 도시로 승격되었다.[9]

러시아 정교가 이 지역에 전파된 것은 18세기 무렵이나, 현재까지 네네츠인 대부분이 여전히 샤머니즘을 신봉하고 있다. 순록은 네네츠인의 주요 생계 원이자 문화의 바탕이기도 하다. 순록과 연관된 축제일에는 순록 썰매를 타거나 순록 생고기를 먹기도 하며, 순록으로 식량, 의복, 생활도구 등 모든 것을 마련할 수 있다.[10] 따라서 전통적으로 순록 사육, 어업, 모피업 등이 발달하였다.[11]

하지만 오늘날 러시아에 있어서 네네츠 자치구의 중요성은 무엇보다도 이 지역이 석유 및 가스 산지라는 점이다. 네네츠 자치구는 인접한 코미 공화국과 함께 티만-페초라(Тимано-Печора) 산지에 속해 있고 이곳에는 약 70여 개의 석유 및 천연가스 산지가 흩어져 있다.[12] 또한,

---

8) *Autonomous Okrugs of Russia: Chukotka Autonomous Okrug, Khanty-Mansi Autonomous Okrug, Yamalo-Nenets Autonomous Okrug, Nenets Autonomous Okrug* (Memphis, Tennessee: Books LLC, 2010), pp. 18-19.

9) 독립적인 행정 단위로 유지되기는 했지만 1937년 네네츠 자치구는 아르한겔스크 주로 다시 편입되어 관리되었다. М. К. Сидоров, *Социально-экономическая география и регионалистика России* (Москва: ИНФРА-М, 2002), стр. 164.

10) *Nenets Autonomous Okrug: Nenets People, Vaygach Island, Pechora River, Pechora Sea, Kolguyev, Yugorsky Peninsula, Dolgy Island, Selkup* (Memphis, Tennessee: Books LLC, 2010), pp. 32-33.

11) Т. Г. Морзовая, *Экономическая география России* (Москва: ЮНИТИ-ДАНА, 2002), стр. 277.

[그림 1] 네네츠 자치구의 위치[13)]

최근에는 북극 대륙붕의 개발 가능성에 따라 네네츠 자치구에 접해 있는 바렌츠 해와 카라 해 사이의 바닷속 석유 산지들도 새로이 주목받고 있다. 따라서 석유 채굴과 관련한 네네츠 자치구의 다수 지방은 소연방 시대부터 현재까지 많은 관심을 받아 왔다.[14)]

그리하여 이 지역의 소수민족인 네네츠인은 전통적인 자연경제와 거주환경이 파괴되는 산업화 과정에서 생존방식의 문제를 고민할 수밖에 없게 되었다. 네네츠인의 일부는 지금도 여전히 전통적인 경제방식을 유지하고 있는데, 사실 이를 위한 공간은 소비에트 시대의 근대화 과정과 석유·가스채굴업의 발전에 따라 계속 축소되어 온 것이다.[15)]

네네츠 자치구의 근대화 과정은 1920년대부터 소비에트 정부에 의해 북극 지역과 이곳의 소수 민족을 국가체계로 포섭하기 위한 구상으로

12) Морзовая, Указ. соч., стр. 263. 2000년대 초반의 예측으로는 티만-페초라 지방에서 매년 1,000만 톤 이상의 석유와 40억 ㎥ 이상의 천연가스가 채굴될 것으로 평가되었다. В. Г. Глушкова, А. А. Винокуров, *Введение в экономическую географию и региональную экономику России* (Москва: Издательство ВЛАДОС-ПРЕСС, 2003), стр. 34.

13) http://en.wikipedia.org/wiki/Nenets_Autonomous_Okrug (검색일: 2011.02.27)

14) Сидоров, Указ. соч., стр. 168-172.

15) Глушкова & Винокуров, Указ. соч., стр. 31-32.

부터 시작되었다. 이것은 1930년대에 본격화되어 일차적으로 1930년대 후반에서 1940년대 국가 차원의 건설 과정에서 완수되었다. 이 시기에 완수된 내용을 요약하면 첫째, 북극 소수민족의 문맹 퇴치와 문화적 후진성의 극복, 둘째, 국가 행정요원의 양성, 셋째, 유목민의 정착 유도 등으로 정리할 수 있다.16)

1930년대 네네츠 자치구의 근대화에 대해서 사회·경제적, 그리고 문화적 측면에서는 전체적으로 긍정적인 평가를 하지만, 부분적으로 특히 토착 유목민들에게 있어서는 부정적이었다는 견해도 있다. 이에 대한 사례로 소수인종의 전통적 생활양식이 쇠퇴되고 자립성이 약화되었으며, 반면 그들은 새로운 직업과 생활양식에 제대로 적응하지 못했다는 점을 들 수 있다.17)

석유와 가스의 탐사가 진행되고 북쪽 영토의 산업화와 토지의 개간이 활성화되면서 1950년대 후반부터 소비에트 정부는 새로이 이 지역에 관심을 드러내었다. 정부는 유목민의 정착화를 더욱 촉진시켰으며, 경제 체계를 강화하고, 도시형 부락을 재편하였다.18) 대기업들은 숲을

16) Г. Б. Медведева, “Включение территорий Крайнего Севера в общую систему государственного устройства СССР-РФ. 1929-2000-е гг(на материалах Ненецкого округа),” *Арктические перспективы 21 век* (Нарьян-Мар: Издательский дом ≪Нарьян-Мар≫, 2010), стр. 18-19. 또한, 이 시기에는 네네츠 자치구와 다른 지역, 그리고 지역 내를 연결하는 도로, 철도, 항구 등 교통망의 건설이 시도되었다. 이에 대해서는 다음 참조. М. М. Коловангина, “К вопросу об индустриальном строительстве в Ненецком округе в 30-е годы 20 века,” *Арктические перспективы 21 век* (Нарьян-Мар: Издательский дом ≪Нарьян-Мар≫, 2010), стр. 123-126.

17) М. М. Коловангина, “Ненецкий округ: первое десятилетие,” *Особенности социально-экономического и культурного развития в 30-е годы 20 века* (Нарьян-Мар: ООО РПК ≪Орел медиа≫, 2009), стр. 306-308.

18) 1957년 3월 16일 ‘북방 민족체(народность)의 경제와 문화의 지속적 발전에 대한 조치에 대하여’라는 공산당 중앙위원회와 소연방 각료회의의 법령 채택은 토착 주민의 대부분에게 생활상 많은 영향을 주었다. 이 법령에서는 집단농장의 강화와 함께 소규모 촌락에서 거대한 도시형 부락으로 북방 토착민족의 이주와 또한 유목민들의 정주형 생활 형태로의 전환을 실현하도록 하는 내용이 담겨 있었다. Медведева, Указ. соч., стр. 19.

밀고 석유화학 공업단지를 건설하였는데, 그 결과 환경파괴, 산성비 등으로 순록의 주식원인 이끼가 오염되고 사람들의 건강이 위협받기도 하였다.

1960년대에서 1980년대 초까지 러시아의 석유 및 천연가스 채굴지로 북방영토를 산업적으로 개간하는 작업이 더욱 활발히 진행되었다. 특히 1970년대에는 중동의 석유사태로 말미암아 러시아의 석유수출이 급증할 수 있는 호재를 맞기도 하였다. 바로 이때에 서 시베리아(야말-네네츠, 한티-만시 자치구 등)뿐만 아니라, 네네츠 자치구에서도 광물 산지의 개간이 더욱 본격화되었다.

러시아 북방의 경제영역에서 석유·천연가스 탐사 작업의 발전과 동시에 순록 목장과 순록의 개체가 축소되면서 전통적 산업과 근대적 산업 간의 충돌이 나타나게 되었다. 또한, 근대적 산업이 출현하면서 이 지역 거주민의 민족 구성에서도 변화가 나타났다. 이주민의 수가 늘어났고, 소수인종의 비율이 줄어들었다. 전통과 근대가 충돌하고 변화의 폭이 커지는 만큼 이 시대의 사회·경제적, 산업적 발전은 역동적인 것이었다고 평가되었다.[19] 로스네프티(Роснефть)나 가스프롬(Газпром)과 같은 기업을 중심으로 석유채굴업은 계속 발전되었으며, 이곳의 채굴지들은 러시아의 석유수출을 확대시키고, 또한 국내적으로도 러시아 유럽지역의 연료를 더욱 안정적으로 공급할 수 있는 근거지로 인정받게 되었다.[20]

1977년 소연방의 헌법에 따라 민족구(национальный округ)는 자치구(автономный округ)로 변경되었다. 그러나 법적, 재정적 독립성을 가지지 못한 채 네네츠 자치구는 많은 사회적 문제들을 독자적으로 처리할 수 없었고, 주변 기업의 산업 활동은 인근의 다른 주나 공화국, 혹은 연방의 관청에 종속된 상태에 있었다. 하지만 1990년대 중반 연방이

19) Там же, стр. 19-20.

20) Глушкова & Винокуров, Указ. соч., стр. 39.

개입하여 자치구에 대한 독립성을 보장하는 법령을 채택하고, 자치구와 인근 주들 간의 평등한 조약이 체결되면서 비로소 네네츠 자치구는 러시아연방의 독립적인 주체가 될 수 있었다.[21]

2.2 탈 소비에트기 사회·경제적 상황과 석유채굴업의 발전

1990년대 네네츠 자치구는 외형상 독립적인 주체가 되었지만, 시장개혁 과정에 휩쓸리면서 또 다른 변화의 물결에 처하게 되었다. 사실 이러한 상황은 네네츠 자치구뿐 아니라 러시아 전 지역에서 일어났다.

1990년대 탈 소비에트화 과정과 시장개혁이 러시아 사회에 미친 영향 중 하나는 바로 지역 간 사회·경제적 발전의 격차가 심화되었다는 것이다. 소비에트 시대에는 그 지역이 지닌 지리적 공간의 특성, 그리고 무엇보다도 국가의 '계획'에 의해 해당 지역의 사회·경제적 양상이 달라졌다. 하지만 개혁기에는 시장체제로의 전환과정 및 혹은 그 과정에서 나타난 일정한 사회·경제적 위기, 그리고 국가나 더 나아가 세계화 수준에서 재규정되는 해당 지역의 위상이나 새로운 대외관계들의 등장, 또한 그 지역이 본래 가지고 있었던 지리적, 경제적 특성 등 여러 요인이 어우러져 영향을 주면서 이제 각 지역은 과거와는 다른 복잡한 모습으로 변화되었다.[22]

1990년대 시장개혁과정에서 나타나게 된 다양한 지역의 모습들을 사회·경제적 차원에서 크게 세 가지 지역 군으로 나눌 수 있다. 즉, 석유·가스채굴지(대표적으로 한티-만시 자치구와 야말-네네츠 자치구)와 모스크바와 같은 고도의 생산력과 주민의 높은 생활수준이 유지되는 지역, 그리고 평균적인 경제적 잠재력을 보유한 지역, 마지막으로 낮은 수

---

21) Медведева, Указ. соч., стр. 20-22.

22) Н. В. Зубаревич, *Социальное развитие регионов: Проблемы и тенденции переходного периода* (Москва: Книжный дом ≪ЛИБРОКДОМ≫, 2003), стр. 34-35.

준의 사회·경제발전 상태에 처해 있는 다수 지역들로 나뉠 수 있다. 이때 네네츠 자치구는 어느 정도 생산력이 향상되고 있는 지역으로 평가를 받았다.[23] 이에 대한 이유는 이곳에서 석유채굴업의 발전이 점진적으로 진행되었기 때문에 가능했다.

하지만 1990년대 말에서 2000년대 초의 예상으로는 네네츠 자치구는 러시아에서 석유채굴업이 가장 활발하게 진행될 지역 중 하나로 꼽히지는 않았다. 당시 대표적 석유·가스채굴지로 꼽혔던 지역으로는 볼가 강 유역과 우랄 지역(바시코르토스탄 공화국, 타타르스탄 공화국, 아스트라한 주, 오렌부르크 주), 그리고 케메로보 주와 사할린 주 등이었다.[24] 또 다른 연구 평가에 따르더라도 석유·가스를 포함하여 가장 유망한 연료산업 발전지로 예상된 지역으로는 코미 공화국, 바시코르토스탄 공화국, 페름 주, 스베르들롭스크 주, 야말-네네츠 자치구, 한티-만시 자치구, 크라스노야르스크 변강주, 이르쿠츠크 주, 사하 공화국, 하바롭스크 변강주 등이었다.[25] 이처럼 네네츠 자치구는 가장 전망이 있는 대표적 석유채굴지의 하나로 예측되지는 않았다.

또한, 2000년 시점 여러 사회·경제적 지표를 종합하여 볼 때도 모스크바나 대표적 석유채굴지였던 한티-만시, 야말-네네츠 자치구 같은 경우는 러시아 전체에서 '가장 발전된' 지역으로 분류되었지만, 네네츠 자치구는 '상대적 발전' 지역으로 분류되었다.[26] 2000년대 초반 주민들의 소득, 빈곤, 취업, 노동 및 투자 잠재력의 측면에서 보았을 때도 네네츠 자치구는 중간 정도의 순위로 평가되었다.[27] 즉, 네네츠 자치구와

---

23) В. В. Климанов, *Региональные системы и региональное развитие в России* (Москва: Эдиториал УРСС, 2003), стр. 46-47.

24) В. В. Климанов, *Региональное развитие и экономическая самостоятельность* (Москва: Эдиториал УРСС, 2000), стр. 21-22.

25) М. В. Голубицкая, И. И. Санин, *Социально-экономическое положение регионов России* (Москва: Издательство ≪Сатурн-С≫, 2001), стр. 123-124.

26) Зубаревич, Указ. соч., стр. 73-79.

27) ИСЭПН(Институт социально-экономических проблем народонаселения

주민은 사회·경제적으로 가장 발전된 지역군이 아닌 차상위, 더 나아가 중간 정도의 순위에 머문 지역이었다.

사실 1990년대에 네네츠 자치구가 포함된 북서연방관구는 사회·경제적인 측면에서 보았을 때 전반적으로 열악한 상태에 있었다. 즉, 출생률 저하와 사망률 상승에 따른 인구의 극심한 자연감소뿐만 아니라 일부 북극 지역을 중심으로 인구의 유출도 심각하게 일어나 인구의 수가 전체적으로 급감하였다.[28] 또한, 1990년대 말에는 취업률이 떨어지고 실업자가 급증하였으며, 이러한 현상은 특히 석탄, 삼림, 목재가공, 제지, 기계제작 업종 등에서 심각하게 발생했다.[29]

이러한 상황은 네네츠 자치구에서도 유사하게 일어났다. 1990년대의 시장개혁은 이곳에서도 많은 변화를 일으켰고, 농촌에서 도시형 부락으로 이주한 거주민들은 여전히 적응하는 데에 어려움을 겪었다. 도시형 부락의 실업률은 높아졌으며, 출생률은 떨어지는 반면 젊은이들은 떠나고 대부분이 연금생활자 연령대에 달하는 거주민들만 남아 평균 연령은 높아졌다. 남아 있는 자들은 실업 상태에 처하기 일쑤였으며, 새로운 일자리를 지속적으로 보장할만한 경제부문이 창출되지 않았다.[30]

하지만 2000년대에 들어와 러시아는 주지하다시피 석유 및 가스의 생산과 수출에 역점을 두게 되었고 이것은 경제성장의 원동력이 되었다. 이러한 배경 속에서 가속화된 석유채굴업의 확대는 오늘날 네네츠 자치구를 새로운 변화 앞에 놓이게 하였다. 즉, 1990년대 서서히 석유채굴량이 증가하다가 2003-04년을 경계로 채굴량이 급증하게 되었다. ([그림 2] 참조) 이것은 2003년과 2004년의 전년도 대비 산업생산지수

РАН), *Россия в глобализирующемся мире: социальные аспекты* (Москва: ИСЭПН РАН, 2006), стр. 115, 149.

28) 권세은 외, 『북서연방지구』(서울: 경희대학교출판국, 2006).

29) Морзовая, Указ. соч., стр. 264-266.

30) Туула Туйску, "Будущее северных поселков в Салле(Финляндия) и ненецком округе(Россия)," *Арктические перспективы 21 век* (Нарьян-Мар: Издательский дом ≪Нарьян-Мар≫, 2010), стр. 112.

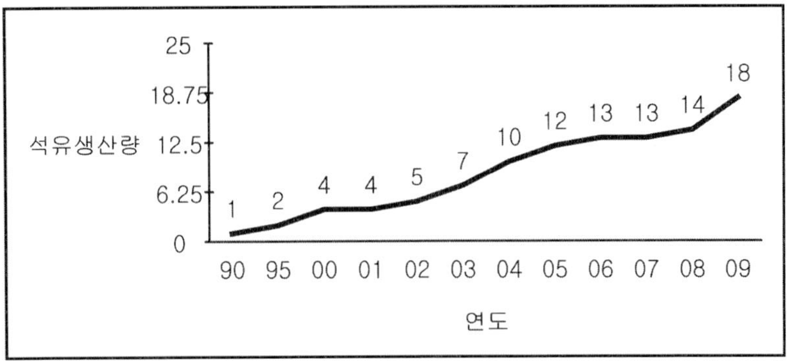

[그림 2] 네네츠 자치구의 석유채굴량 추이(단위: 백만 톤)[32]

의 증가에도 반영되어 나타나는데, 2000년대 매년 110% 내외의 비율로 증가하다가 두 해에는 각각 144%와 143%로 증가한다.[31] 따라서 이 시기를 경계로 석유채굴업이 과거보다 더 본격화되었다고 할 수 있으며,[33] 2009년 시점 네네츠 자치구는 러시아연방 중에서 석유채굴량 규모 7위에 올라서게 되었다.[34]

이처럼 2000년대에 네네츠 자치구의 석유채굴량은 급증하여 2009년 시점 채굴량은 1990년에 비하면 15배 이상, 2000년에 비하면 4배 이상 늘어났다. 이에 따라 취업자 수도 2000년에 21,000명 수준에서 매년 증

---

31) Росстат, *Регионы России. Социально-экономические показатели* (Москва: 2010), стр. 450. 석유와 같은 유용광물채굴이 네네츠 자치구의 산업생산에서 차지하는 비율은 2000년대 중반 70%가 넘었기 때문에 석유채굴량의 변동은 산업생산지수의 변동에 직접적인 영향을 준다.

32) Росстат, *Регионы России. Основные характеристики субъектов Российской Федерации* (Москва: 2010), стр. 176.

33) 동일하게 두 해의 유용광물채굴 분야에서의 생산성 지수가 전년보다 144%, 142% 증가하였다.(Росстат, *Регионы России. Социально-экономические показатели* (Москва: 2010), стр. 452.) 유용광물에서 연료에너지를 제외한 부분은 0.02%에 불과하기 때문에 네네츠 자치구의 유용광물 통계수치는 거의 석유(일부 천연가스 포함)라고 볼 수 있다. *Росстат, Регионы России. Социально-экономические показатели* (Москва: 2009), стр. 454, (Москва: 2010), стр. 458.

34) 천연가스 채굴량은 러시아연방 중에서 14위에 올라 있다. Росстат, *Регионы России. Социально-экономические показатели* (Москва: 2010), стр. 481-482.

가하여 2008-9년에는 약 3만 2-3천 명 수준으로 1.5배 이상 늘어나게 되었다.[35] 2008-9년 기준으로 취업자들은 유용광물 채취에 가장 많은 약 7천 명이 종사하고 있으며, 그다음 건축과 운송에 각각 거의 4천 명, 교육에 약 3천5백 명이 종사하고 있다.[36] 2000년대 후반기에 러시아연방 전체로 볼 때 유용광물 채취에 종사하는 취업자 비율은 약 1.5%에 불과하지만, 네네츠 자치구에서는 약 25%에 달하고 있어 이 지역에서 석유채취산업의 중요성을 실감할 수 있다. 반면 러시아연방 전체적으로 제조업은 15-17%, 도소매업은 16-18%인데 반해, 네네츠 자치구는 각각 2%와 4% 조금 넘는 비율만이 종사하고 있어서 이 수치로도 역시 이곳은 가공업이나 서비스업이 아닌 원료채취산업 중심 지역이라는 특성을 확인할 수 있다.[37]

네네츠 자치구의 산업에서 총부가가치의 분야별 구조를 보면, 2005년 유용광물의 채굴이 74.3%, 뒤이어 건설이 10.4% 등을 차지하고 있어서 네네츠 자치구의 기본적인 경제는 바로 광업(사실 석유 및 가스)이라고 할 수 있다. 그런데 2006년에는 각각 65.4%와 18.2%, 2007년에는 59.6%와 29.4%, 2008년에는 66.3%와 16.8%로 건설업의 비중이 다소 늘었다.[38]

이처럼 2000년대 네네츠 자치구에서는 석유채굴량이 급증하게 되었고, 이곳의 취업자 비율도 늘어나게 되었다. 하지만 이것은 네네츠 자치구의 석유채굴업 분야의 변화뿐 아니라 이곳에 거주하는 주민의 사회·제적 양상에 많은 변화를 주게 되었다.

---

35) Росстат, *Регионы России. Социально-экономические показатели* (Москва: 2009), стр. 106, (Москва: 2010), стр. 102.

36) Росстат, *Регионы России. Социально-экономические показатели* (Москва: 2009), стр. 110-111, (Москва: 2010), стр. 106-107.

37) Росстат, *Регионы России. Социально-экономические показатели* (Москва: 2009), стр. 114-115, (Москва: 2010), стр. 110-111

38) Росстат, *Регионы России. Социально-экономические показатели* (Москва: 2010), стр. 365-375.

3. 네네츠 자치구 주민의 사회·경제적 변화

3.1 인구 및 이주 현황

2010년 시점 네네츠 자치구 인구는 약 42,000명으로 러시아연방에서 가장 적은 규모이다. 도시인구는 27,000명 농촌인구는 15,000명이다. 1990년 시점에는 52,000명이었지만 개혁기 동안 약 10,000명의 인구가 축소된 것이다.[39] 민족별로 보았을 때 현재 네네츠 자치구에는 네네츠인이 약 19%, 러시아인 62%, 코미인 11%, 우크라이나인 3% 정도가 거주하고 있다.[40]

1990년대 이후 러시아는 거의 전 지역에서 인구의 자연감소가 일어났으며, 북서연방관구 역시 인구가 급속히 축소된 대표적인 지역에 포함되지만, 그 속에 포함된 네네츠 자치구만은 유일하게 자연증가가 일어났다. 물론 1970-80년대 1,000명당 자연증가율이 10‰-13‰에 달했던 것보다는 낮아졌지만,[41] 1990년대에도 플러스 증가율이 계속 유지되었으며 2000년대 후반에는 3‰을 넘어 2009년에는 4.8‰에 달하게 되었다.[42] 따라서 네네츠 자치구는 다른 지역에 비해 비교적 양호한 인구의 자연증가율을 보였다.[43]

그럼에도 개혁기에 인구가 축소된 것은 바로 외부로의 이주가 많이 일어났기 때문이다. 이러한 외부로의 이주는 주로 1990년대에 일어났

---

39) Росстат, *Российский статистический ежегодник* (Москва: 2010), стр. 78-81.

40) Росстат, *Регионы России. Основные характеристики субъектов Российской Федерации* (Москва: 2010), стр. 172.

41) Росстат, *Российский статистический ежегодник* (Москва: 2009), стр. 99.

42) Росстат, *Регионы России. Социально-экономические показатели* (Москва: 2010), стр. 82-83.

43) 1990년대 경제위기 시에도 북쪽에 거주하는 소수민족들은 대체로 인구의 자연증가율이 현 상태를 유지하거나 부분적으로 높아진 것으로 보고되고 있다. 문제는 이 지역들로부터 인구가 유출되어 인구의 수가 급감한 것이다. 이에 대해서는 다음 참조. Д. Д. Богоявленский, “Вымирают ли народы севера?” *СОЦИС*, № 8, (2005), стр. 55-61.

고, 최근에 유출량은 상당히 줄어든 상태이다. 북서연방관구 전체적으로 1990년대에는 이주민의 순유출량이 많았다가 2000년대에는 반대로 순유입량이 많아졌다. 네네츠 자치구는 1990년대는 물론 2000년대에도 순유출 현상이 대체로 지속되었다가 최근 2009년에 와서야 이주민의 순유입 현상이 나타났다([표 1] 참조).

[표 1] 만 명당 이주증감 비율[44)]

	90	95	00	01	02	03	04	05	06	07	08	09
북서관구	-8	3	-0.2	-2	-1	6	9	9	14	18	21	21
네네츠	-169	-271	-62	-18	178	14	11	-14	-18	-16	-36	17

네네츠 자치구의 인구는 다른 지역에 비해 상대적으로 노동인력 중심으로 구성되어 있어 전반적으로 비노동연령인구가 적은 편이다.[45)] 이러한 특징 속에서도 러시아연방에 보편적으로 나타난 현상인 유년인구 비율의 감소는 역시 예외 없이 네네츠 자치구에도 1990년대부터 현재까지 나타났다가 최근 2-3년 사이에 조금 회복되었다. 또한 노년인구(남성 65세, 여성 60세 이상)의 비율도 러시아 평균보다는 적지만 1990년에 비해 현재는 거의 2배로 늘어나 역시 러시아연방 전체적으로 나타나고 있는 노령화 현상이 네네츠 자치구에도 일어나고 있음을 알 수 있다.([표 2] 참조)

하지만 네네츠 자치구 주민의 평균기대수명은 2008년 63세(80위), 2009년 65세(74위)로서 러시아연방 전체에서 하위권에 머무르고 있다.

---

44) Росстат, *Регионы России. Социально-экономические показатели* (Москва: 2010), стр. 92.

45) 2008년 시점 연금생활자 1명당 취업 인은 2.98명(평균은 1.78명), 2009년은 2.65명(평균은 1.73명)으로서 러시아연방 전체에서 3위일 정도로 높다. 그만큼 연금생활자에 대한 부담이 네네츠 자치구에서는 낮다. Росстат, *Российский статистический ежегодник* (Москва: 2009), стр. 177, (Москва: 2010), стр. 183.

[표 2] 천 명당 인구학적 부양 비율(단위: ‰)[46]

		90	95	00	05	07	08	09
러시아 연방	비노동연령인구	764	754	662	580	582	590	606
	유년인구	429	398	323	258	251	253	259
	노년인구	335	356	339	322	331	337	347
네네츠 자치구	비노동연령인구	636	634	589	532	534	549	570
	유년인구	514	473	415	350	338	344	352
	노년인구	122	161	174	182	196	205	218

평균수명이 가장 높은 인구셰티야의 80세에 비하면 무려 15세 이상 낮은데, 그것은 그만큼 이곳이 동토지대로서 인간이 거주하기에 적합한 조건을 가지고 있지 못하기 때문이다.[47] 따라서 [표 2]에서 본 것처럼 노령화 현상이 나타남에도 불구하고 다른 지역에 비해서는 노년인구의 연령층 비율이 적은 것이다.

3.2 소득 및 임금의 증가

2009년 시점 네네츠 자치구의 1인당 월평균 소득은 러시아연방 전체에서 1위(48,752루블)로서 제일 하위인 인구셰티야 공화국(6,400루블)에 비하면 무려 8배에 달한다. 2000년 시점만 하더라도 평균소득 순위는 10위권이었지만, 2003년에는 한티-만시 자치구를, 2004년에는 야말-네네츠 자치구를, 2007년에는 모스크바 시를 앞질러 현재 1위가 되었

46) Росстат, *Регионы России. Социально-экономические показатели* (Москва: 2009), стр. 76, (Москва: 2010), стр. 72.

47) Росстат, *Регионы России. Социально-экономические показатели* (Москва: 2009), стр. 88, (Москва: 2010), стр. 84. 이러한 상황은 네네츠 자치구뿐만 아니라 북쪽 지방의 원주민들 대부분에서 나타나는 현상이다. 시장개혁기 이전의 1980년대 말에도 북쪽 원주민들의 평균 수명은 60세 정도였고, 이것은 다른 나라인 그린란드와 알래스카 원주민들의 경우에도 비슷한 사정이다. 이에 대해서는 다음 참조. Богоявленский, Указ. соч., стр. 56.

다.[48] 즉, 모스크바 시와 같은 정치·경제적 중심지는 물론 유사한 석유 및 가스 채굴지역 모두를 앞질러 네네츠 자치구는 최고소득 지역으로 탈바꿈한 것이다.([표 3] 참조)

[표 3] 주요 지역별 월평균 소득 및 명목임금 추이(단위: 천 루블)[49]

	지역명	00	01	02	03	04	05	06	07	08	09
소득	러시아연방	2	3	4	5	6	8	10	13	15	17
	모스크바	8	10	12	17	21	25	30	35	34	42
	네네츠	3	6	9	14	20	21	27	38	49	49
	다게스탄	1	1	2	2	3	4	6	8	10	14
	인구셰티야	1	1	1	1	2	2	3	4	6	6
	한티-만시	7	10	11	13	15	18	22	27	33	32
	야말-네네츠	8	11	13	16	19	22	27	32	38	39
	추콧카	5	8	11	14	15	20	24	28	32	35
명목임금	러시아연방	2	3	4	5	7	9	11	14	17	19
	모스크바	3	5	6	9	11	14	18	24	31	33
	네네츠	5	9	13	16	19	23	29	34	41	44
	다게스탄	1	1	2	2	3	4	5	6	8	9
	인구셰티야	1	2	3	4	4	5	6	7	9	11
	한티-만시	8	13	15	17	20	23	27	32	37	38
	야말-네네츠	9	13	16	20	24	28	32	37	44	46
	추콧카	6	8	14	17	19	23	26	31	38	43

기업체 노동자들의 평균 명목임금 수준도 괄목할만한 성장을 보였는데, 2000년 시점 월평균 명목임금은 5,066루블에 불과하였는데 2009년에는 43,965루블로 늘어 거의 9배로 증가하였다. 2009년 시점 명목임금은 야말-네네츠 자치구(46,481)에 뒤이어 네네츠 자치구가 2위를 차지

48) Росстат, *Регионы России. Социально-экономические показатели* (Москва: 2010), стр. 164-165.

49) Росстат, *Регионы России. Социально-экономические показатели* (Москва: 2010), стр. 164-167.

하고 있으며, 다게스탄 공화국에 비하면 거의 5배에 달하는 수준이다.[50]([표 3] 참조) 이처럼 소득 및 임금이 증대한 것은 동토지대라는 인간이 거주하기에 척박한 환경임에도 석유채굴업을 급성장시킬 필요 속에서 노동 동기를 부여하고 노동력을 최대로 동원하기 위해 나타난 결과라고 할 수 있다.

네네츠 자치구 주민의 소득원 구성을 보면 약 2/3가 임노동(2009년 64.9%)으로 이루어져 있다. 이것은 러시아연방 평균 수준(2009년 41.2%)의 약 1.5배에 달한다. 2008년과 2009년 최근에는 특히 사업 소득의 비율이 급증하고 있는데, 이것은 2005년 10.6%에 비해 상당한 수준으로 늘어난 것이며(2008년은 23.5%, 2009년은 14.9%), 이것은 2009년 시점 러시아 평균치인 약 10%보다도 훨씬 높다. 반면 개인으로부터 얻는 소득은 2009년 1.9%(러시아 평균은 6.5%), 기타 소득(환전, 환송금 등 은폐된 소득 포함)은 9.1%(러시아 평균은 2009년 27.7%)에 불과하기 때문에, 다른 지역에 비해 소득원이 개인 차원이나 불투명한 차원이 아닌 주로 사업과 임노동으로부터 발생하는 투명한 산업적 소득구조를 지니고 있음을 알 수 있다.[51]

수입을 어떠한 용도로 지출하는지 살펴보면 러시아 전체의 평균적인 모습과 역시 다르게 나타나는 부분이 있는데, 2008년 시점 러시아인의 소득에서 전체적으로 상품구매와 서비스요금으로 지출하는 비율이 74.1%인 것에 반해 네네츠 자치구 주민은 23%에 불과하다. 반면 러시아인 전체적으로 소득을 금융자산으로 돌린 비율은 8.9%에 불과하지만, 네네츠 자치구 주민은 62.3%에 달한다.[52] 2009년에도 네네츠 자치

50) Росстат, *Регионы России. Социально-экономические показатели* (Москва: 2010), стр. 166-167.

51) Росстат, *Регионы России. Социально-экономические показатели* (Москва: 2009), стр. 176, (Москва: 2010), стр. 172. 이외에도 네네츠 자치구를 비롯하여 추콧카 자치구, 상트페테르부르크 시, 모스크바 시 등이 경제의 비공식부문 비율이 낮은 것으로 평가된다. ИСЭПН, Указ. соч., стр. 133.

52) Росстат, *Регионы России. Социально-экономические показатели* (Москва:

구 주민의 소득 중 상품구매와 서비스요금의 지출비율은 27%인데 반하여 금융자산으로 돌린 비율은 58.7%에 달한다.[53] 그것은 네네츠 자치구 주민의 소득이 높아도 이곳에서 구입하고 소비할만한 양질의 상품 및 서비스는 이에 미치지 못하는 측면이 있고, 또한 많은 경우 이곳에 거주하는 노동이주민들이 외지로 송금하기 때문에 이러한 현상이 나타나는 것으로 풀이된다.

3.3 사회계층의 분화

네네츠 자치구에서 월평균 25,000루블 이상의 소득을 올리는 주민의 비율은 2009년 시점 65%로서 러시아연방 전체에서 가장 높다. 이것은 모스크바(50.2%), 한티-만시(47%), 야말-네네츠(55.6%), 추콧카 자치구(53.3%)보다도 월등히 높은 것이다.[54]

하지만 네네츠 자치구는 인간이 거주하기에 양호한 지역이 아닌 만큼 최저생계비 역시 높게 나타나고 있다. 2009년 4분기 시점 월평균 최저생계비는 10,271루블로서 이것은 캄찻카 주(10,890루블), 추콧카 자치구(10,818루블) 다음이다. 하지만 소득상승으로 최저생계비 이하의 소득을 올리는 주민의 비율은 7.3%로서 이것은 러시아연방 전체에서 가장 낮은 비율이다.[55]

이처럼 네네츠 자치구는 현재 러시아연방에서 월평균 소득이 가장

2009), стр. 192.

53) Росстат, *Регионы России. Социально-экономические показатели* (Москва: 2010), стр. 188.

54) Росстат, *Регионы России. Социально-экономические показатели* (Москва: 2010), стр. 180-181.

55) Росстат, *Регионы России. Социально-экономические показатели* (Москва: 2010), стр. 182-185. 2008년에는 최저생계비 이하 소득의 주민 비율이 더욱 낮은 5.6%였으며 당시 러시아연방 전체 중 역시 가장 낮은 수치였다. 2008년 금융위기로 인한 경제 불안정으로 말미암아 2009년에는 최저생계비 이하 소득의 주민 비율이 일부 지역에서 상승하였다.

높으며, 최저생계비 이하 소득층도 최소이고, 고소득층의 비율도 가장 높은 것으로 나타난다. 하지만 러시아와 같이 넓은 영토와 다양한 조건의 사회·경제적 상황에 처한 지역군들이 존재할 경우, 각 지역을 단순히 수평적인 수치상으로만 비교해서는 해당 지역의 사회·경제적 상황을 제대로 파악하기 곤란하다. 예를 들어 앞의 [표 3]에서 보는 바와 같이 추콧카 자치구는 2009년 시점 월평균 소득은 러시아연방에서 4위, 명목임금은 3위를 차지할 정도로 주민의 금전적 수입이 높은 곳이다. 하지만 최저생계비 이하 소득층의 비율은 11.3%로서 러시아 평균인 13.2%보다 조금 낮은 수치일 뿐이다. 또한, 캄찻카 주의 경우에도 월평균 소득과 명목임금이 모두 9위를 차지할 정도로 금전적 수입의 수준이 높지만, 최저생계비 이하 소득층의 비율은 무려 23.2%에 달할 정도로 빈곤 현상이 심한 지역이다.[56)]

따라서 이러한 다양한 지역의 사정을 고려하여 해당 주민의 사회·경제적 상황을 좀 더 정확히 파악하는 방법이 그 지역의 최저생계비 대비 소득자들의 분포 비율을 분석하는 방법이다. 한 연구는 해당 지역의 최저생계비 대비 3-4배의 소득을 얻는 사람들을 경계로 중간계층 이상과 이하 집단을 나누고 있다.[57)] 본고는 이를 적용하여 이 경계 이상의 층이 얼마나 분포하는지, 즉 중간계층 이상의 비율이 해당 지역에서 얼마나 되는지를 계산하여 해당 지역 주민의 사회·경제적 상황을 판단할

---

56) Росстат, *Регионы России. Социально-экономические показатели* (Москва: 2010), стр. 164-167, стр. 184-185.

57) Т. Ю. Богомолова, В. С. Таплина, “Экономическая стратификация населения России в 90-е годы: динамический аспект,” *Россия, которую мы обретаем* (Новосибирск: Наука, 2003), стр. 397-414. 이 연구자들은 1990년대 중반부터 2000년까지 사회계층화 현상에 대한 지역 현장조사를 벌였고, 이 연구결과를 통하여 최저생계비 대비 금전수입 소득비율을 경험적으로 분석하여 각 비율에 따라 사회계층들을 분류하였다. 이러한 방법을 동원하여 중간계층 비율의 계산 과정을 자세히 제시한 것은 다음의 논문에서 참고할 수 있다. 최우익, “러시아 중간계층의 지역별 분포와 양상,” 『슬라브학보』, 제 23권 3호 (서울: 한국슬라브학회, 2008).

수 있는 하나의 지표로 삼고자 한다.[58] 이에 따라 2002, 04, 06, 08년에 대한 각 지역별 중간계층의 수치를 계산하고 그 중 유형별로 구분되는 주요 지역들 8곳을 뽑아 정리한 결과가 다음의 [그림 3]이다.[59]

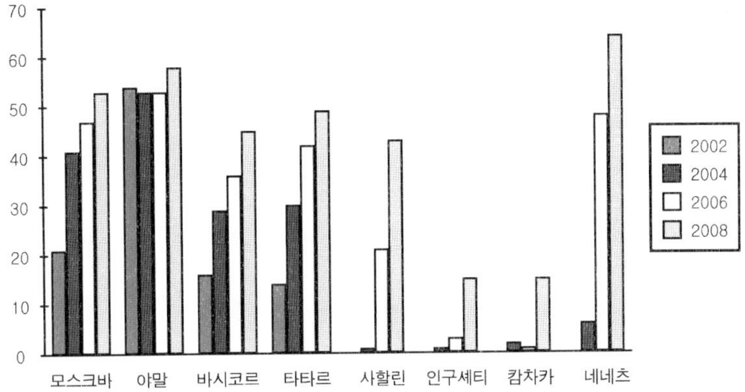

[그림 3] 주요 지역별 중간계층 이상의 비율 추이(단위: %)[60]

[그림 3]에 따르면, 과거부터 러시아의 가장 중요한 석유채굴지 중 하나였던 야말-네네츠 자치구의 경우에는 2000년대 초반부터 중간계층의 비율이 50% 이상이었으며, 모스크바 시 역시 이에 못지않았다. 또한, 2000년대 초반부터 석유 및 가스 채굴지로서 본격적으로 발전한 바시코르토스탄 공화국, 타타르스탄 공화국, 그리고 사할린 주의 경우에도 2000년대 중반 이후 중간계층의 비율이 40% 이상이 되었다.[61] 반면

58) Богомолова & Таплина(2003)의 연구에 따르면 최저생계비 10배 이상의 소득을 올리는 집단을 상층으로 분류하는데, 이 집단의 비율은 약 5% 정도로 추산된다. 이 수치는 그렇게 크지 않은 것이기 때문에 본고에서는 3배 이상의 소득을 올리는 자들을 모두 중간계층으로 포함해 일괄적으로 계산하였다.

59) 본고에서는 네네츠 자치구에서 석유채굴량이 급증한 2000년대 중반을 중심으로 2002년부터 2008년까지 격년으로 통계수치를 계산하였는데, 2010년의 통계수치는 러시아 통계청에서 올해(2011년) 말쯤에 정리되어 발표되기 때문에 본고에서는 2008년까지의 추이만 다루었다.

60) 야말 → 야말-네네츠, 바시코르→바시코르토스탄, 타타르→타타르스탄, 인구셰티 → 인구셰티야

에 인구셰티야 공화국, 캄찻카 주의 경우에는 중간계층의 비율이 2008년 시점에도 15%에 불과하여 가장 빈곤한 지역의 모습을 보이고 있다.[62)]

한편, 네네츠 자치구는 2004년까지만 해도 중간계층의 비율은 6%였는데, 불과 4년 만에 10배 이상인 64%에 달하게 되었다. 중간계층의 확대 양상에서 볼 때 네네츠 자치구는 발전된 석유채굴지와 유사한 모습인데, 그 확대속도가 엄청나게 빠르고 비율도 높다는 점에서 차이가 있다. 따라서 이와 같은 상황을 모두 고려할 때 네네츠 자치구 주민은 다른 지역에 비해 평균 소득이 높을 뿐만 아니라 중간계층 이상의 소득자들이 다수 분포되어 있음을 알 수 있다.

하지만 소득이 높은 지역일수록 빈부격차의 정도가 심하게 나타나는 것이 오늘날 러시아의 지역에서 나타나는 일반적인 사회·경제적 현상 중 하나이다.[63)] 실제로 네네츠 자치구의 지니계수도 상당히 높게 나타나는데, 즉 2008년 모스크바 시(0.521)에 이어 네네츠 자치구의 지니계수는 0.469로서 2위를 차지하고 있으며, 2009년에는 수치가 조금 떨어졌지만, 모스크바 시(0.521), 튜멘 주(0.456), 사마라 주(0.451)에 이어 네네츠 자치구(0.445)는 4위를 차지하고 있다.[64)]

빈부격차의 상황을 알 수 있는 통계지표 중 또 하나가 소득순위 20%

---

61) 2009년 시점 바시코르토스탄(석유 12위, 가스 22위), 타타르스탄(각각 4위와 15위), 사할린(각각 8위와 4위) 등의 석유 및 가스 채굴량의 순위는 러시아연방 전체에서 상위에 속한다. *Росстат, Регионы России. Социально-экономические показатели* (Москва: 2010), стр. 481-482.

62) 인구셰티야 공화국은 남부연방관구 중에서도 사회·경제적 상황이 가장 낙후한 지역 중 하나이며, 캄찻카 주는 인간이 거주하기에는 양호하지 못하여 거주민들의 사회·경제적 발전이 지체된 지역 중 하나이다.

63) 러시아에서 소득수준이 높을 지역일수록 빈부격차가 심화하는 현상에 대한 연구로는 Л. А. Беляева, "Социальная стратификация и бедность в регионах России," *СОЦИС*, № 9. (2006), стр. 52-63. 참조.

64) Росстат, *Регионы России. Социально-экономические показатели* (Москва: 2009), стр. 182-183, (Москва: 2010), стр. 178-179. 일반적으로 지니계수가 0.4 이상이면 빈부격차의 정도가 상당히 높은 것으로 평가된다.

집단별 소득총액의 비율을 계산한 것이다. [표 4]는 2002년부터 2008년까지 격년으로 이에 대한 러시아연방의 평균 수치와 네네츠 자치구의 통계 수치를 모아 놓은 것이다.

[표 4]를 보면 러시아연방 전체적으로 2000년대에 소득 최상위 20% 집단인 5집단의 소득총액의 비율만 계속 증가하였고, 나머지 집단들은 일관되게 소득 비율이 축소되어 왔음을 알 수 있다. 이것은 즉 빈부격차가 점점 심화되고 있음을 뜻한다. 네네츠 자치구 주민도 2000년대 초반과 후반을 비교하였을 때 마찬가지 현상이 나타났다고 할 수 있다. 단, 러시아연방 평균과 비교하였을 때 네네츠 자치구 5집단의 소득총액의 비율이 훨씬 높고, 나머지 네 개 집단의 소득 비율은 모두 더 낮다. 이것은 네네츠 자치구에서 빈부격차 정도가 더 심하다는 것을 뜻한다.

사실 네네츠 자치구에서는 [그림 3]에서도 보았듯이 현재 64%가 중간계층이기 때문에 상위 60%에 해당하는 3집단, 4집단, 5집단이 모두 소득이 높은 집단이라고 할 수 있다. 하지만 [표 4]에서 보듯이 이 내부

[표 4] 소득순위 20% 집단별 소득총액 비율 추이(단위: %)[65]

	연도	1집단	2집단	3집단	4집단	5집단	지니계수
러시아연방	2002	5.6	10.4	15.4	22.8	45.8	0.398
	2004	5.4	10.2	15.1	22.7	46.6	0.407
	2006	5.4	10.1	15.1	22.6	46.8	0.410
	2008	5.1	9.7	14.8	22.5	47.9	0.423
네네츠 자치구	2002	5.2	9.8	14.9	22.6	47.5	0.419
	2004	5.7	10.4	15.4	22.7	45.8	0.398
	2006	4.7	9.3	14.3	22.3	49.4	0.440
	2008	4.2	8.5	13.6	21.9	51.8	0.469

비고: 1집단-빈곤층, 5집단-부유층

65) Росстат, *Регионы России. Социально-экономические показатели* (Москва: 2003), стр. 144-145, (Москва: 2005), стр. 160-161, (Москва: 2007), стр. 172-173, (Москва: 2009), стр. 182-183.

에서도 5집단과 나머지 집단 간의 소득격차 현상은 심화되고 있음을 알 수 있다. 따라서 네네츠 자치구가 다른 지역에 비해서 전체 주민의 소득이 향상되고 있고, 또한 중간계층의 비율도 두텁고 빠르게 늘어가고 있지만, 동시에 그 내부에 상대적인 빈부격차 현상 역시 심화되고 있음을 알 수 있다.

3.4 기타 사회·경제적 지표

네네츠 자치구는 사회·경제적 지표로 볼 때 극단적으로 대비되는 분야가 많이 나타나고 있는데, 그러한 몇 가지 예만 간추려 보면 [표 5]와 같다.

[표 5]에 따르면, 네네츠 자치구는 러시아연방 중 가장 적은 인구를 가지고 있고, 학생의 수 또한 가장 적은 지역에 속한다. 네네츠 자치구에는 독립적인 고등교육기관이 없고 주변 대학의 지부 몇 개가 존재할 뿐이다. 따라서 양호한 교육환경을 조성하고 있지 못하다. 늪지가 많아

[표 5] 네네츠 자치구 주요 사회·경제적 지표 순위(러시아 연방 중)66)

사회·경제 분야	2008년 순위	2009년 순위
인구의 수	84	83
취업률	10	12
업체 근로자의 평균 명목임금	2	2
인구 천 명당 개인 승용차 수	71	67
인구 만 명당 고등교육기관의 학생 수	82	-
유용광물 채굴량	16	10
제조업 생산량	80	80
전기, 가스, 물 공급량	82	82
농업생산량	80	80
인구 1,000명당 주택부지 공급량	1	2
자동차도로 보급률	71	65
1인당 세금의 예산 반영률	1	1
1인당 자본투자율	1	1

66) Росстат, *Регионы России. Социально-экономические показатели* (Москва: 2009), стр. 34-35, (Москва: 2010), стр. 34-35.

서 자동차도로가 많이 건설되지 못하였고, 개인 승용차 보급량도 적은 편이다. 겨울에 강과 늪지의 물이 얼면 얼음판 위의 임시도로를 따라 자동차가 통행할 수 있다. 또한, 전기, 가스, 물 공급량이 부족하고, 농업생산량도 기후적 여건 때문에 열악한 상태이다. 석유나 가스의 채굴량은 많지만 대부분 외부에서 재처리되며 가공된 가스나 석유는 네네츠 자치구도 수입하여 쓰는 형편이다.

하지만 러시아연방 중 세금이 가장 높은 비율로 예산에 반영되며, 이 중 주택부지 공급률도 1위를 차지하고 있다. 자본투자율도 러시아연방에서 1위를 차지하고 있으며, 석유와 가스를 중심으로 한 유용광물의 총 채굴량 역시 높은 순위를 차지하고 있다.

4. 결 론

네네츠인은 툰드라 지대에서 자연경제를 유지하며 수 세기 동안 러시아 제정의 지배를 받아오다가, 20세기에는 소비에트 체제에 의해 사회주의적 근대화 과정을 겪었으며, 러시아인을 중심으로 한 외부로부터의 이주민들과 함께 네네츠 자치구에 정착하게 되었다. 그런데 최근 개혁기에는 석유채굴업의 급속한 발전으로 엄청난 사회·경제적 격동이 네네츠 자치구 주민 사이에서 일어나게 되었다.

네네츠 자치구는 이제 경제개혁과 더불어 석유채굴이라는 국가의 기간산업 지역이 된 것이다. 또한, 향후 북극해 항로가 활성화 될 때 러시아의 북방과 세계를 연결하는 중요한 통로가 될 수 있을 것이다. 하지만 동시에 이 과정에서 나타나는 여러 가지 사회현상이나 문제가 이곳에서 나타나고 있다. 예를 들어 소수민족의 인권 및 생활지역 파괴, 개발에 따른 환경오염, 소득증대 이면에 있는 빈부격차의 심화, 급속한 산업화에 따른 문화적 마찰, 중앙과 지방의 갈등 등 현재 러시아가 안고 있는 여러 가지 사회문제가 이곳에서 집약적으로 나타나고 있다.

네네츠 자치구의 총생산에서 석유채굴이 차지하는 비중은 약 70%이며, 약 25%의 인구가 이 분야에 직접 종사하고 있다. 전체 인구에서 노동가능연령대의 비율이 다른 지역에 비해 높으며, 반면 연금생활자의 비율은 낮아서 젊은 층의 노인부양 부담이 적은 편이다. 2009년 시점 주민의 월평균 소득 수준은 러시아연방에서 가장 높다. 또한, 주민들은 사업과 노동 중심의 비교적 투명하고 생산적인 소득원을 가지고 있으며, 소득 중 60%를 금융자산으로 전환하는 것으로 밝혀지고 있다. 네네츠 자치구의 최저생계비는 높지만 그 이상의 소득수준 때문에 주민의 2/3는 중간계층에 포함된다고 평가할 수 있다. 하지만 최상층에 소득이 더 집중되는 현상이 계속 심화되고 있기 때문에 상대적인 빈부격차 현상은 날로 심각해지는 상황이다.

네네츠 자치구에는 이제 고임금과 고소득이 보장되는 일자리와 사업체가 늘었지만, 이것이 오랫동안 자연 상태를 유지하며 삶을 영위했던 네네츠인, 그리고 이곳 정착민들의 운명을 앞으로 어떻게 바꾸어 놓을지 아직 누구도 예측할 수 없다. 네네츠 자치구 주민의 사회·경제적 변화와 특성은 사실 기존에 이미 발전한 석유 및 가스 채굴지역과 유사한 양상을 보인다고 할 수 있지만, 현재 그 변화의 속도는 이들 지역을 앞서고 있다. 따라서 네네츠 자치구에 대한 연구는 이제 다른 유사한 지역들의 미래를 예측할 수 있는 하나의 시금석이 될 수 있을 것이다.

본고는 기본적으로 통계자료에 의존하여 네네츠 자치구 주민의 사회·경제적 변화 과정을 분석하였다. 하지만 이것은 대상 지역의 외관에 대한 일차적인 분석에 머물며, 더 내면의 역동적인 모습을 분석하기 위해서는 앞으로 다음과 같은 연구들이 진행되어야 할 것이다. 예를 들어 네네츠 원주민들의 역사와 동화과정, 그리고 20세기 근대화 과정에 대한 이들의 갈등과 적응, 러시아인을 중심으로 한 외부이주민의 유입과 정착, 그리고 네네츠인과의 관계, 정부정책, 환경오염과 생태계 파괴,

다른 유사 지역과의 비교 등과 같은 주제들이다. 이러한 연구들이 병행될 때 21세기 러시아의 가장 뜨거운 지역 중 하나인 네네츠 자치구와 그 주민에 대한 실체를 정확히 그려낼 수 있을 것이다.

참고문헌

권세은 외. 『북서연방지구』. 서울: 경희대학교출판국, 2006.

최우익. "러시아 중간계층의 지역별 분포와 양상." 『슬라브학보』, 제23권 3호. 서울: 한국슬라브학회, 2008.

Беляева, Л. А. "Социальная стратификация и бедность в регионах России." *СОЦИС*, № 9. (2006).

Богомолова, Т. Ю., Таплина В. С. "Экономическая стратификация населения России в 90-е годы: динамический аспект." *Россия, которую мы обретаем*. Новосибирск: Наука, 2003.

Богоявленский, Д. Д. "Вымирают ли народы севера?" *СОЦИС*, № 8, (2005).

Глушкова, В. Г., Винокуров, А. А. *Введение в экономическую географию и региональную экономику России.* Москва: Издательство ВЛАДОС-ПРЕСС, 2003.

Голубицкая, М. В., Санин, И. И. *Социально-экономическое положение регионов России*. Москва: Издательство ≪Сатурн-С≫, 2001.

Зубаревич, Н. В. *Социальное развитие регионов: Проблемы и тенденции переходного периода*. Москва: Книжный дом ≪ЛИБРОКДОМ≫, 2003.

ИСЭПН(Институт социально-экономических проблем народонаселения РАН). *Россия в глобализирующемся мире: социальные аспекты*. Москва: ИСЭПН РАН, 2006.

Климанов, В. В. *Региональное развитие и экономическая самостоятельность*. Москва: Эдиториал УРСС, 2000.

Климанов, В. В. *Региональные системы и региональное развитие в*

России. Москва: Эдиториал УРСС, 2003.

Коловангина, М. М. "Ненецкий округ: первое десятилетие." *Особенности социально-экономического и культурного развития в 30-е годы 20 века*. Нарьян-Мар: ООО РПК ≪Орел медиа≫, 2009.

Коловангина, М. М. "К вопросу об индустриальном строительстве в Ненецком округе в 30-е годы 20 века." *Арктические перспективы 21 век*. Нарьян-Мар: Издательский дом ≪Нарьян-Мар≫, 2010.

Медведева, Г. Б. "Включение территорий Крайнего Севера в общую систему государственного устройства СССР-РФ. 1929-2000-е гг(на материалах Ненецкого округа)." *Арктические перспективы 21 век*. Нарьян-Мар: Издательский дом ≪Нарьян-Мар≫, 2010.

Морзовая, Т. Г. *Экономическая география России*. Москва: ЮНИТИ-ДАНА, 2002.

Росстат. *Регионы России. Основные характеристики субъектов Российской Федерации*. 2010.

Росстат. *Регионы России. Социально-экономические показатели*. 2003, 2005, 2007, 2009, 2010.

Росстат. *Российский статистический ежегодник*. 2009, 2010,

Рязанцев, И. П., Халиков, М. С. *Экономическая социология: Региональный аспект*. Москва: Академический Проект, 2005.

Сидоров, М. К. *Социадьно-экономическая география и регионалистика России*. Москва: ИНФРА-М, 2002.

Туйску, Туула. "Будущее северных поселков в Салле(Финляндия) и ненецком округе(Россия)." *Арктические перспективы 21 век*. Нарьян-Мар: Издательский дом ≪Нарьян-Мар≫, 2010.

Andreyeva, Elena N. & Kryukov, Valery A. "The Russian model: Merging and sustainability." *Arctic Oil and Gas: Sustainability at risk?* London and New York: Routledge, 2009.

Autonomous Okrugs of Russia: Chukotka Autonomous Okrug, Khanty-Mansi Autonomous Okrug, Yamalo-Nenets Autonomous Okrug, Nenets Autonomous Okrug. Memphis, Tennessee: Books LLC, 2010.

Forsyth, James. *A history of the peoples of Siberia: Russia's north Asian*

colony. Cambridge: Cambridge University Press, 2000.
Golovnev, Andrei V. & Osherenko, Gail. *Siberian survival: the Nenets and their story*. Ithaca and London: Cornell University Press, 1999.
Gutman, Garik & Reissell, Anni. *Eurasian Arctic Land Cover and Land Use in a Changing Climate*. New York: Springer, 2011.
Hovelsrud, Grete K. & Smit, Barry. *Community Adaptation and Vulnerability in Arctic Regions*. New York: Springer, 2010.
Mikkelsen, Aslaug & Langhelle, Oluf. *Arctic Oil and Gas: Sustainability at risk?* London and New York: Routledge, 2009.
Nenets Autonomous Okrug: Nenets People, Vaygach Island, Pechora River, Pechora Sea, Kolguyev, Yugorsky Peninsula, Dolgy Island, Selkup. Memphis, Tennessee: Books LLC, 2010.
Young, T. Kue & Bjerregaard, Peter. *Health Transitions in Arctic Populations*. Toronto: University of Toronto Press, 2008.

인터넷

http://en.wikipedia.org/wiki/Nenets_Autonomous_Okrug (검색일: 2011.02.27)

제 17 장

국경지대의 언어 문제: 카렐어의 공식 지위에 대하여*

정하경

1. 서 론

민족어 진흥운동은 소비에트 시대 후반의 강력한 러시아어화 정책에 대한 반동적 현상으로서 소련 붕괴 직전부터 현재에 이르기까지 구 소비에트 지역 전역에서 활발히 전개되어 왔다. 현재 러시아연방의 모든 공화국은 명목민족의 언어, 곧 명목어를 러시아어와 더불어 공식 국가어(государственный язык)로 채택하고 있다. 여기에 단 하나의 예외가 있는데, 그것은 곧 핀란드와 접해있는 카렐리야 공화국이다. 카렐리야 공화국은 21개 공화국 중 명목어가 국가어가 아닌 유일한 공화국이다.

러시아 자치공화국에서 언어의 공식적 지위는 정치적으로 매우 중요

---

* 본 글은 「슬라브어 연구」 제17권 1호(2012년 2월)에 출판된 영문논문 "Language in a Borderland: On the Official Status of Karelian Language"를 번역, 수정한 것이다.

하다. 국가어는 기, 문장, 국가와 더불어 국가 체계의 상징 중 하나이며, 그 나라를 구성하고 이름을 부여한 명목민족에 대한 예우의 표지이기도 하다. 또한, 언어의 공식 지위는 그 언어가 보급되고 개발되는 데 큰 역할을 한다. 왜냐하면, 지위가 곧 그 언어가 사용되는 기능적 영역의 폭과 언어보존 및 진흥을 위한 정부의 지원 수준을 결정하기 때문이다. 본 논문에서는 왜 카렐어가 국가어의 지위를 부여받지 못했는지 살펴보도록 할 것이다.

카렐리야 공화국의 예외적 상황의 직접적인 원인은 단일한 카렐어 문어규범의 부재와 기능적, 인구학적으로 제한된 카렐어의 사용범위라고 할 수 있다. 이것은 소비에트 언어계획정책의 실패로부터 초래된 상황이며, 이는 또한 핀란드와 소련 간 국경지대에 위치하여 세 언어(러시아어, 핀란드어, 카렐어)가 경쟁할 수 밖에 없었던 카렐리야의 지정학적 특수성에 기인한다. 필자는 국경지대라는 조건이 과거에 카렐어의 발전을 저해했던 것과는 대조적으로 미래에는 오히려 카렐어의 보존과 진흥에 긍정적으로 작용할 수 있을 것이라고 본다.

본 논문에서는 "전 러시아 센서스(Всероссийская перепись населения)"와 같은 연방정부 문건과 카렐리야 공화국의 법령, 그리고 지역 신문들(*Карелия официальная*, *Карельская губернiя*, *Курьер Карелии*, *Столица на Онего*, *Северный Курьер*) 같은 1차 자료를 사용하였다.

2. 카렐리야 공화국의 현재 언어상황

카렐리야(핀란드어 및 카렐어로는 *Karjala*)는 무르만스크 주 옆 핀란드-러시아 국경지대에 자리 잡고 있는 북부 지역으로, 현재 러시아의 카렐리야 공화국, 러시아의 레닌그라드 관구, 그리고 핀란드로 나뉘어 속해 있다. 명목어인 카렐어는 우랄어족의 핀어 계통에 속하며 러시아

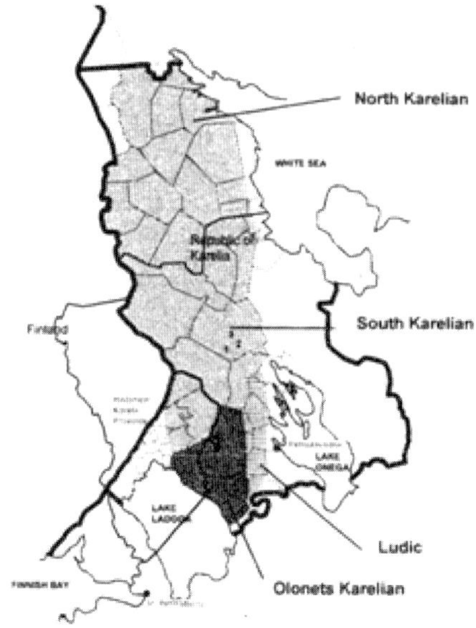

[지도 1] 카렐어의 방언들[1)]

에서는 카렐리야 공화국과 트베리 카렐리야 마을에서 사용된다. 카렐리야 공화국에는 카렐어 외에 러시아어와 벱어, 핀란드어 등 여러 언어들이 사용되고 있다. 카렐리야 공화국에서 카렐어는 세 개의 주된 방언 그룹으로 나누어진다. 정통 카렐어(북, 남 카렐어 및 트베리 방언), 올로네츠 카렐어(리비크 방언), 그리고 루드 카렐어가 그것이다(지도 1 참조). 이 그룹들은 어느 정도 상호 의사소통이 가능하지만, 방언색이 심한 지역에서는 서로 이해가 불가능할 정도로 다른 언어들이다. 카렐어는 또한 핀란드에서도 사용된다. 2차대전 이후 소련 영토가 된 핀란드령 카렐리야에서 도망쳐 나온 카렐리야 이주민들은 핀란드 곳곳에 재정착했다. 현재 핀란드에는 옛 핀란드령 카렐리야에 뿌리를 두고 있는 이주민들이 약 100만 명에 이르고 있으며 카렐어를 사용하는 인구 또

1) Anneli Sarhimaa, “The Divisive Frontier: The Impact of the Russian-Finnish Border on Karelian,” *International Journal of the Sociology of Language*, Vol. 145 (2000), p. 155.

[표 1] 21개 공화국의 인구조사 데이터 (2002년 러시아 센서스에 근거)

공화국	명목민족 인구	공식국가어	러시아인 인구	전체 인구
Adygea	Adyghe (24.2%)	Russian, Adyghe	64.5%	447,000
Altai	Altay (33.5%)	Russian, Altai	57.4%	203,000
Bashkortostan	Bashkir (29.8%)	Russian, Bashkir	36.3%	4,104,000
Buryatia	Buryat (28.1%)	Russian, Buryat	67.8%	981,000
Chechnya	Chechen (93.5%)	Russian, Chechen	3.7%	1,104,000
Chuvashia	Chuvash (67.7%)	Russian, Chuvash	26.5%	1,314,000
Dagestan	10개 토착민족 (86.6%)	Russian, 토착민족어들	4.7%	2,577,000
Ingushetia	Ingush (77.3%)	Russian, Ingush	1.2%	467,000
Kabardino-Balkaria	Kabard, Balkar (67%: 55.3/11.6)	Russian, Kabardian, Balkar	25.1%	901,000
Kalmykia	Kalmyk (53.3%)	Russian, Kalmyk	33.6%	292,000
Karachay-Cherkessia	Karachai, Cherkess (50%: 38.5/11.3)	Russian, Abaza, Cherkess, Karachay, Nogai	33.6%	439,000
Karelia	Karelian (9.2%)	Russian	76.6%	716,000
Khakassia	Khakas (12.0%)	Russian, Khakas	80.3%	546,000
Komi	Komi (25.2%)	Russian, Komi	59.6%	1,019,000
Mari El	Mari (42.9%)	Russian, Mari	47.5%	728,000
Mordovia	Mordvinian (31.9%)	Russian, Mordvinian (Moksha/Erzya)	60.8%	889,000
North Ossetia-Alania	Ossetian (62.7%)	Russian, Ossetic	23.2%	710,000
Sakha (Yakutia)	Yakut (45.5%)	Russian, Sakha	41.2%	949,000
Tatarstan	Tatar (52.9%)	Russian, Tatar	39.5%	3,779,000
Tuva	Tuvan (77.0%)	Russian, Tuvan	20.1%	306,000
Udmurtia	Udmurt (29.3%)	Russian, Udmurt	60.1%	1,570,000

한 5천여 명 된다.

전술한 바와 같이, 카렐리야 공화국에서 카렐어는 국가어의 지위를 부여받지 못하고 있다. [표 1]에 제시된 2002년 센서스의 인구조사 데이터를 살펴보면, 다른 공화국들과 비교하여 현재 카렐리야의 언어상황이 어떠한 것인지 쉽게 파악할 수 있다.

[표 1]에 따르면 러시아 연방 21개 공화국 중 카렐리야의 명목민족 인구 비율이 9.2%로 가장 낮다. 카렐리야 공화국의 카렐족 인구는 66,000명이 채 못 되는 규모로, 65,000명의 명목민족인구를 가지고 있는 하카시야 공화국 뒤를 이어 두 번째로 가장 적다. 한편, 카렐리야의 러시아인 비율은 76.6%로 공화국 중 두 번째로 높다. 2002년 센서스에 따르면, 카렐리야 공화국에서 카렐어를 할 줄 아는 사람은 오직 35,086명에 불과했다.[2)] 이 중에서 카렐족은 31,794명으로 공화국 내 카렐인 인구의 절반에도 미치지 못한다. 주지해야 할 점은 이러한 수치가 "당신이 모국어로 생각하는 언어가 무엇인가?"라는 질문에 대한 것이 아니라 "어떤 언어를 할 줄 아는가?"라는 질문에 대한 결과라는 것이다. 이로부터 카렐어를 모국어로 받아들이는 카렐인의 수는 31,794명보다 적으리라고 추론해 볼 수 있다. 크류츠코바에 의하면, 2002년에 민족과 모국어의 일치는 전 카렐인 중 26.6%에서만 나타났는데,[3)] 이는 1989년 센서스에서 48.6%의 카렐인이 카렐어를 모국어로 인정한 것에 비하면 급격히 감소한 수치이다. 이미 1989년에 카렐인의 51.2%가 러시아어를 모국어로 인정했는데, 이는 다른 공화국의 상황과 극명한 대조를 이룬다. 예를 들어 1989년 센서스에서 코미인 중 28.9%와 우드무르트인의 29%만이 러시아어를 모국어로 인정한 것과 확연한 차이를 보여준다. 이러한 수치들은 곧 민족적으로 자신을 카렐인으로 여기는 사람들마저

---

2) 2002년도 센서스에서 모국어에 대한 질문은 제외되었다. 비록 연방 헌법은 정부가 연방 내 다양한 민족들의 언어와 문화를 지원한다고 명시하고 있으나, 이와 같은 센서스 질문 변화는 민족들의 통합과 동화 지향적인 연방정부의 언어정책 방향을 지시하는 것으로 볼 수도 있다.

3) T.B.Kriuchkova, "Effective Language Politics: The Case of Karelian." Presented at the World Congress on Language Politics (Barcelona, April 16-20, 2002).

도 카렐어를 모국어로 생각지 않는 경향을 보여준다.

그러나 보다 적은 원어민과 보다 많은 러시아인이라는 카렐리야의 인구상황이 반드시 명목어의 국가어 지위 결여와 직결되는 것은 아니다. 하카시야 공화국의 경우 하카스인의 수는 카렐인만큼이나 적지만 하카스어는 러시아어와 더불어 이 공화국의 국가어로 채택되어 있다. 한편, 핀란드어는 매우 적은 사용인구에도 불구하고 1917년에서 1937년까지 카렐리야의 국가어로 사용된 바 있다.

카렐어가 국가어의 지위를 부여받지 못하고 있다는 현재 상황은 공시적인 통계적 수치보다는 통시적인 관점에서 이해의 실마리를 찾을 수 있다. 이 상황은 소비에트 시대의 언어계획정책 실패로부터 그 근원을 찾아야 한다.

3. 카렐리야 국경지대의 언어정책 변동의 역사

13세기에서 18세기에 이르기까지 카렐리야 지역은 러시아와 스웨덴이 번갈아가며 점유했다. 앞으로 살펴볼 소비에트 시기의 국경 변동과 더불어, 이러한 국경변화의 역사는 이 지역에 제도적 정체성과 구별되는, 상대적으로 강하고 지속적인 지역 정체성, 곧 공식 국경을 초월하여 뻗어 있는 땅의 주민이라는 의식을 이 지역 주민들에게 심어 주었을 가능성이 있다. 실제로, 소비에트 러시아와 핀란드 간 국경이 타르투 평화조약에 의해 재정립되기 전까지 카렐리야-핀란드 국경은 단지 형식적일 뿐이었고 국경지대 주민들이 일상생활을 영위하는 데 있어 아무런 실질적 장벽이 되지 못했다.[4] 이 지역에 대한 연구에서 자주 지적되듯

4) Anssi Paasi, *Territories, Boundaries and Consciousness: The Changing Geographies of the Finnish Russian Boundary* (Chichester: John Wiley & Sons, 1996), pp. 167-169.

이, 이러한 유형의 지역 정체성은 정치적 선동, 잃어버린 고향에 대한 애착, 상업적 전략 등 다양한 이유로 핀란드-러시아 국경의 양쪽 너머에서 아직도 지속되고 있다.[5] 5장에서 논의하겠지만, 이러한 초국가적 지역 정체성은 현재와 미래에 카렐어를 발전시키고 보존하는 데 기여할 수 있을 것으로 보인다.

소비에트 시대에 다른 국경지역과는 달리 카렐리야에는 러시아어 외에 두 개의 언어가 공식어의 지위를 두고 경쟁했다. 토착민족의 언어인 카렐어와 때로 반동 파시스트의 언어로 여겨졌던 핀란드어가 바로 그 두 언어이다. 카렐어가 비록 핀란드어의 방언이기는 하지만 1931년 이후부터는 핀란드어와 구별되는 독립적 언어로 인식되었다. 카렐리야가 자본주의 국가 핀란드와의 국경지역에 위치해 있다는 사실은 소비에트 시기에 카렐어의 운명의 향방에 중요한 역할을 했다. 무엇보다도, 핀란드와 관련한 정치적 상황에 민감하게 반응하여 변했던 언어정책과 국경변화는 카렐 문학어의 일관성 있는 발전을 방해했다. 피욜리의 조사에 나타난 바와 같이 카렐인들 스스로도 변덕스러운 소비에트 정책을 현재 카렐리야 언어상황의 주된 원인으로 꼽고 있다.[6]

3.1 표준 핀란드어 시기(1917–1937)[7]

1917년 혁명 당시 카렐리야의 소비에트 지도자들이 당면한 가장 급박한 언어문제는 90%에 육박하는 높은 문맹률이었다(10.4 %[8]). 소비에트 언어정책의 전반적 방향은 레닌의 민족자결주의에 따라 각 민족

5) 관련된 논의에 대해서 위의 책 129-131쪽을 참조하라.

6) Raija Pyoli, "Karelian under Pressure from Russian—Internal and External Russification," *Journal of Multilingual and Multicultural Development*, Vol. 19, No. 2 (1998), p. 133.

7) 본 논문의 시대 구분은 사르히마(Sarhimaa 1996)의 구분을 따른 것이다.

8) И.П.Покровская, *Население Карелии* (Петрозаводск: Карелия, 1978), стр. 22-26, 88.

이 자체의 언어와 문화를 부흥시키는 것이었다.[9] 하지만 동시에, 소비에트의 민족정책은 민족 동화를 목표로 하는 것이기도 했다. 따라서 문맹률을 낮추기 위해 문어가 없었던 소수민족들은 보다 발전된 언어와 문화에 동화되는 것이 장려되었다. 이러한 맥락에서, 새로이 성립된 카렐리야 노동위원회는 표준 핀란드어를 러시아어와 더불어 카렐리야 공화국의 행정어로 지정했다. 핀란드어 화자의 수가 적었음에도 불구하고 핀란드어가 카렐어를 제치고 공식어의 지위를 차지하게 된 것은 카렐리야 방언들이 서로 소통 불가능했고, 카렐어의 문어 규범이 부재했으며, 또 카렐어는 핀란드어의 방언에 불과하다는 인식이 팽배했기 때문이었다. 1918년 핀란드 조국전쟁 후 많은 핀란드 공산주의자들이 카렐리야로 피신해 왔다. 이는 핀란드어의 사용을 더욱 강화하는 역할을 했다. 1920년대에 핀란드어화 경향은 더욱 심해졌다. 1929년 카렐리야 당국은 핀란드어를 교육 언어로 지정하였다.[10] 문맹률 퇴치 캠페인은 북부 카렐리야에서는 핀란드어를 바탕으로, 남쪽에서는 러시아어 위주로 진행되었다.

1930년대 초, 핀란드와 소련 간 관계는 급속히 냉각되었다. 핀란드어는 자본주의 국가 핀란드와 연계되고 핀란드의 카렐리야 합병을 주장하는 소위 '대-핀란드주의자'들과 결부되었다. 1931년 부브리흐(Д. В. Бубрих)를 필두로 한 일단의 소비에트 학술원 언어학자들은 표준 핀란드어화 정책에 정면으로 반대하기 시작했다. 부브리흐는 카렐어가 핀란드어와 계통적으로 같지만 표준 핀란드어는 카렐어와 매우 상이하기 때문에 카렐인들이 이해할 수 없으며, 따라서 러시아어화가 많이 진행된 카렐어의 표준문법은 핀란드어가 아니라 러시아어를 기반으로 만들어져야 한다고 주장했다.[11] 1935년에서 1938년에 이르는 동안 핀란드

9) Lenore Grenoble, *Language Policy in the Soviet Union* (Dordrecht: Kluwer Academic Publishers, 2003), pp. 35-38.

10) Esa Anttikoski, "Sovettisuomi? Kielenohjailua Neuvosto-Karjalassa." Ms., Department of Russian, University of Joensuu (Finland, 1993), p. 40.

인에 대한 정치적 박해가 카렐리야 전역을 휩쓸고 지나갔다. 핀란드어의 사용영역은 급격히 줄어들었다. 1937년 카렐어가 공식어로 선언되었고 곧 뒤를 이어 키릴문자를 사용하여 카렐어 표준문법을 제정하도록 하는 결의안이 채택되었다.[12)]

3.2 표준 카렐어 시기(1938-1940)

1938년이 시작되자마자, 핀란드어는 카렐리야에서 완전히 그 지위를 박탈당했다. 대신 러시아어가 모든 학교에서 필수과목이 되었다. 1937년 부브리흐는 키릴문자를 사용한 카렐어 문법을 출판해 냈다. 이후 다른 방언들도 이 문법에 통합해 넣고자 하는 움직임으로 인해 부브리흐가 처음에 만들었던 표준문법과는 매우 다른 문법이 나타났다. 이 표준어에는 러시아어 차용어가 대거 포함되었고, 카렐어의 복잡한 격체계는 단순화되어 12격이 9격으로 줄어들었다. 어휘 체계는 전반적으로 강한 러시아어화 경향을 보이고 있었다.[13)] 일례로 안티코스키의 계산에 따르면, 1939년 6월 한 달 동안 카렐어 신문 「소비에트 카렐리야」(*Sovetskoi Karelija*)에 사용된 모든 단어 중 60퍼센트가 러시아어 차용어였다.[14)]

이 인공적 언어로 1938년과 1940년 사이에 200여 권의 책이 출판되었다. 그러나 이 급조된 언어는 일상생활에서 대중의 지지를 결코 얻지 못했다. 가장 중요한 이유는 이 언어가 카렐리야 방언들 중 어떤 것도

---

11) Д.В.Бубрих, *Какой язык—тверским карелам?* (Ленинград: ЛОИКФУН, 1931); *Карелы и карельский язык* (Москва: Издательство Мособлисполкома, 1932).

12) Paul Austin, "Soviet Karelian: the Language that Failed," *Slavic Review*, Vol. 1 (1992), pp. 16, 21-22.

13) Ibid., pp. 23-24.

14) Esa Anttikoski, "The Problem of the Karelian Literary Language in the 1930's and the 1990's," Presented at the conference "Sociolinguistic problems in different regions of the world" (Moscow, Oct 22-24, 1996).

제대로 표방하고 있지 못하다는 것이었다. 또한, 키릴문자로는 카렐어 소리체계를 정확하게 표현해낼 수가 없었다. 마지막으로, 인위적인 문법형태와 러시아어화된 어휘 때문에 이 새로운 언어는 어떤 방언의 카렐어 화자에게도 이해 불가능한 것이었다. 결국, 이 언어는 일상생활에 사용되지 못하고 사라지게 되었다.

3.3 표준 핀란드어 복권 시기 (1940-1944)

표준 카렐어 시대는 1940년 러시아와 핀란드 간의 겨울전쟁(1939-1940)이 끝나고 러시아어와 더불어 핀란드어가 공식어로 복귀하면서 끝났다. 핀란드어화 정책이 재개되었고 핀란드어로 다시 책이 출판되기 시작했다. 핀란드어 학교가 어느 정도 다시 세워졌다. 1947년 페트로자보츠크 국립대학에 핀-우그르어 학과가 개설되었다. 1941년 4월부터 1944년 중반까지 핀란드의 카렐리야 점유시기 동안 핀란드어는 공식어로 사용되었다. 점령된 지역은 오네가 호수 서쪽의 소비에트 카렐리야의 대부분을 차지했다. 핀란드 군사정부의 궁극적 목표는 "탈카렐리야화," 곧 카렐리야 주민들을 핀란드의 문화적, 정치적 생활양식에 동화시키는 것이었다. 핀란드어는 점령지역에서 교육 분야의 유일한 언어로 지정되었다.[15)]

3.4 적극적인 러시아어화 시기 (1944-1991)

2차대전이 끝나자 카렐리야에서 핀란드어의 위치는 다시 급속히 약화되었다. 1954년 러시아어가 핀란드어를 대신하여 교육 언어가 되었다. 핀란드어 학교의 수는 1950년 160개에서 1956년 27개로 급감하였다. 1958년 새로운 교육 법안이 통과되면서, 카렐리야의 모든 학교들에서 러시아어만으로 가르치게 되었고, 페트로자보츠크 국립대학의 핀-우

15) Paul Austin, op. cit, p. 32.

그르어 학과는 폐지되었다.

이 시기 동안 핀란드어의 기능적 영역은 많이 줄어들었으나 카렐리야 공화국에서 핀란드어는 여전히 행정 영역에서 사용되었다. 1960년대와 1970년대 러시아어화 정책이 소련 전역에서 강화되었다. 1960년대 중반 소련과 핀란드 사이의 정치적, 경제적 접촉이 정상화되면서, 페트로자보츠크 대학의 핀란드어 학과 재개설(1963) 등 일부 핀란드어 프로그램이 다시 카렐리야에 복구되었다. 1968년에는 카렐리야에 핀란드어가 선택 외국어 과목이 되었다. 1970년대와 1980년대에는 더 이상 카렐리야에 체계적인 언어계획 프로그램이 시행되지 않았다. 이는 비-러시아인 인구가 급격히 러시아화 되어갔기 때문이다.[16)]

지금까지 필자는 특정 언어 위주의 변덕스러운 언어 정책이 소비에트 카렐리야에 특징적 현상이었음을 보였다. 그 주된 원인은 카렐리야가 핀란드와 이웃하고 있었고, 핀란드가 어떤 때는 발전된 문어적 전범으로 취급되었지만 어떤 때는 부르주아의 언어로 부정적으로 인식되었다는 데 있다. 두 경우 모두 카렐어가 충분히 개발될 수 있는 기회를 잠식하는 역할을 했다. 만약 카렐리야 공화국이 서구 국가와 국경을 마주하지 않았더라면 카렐어가 균형잡힌 발전을 이룰 가능성이 더 많았을 것이다. 정치적 상황에 따라 변덕스럽고 종종 성급히 시행된 언어 정책은 결국 카렐어의 안정적인 문어 근간 형성을 저해했다.

4. 탈소비에트 시대의 언어상황(1991-2011)

페레스트로이카와 글라스노스트는 정치적, 사회적으로 더 느슨한 분위기를 가져다주었고, 그에 따라 소수민족과 그 언어에 정부기관의 지

16) Esa Anttikoski, "Sovettisuomi? Kielenohjailua Neuvosto-Karjalassa." Ms., Department of Russian, University of Joensuu (Finland, 1993).

원이 시작되었다. 1990년 7월 카렐리야 공화국은 러시아로부터 독립을 선언했고, 토착민족어인 카렐어와 벱어는 러시아어, 핀란드어와 더불어 행정어로 인정되었다. 카렐어에 새로운 표준문법을 만들고자 하는 움직임이 일어나 서로 다른 방언에 근간한 두 개의 문어가 만들어졌다.

소비에트 시기와 비교하여 주목할 만한 변화는 현재 카렐어의 진흥을 위해 노력하는 것이 핀란드인이나 러시아인이 아니라 카렐인 자신들이라는 것이다. 카렐어를 되살리는 데, 가능한 한 많은 방언을 통합하는 문어 표준 제정과 문학, 언론 및 삶의 다양한 영역에서 카렐어를 적극적으로 사용하는 것이 중요하다는 인식이 카렐인들 사이에 확산되었다.

탈소비에트 카렐리야에서 언어와 민족문제에 관련한 가장 중요한 화두는 카렐어가 러시아어와 더불어 국가어로 채택되는가이다. 앞서 말한 바와 같이, 카렐리야 공화국은 러시아 연방 21개 공화국 중 명목어가 국가어로 채택되지 않은 유일한 공화국이다. 앞서 말한 바와 같이 공식국가어의 지위는 그 언어 사용 민족에 대한 정치적, 사회적 대우와 직결되어 정치적으로 중요한 의미를 지닌다. 이는 카렐어를 제2의 국가어로 인정하는 것을 골자로 한 1998년 법안을 지지했던 공화국 의회 의장인 이반 알렉산드로프의 말에 잘 나타나있다:

> 만약 우리가 카렐리야 공화국의 독립국가 지위를 보존하기 원한다면 우리는 명목 민족의 언어에 국가어의 지위를 부여해야만 합니다. 이는 경제적 문제가 아니라 커다란 정치적 문제입니다. (카렐리야 공화국 의회 보도국, 1998년 2월 2일)[17]

4.1 카렐어를 국가어로 만들기 위한 노력

토착민족어를 공식적으로 인정해야 할 필요성에 대한 논의는 1989년

---

17) 본 논문의 모든 러시아어-한국어 번역은 저자에 의한 것임을 밝혀 둔다.

에 이미 시작되었으며, 토착민족어의 진흥을 위한 경제적 지원 또한 그때 시작되었다. 1990년에서 2004년 사이에 카렐족, 벱족, 그리고 핀족의 문화-언어적 이익을 위한 30여건의 법안이 통과되었다. 카렐어 사용에 법적인 근거를 마련하려는 첫 행보는 1991년에 채택된 "비-러시아인 지구 및 지방 의회 법적 지위에 관한 법"이었다. 이 법이 채택됨으로써, 카렐어는 카렐족 인구가 많은 지역의 지방 행정과 교육, 문화 분야에서 사용되기 시작했다. 1994년 카렐리야 공화국 시민들에게 자신의 모국어로 교육받을 권리를 보장하는 교육법이 제정되었다. 1995년에는 공화국 내의 사회적, 경제적, 문화적 통합을 해치지 않는 범위 내에서 카렐족, 벱족, 핀족의 문화를 보존, 진흥하도록 하는 법령이 통과되었다.

1999년 6월 "카렐리야 공화국의 고등학교에서 카렐어, 벱어, 핀란드어를 가르치는 교수법 발전을 위한 조치에 대하여"라는 법이 통과되었다. 카렐어, 벱어, 핀란드어의 토착 어휘들을 되살리기 위한 특별 위원회가 만들어졌고, 이 언어들을 진흥시키는 국가 차원의 프로그램들이 추진되었다. 페트로자보츠크 국립대학과 카렐리야 국립 교육대학에 이 언어들에 대한 프로그램이 마련되었다. 이 언어들로 된 신문, TV 프로그램, 인터넷 사이트의 수 또한 증가하였다.

2004년까지 카렐리야 공화국은 연방법 "러시아 연방의 민족들의 언어에 대하여"를 받아들이지 않고 자체적인 언어 관련 법을 제정하지 않은 4개 공화국 중 하나였다. 언어 법을 제정하려는 움직임은 1992년에 시작되었고, 구체적인 법안 상정 또한 1998년과 2000년 두 번에 걸쳐 이루어졌지만 두 시도 모두 실패했다. 1998년 법안 "카렐리야 공화국의 언어에 대하여"는 카렐어에 제2의 국가어의 지위를 부여하는 것을 포함하고 있었다. 2000년 법안에서는 아예 제2의 국가어 부분이 삭제되었고 대신 카렐어, 벱어, 핀란드어에 "지역어(региональный язык)"의 지위를 부여하고자 했다.

마침내 2004년 3월 법 "카렐리야 공화국의 카렐어, 벱어, 핀란드어에 대한 국가 지원에 대하여"가 의회에서 통과되었다. 이 법은 카렐어에 국가어의 지위를 부여하지 않았으며 카렐어, 벱어, 핀란드어에 오직 "지역어"의 지위만을 부여했다. 이 법은 공화국 내 토착민족어의 보존, 연구, 사용, 발전을 목표로 하고 있으며, 카렐어, 벱어, 핀란드어에 대한 정부차원의 보호를 보장했고, 국가 및 지방정부의 언어진흥 프로그램의 구체적 내용을 적시하는 한편, 이 프로그램들의 재정적 원천을 명시했다. 이 법은 상기 언어들의 사용 영역(교육, 문화, 예술, 언론의 언어)과 정부 활동에서 이 언어들이 담당하는 역할을 명시했다. 교육에서 이 언어를 사용할 권리는 충분한 수의 교육기관이 설립되고 이들이 제대로 기능할 수 있도록 필요한 자원(주로 재정적 원조)이 적절히 제공되도록 함으로써 구체적으로 보장되었다.[18] 상기 언어들을 지형지물의 명칭과 공식 표지판에 사용할 권리가 별개의 조항으로 보장되었다.

2004년 법안 통과는 이것이 공화국에서 최초의 언어 법이었다는 점에서 의미가 깊다. 또한 이것은 카렐어의 보호와 진흥을 공식적으로 보장했다는 점에서 카렐어의 보존과 발전을 위한 중대한 한 걸음이었다. 그러나 이 법은 카렐어에 국가어의 지위를 부여하지 않았다는 점에서 한계를 지닌다. 비록 2004년 법에 의해 카렐어가 "지역어"의 지위를 가지게 되었다고는 하지만, 다양한 영역에서 언어를 사용할 권리를 보장하는 것과 모든 공식적, 행정적 활동과 교육 영역에서 반드시 그 언어를 사용하도록 강제하는 것 사이의 간극은 두말할 필요 없이 크다.

카렐어를 진흥하기 위한 민간의 노력 또한 1991년 이후 계속되어 왔다. 가장 눈에 띄는 활동은 카렐어로 된 신문과 잡지의 출판에서 이루어졌다. 가장 대표적인 성과로, 카렐어 주간 신문인 「나의 조국」(*Oma mua*)이 카렐어 라틴 알파벳 표기가 결정된 지 1년 후인 1990년에 출판된 것을 꼽을 수 있다. 현재 「나의 조국」은 1500부를 발행하고 있다.

---

18) 카렐리야 공화국에서 카렐어를 선택과목으로 가르치는 학교의 수는 1989년 11개에서 2005년 53개로 증가하였다.

창간 당시 「나의 조국」은 카렐어의 모든 방언들을 포함했었지만 지금은 오직 리비크 방언으로만 출판되고 있다. 「정통 카렐리야」(*Vienan Kar'jala*)가 「나의 조국」으로부터 갈라져 나와 정통 카렐어로 출판되고 있다. 이는 두 개의 문어 규범을 발전시키고자 하는 정부의 정책에 촉발된 것이었다.

4.2 카렐어가 국가어 지위를 얻지 못한 이유

카렐어가 공식적 국가어 지위를 부여받지 못하고 있는 상황을 두 가지 요소에 비추어 설명할 수 있다.[19] 첫째로, 카렐어 원어민 화자들의 인구가 매우 적고 카렐어가 다양한 기능 영역을 담당할 만큼 정교한 어휘적, 의미적 체계를 가지고 있지 못하다는 점이다(카렐리야 공화국 의회 보도국, 1998년 2월 2일). 카렐인과 카렐어 화자 수는 매우 적다. 공식적으로 어떤 언어가 국가어로 인정받기 위해 특정한 인구 조건이 있는 것은 아니다. 그러나 카렐어 화자의 규모가 적다는 사실은 이를 국가어로 지정하자는 주장의 정당성을 매우 약화시키는데, 이는 행정과 교육 영역의 자료와 문건들을 두 언어로 번역하고 복제하는 데 엄청난 비용이 들기 때문이다. 이러한 인구학적, 그리고 경제적 관점에서 카렐어에 국가어 지위를 부여하는 법의 필요성에 대한 의문이 끊임없이 제기되어 왔다. 일례로, 안드리아노프라는 이름의 페트로자보츠크 시민은 지방 신문인 「북방의 전령」(*Северный курьер*)에 보내는 편지에서 다음과 같이 쓰고 있다: "실제로, 지금, 카렐어의 새로운 지위에 대한 요구는 공공 대중으로부터 나오고 있는 것이 아니다."[20] 그는 제2의 국가어

---

19) 카렐어가 국가어로 인정받는 것을 방해하는 또다른 장애물로 라틴 알파벳 사용을 들 수 있다. 러시아 연방 의회는 러시아의 모든 국가어들이 키릴문자를 사용하도록 하는 법을 채택한 바 있다. 이 법은 라틴화가 러시아의 결속에 중대한 위협이 될 수 있다는 인식에 근간하고 있다. 여전히 라틴 알파벳 사용을 고수하고자 하는 공화국 및 지역들은 별도의 연방 법을 청원해야 한다.

20) *Северный курьер*, "Во что обойдется нововведение, подсчитали?" 1998년

를 제정하자는 제안이 카렐리야의 주민 대다수로부터 지지를 얻을 수 있을지 의문을 표하고 있다. 만약 카렐어 화자의 인구 규모가 훨씬 더 컸더라면 이런 종류의 반대나 유보는 일어나지 않을 것이다.

매우 적은 수의 화자를 가진 카렐어의 진흥에 대한 우려는 카렐인 자신들로부터도 제기되고 있다. 지역 주간잡지인 「카렐리야 현」(*Карельская губернія*)은 토착민족어로 된 라디오 방송 시간은 유지하면서 러시아어로 된 방송 시간을 줄이는 정부 방침에 대한 카렐인들의 불만을 보도하고 있다.[21] 이 기사는 대부분의 젊은 카렐인들은 카렐어를 할 줄 모르기 때문에 러시아어 라디오 프로그램 비중을 줄이는 것은 시민들의 정보접근에 대한 권리를 침해하는 것이라는 카렐인들의 불만을 싣고 있다. 동시에, 이러한 정부방침이 "공화국 내의 윤리적 분위기"를 해치고 러시아 화자 주민들의 권리를 제한함으로써 민족간 갈등을 초래할 수 있다는 견해가 제시되었다.

카렐어의 한정된 기능과 국가어 지위 결여는 서로간에 강화하는 역할을 한다. 즉, 이 언어는 국가어로서 필수적인 모든 문어적 기능을 다 할 수 없기 때문에 국가어가 될 수 없다. 한편, 국가어의 지위를 부여받지 못함으로써, 이 언어가 자신의 기능적 영역을 확대하고 심화할 수 있는 기회가 현격히 제한된다. 이상적으로는, 언어가 먼저 확장된 사회적 역할을 수행할 수 있도록 발전된 다음에, 그 언어의 지위 계획정책이 이루어져야 한다. 카렐어의 경우에는 소비에트 정부가 카렐어가 미처 충분한 어휘적, 의미적, 문법적 체계를 성숙시키기 전에 국가어의 지위를 부여했다. 이러한 성급한 조치가 카렐어의 현재의 지위 및 기능적 제약을 초래했다고 볼 수 있다. 1998년도 법안에 대한 반대자들이 자신의 반대논리를 내세운 근거 또한 카렐어가 정교화된 문어적 규범이 필수적인 영역에서 제대로 기능할 수 없다는 사실이었다.

3월 5일.

21) *Карельская губернія*, "Карелы за 'русский'," No. 52 (657), 2008년 12월 24일.

카렐어 원어민 화자들 자신 또한 카렐어의 기능적 역량에 회의적인 경우가 많다. 예를 들어, 표트르 유킨이라는 카렐인은 지역 신문 「북방의 전령」에 보내는 편지에서 "[카렐]어가 소통의 수단으로서 보다 발전된 러시아어와의 경쟁에서 살아남지 못하고 그 자신의 정당성을 잃게 될 것은 명백하다"고 쓰고 있다.22)

카렐어의 상황에 대한 두번째의, 보다 논란이 되는 요소는 카렐어에 상이한 두 문어가 존재한다는 사실이다. 앞서 말한 바와 같이, 부브리흐의 카렐 문어는 완전한 실패였다. 1990년대 초, 카렐 문어를 다시 창조하고자 하는 운동이 일어났다. 1989년 "카렐인" 학술회의에서 카렐 문어를 라틴 알파벳을 사용하여 제정하자는 결정이 이루어졌다. 그 결과 두 개의 새로운 문어가 만들어졌다. 하나는 북부 카렐 방언을 근간으로 한 정통 카렐어(vienan karjala)이며 다른 하나는 남쪽의 리비크 방언을 근간으로 한 리비크 카렐어(livvin karjala)이다. 두 개의 문어 형성은 상이한 두 주요 방언이 상호 소통이 잘 안되는 상황에서 가장 현실적인 해결책이었음이 분명하지만, 단일한 문어 규범 제정을 위한 노력은 공식적 차원에서 계속 추진되어 왔다.23)

비록 대부분의 카렐인들이 단일한 문어의 제정이 카렐어가 국가어 지위를 획득하는 데 필수적이거나 적어도 도움이 될 것이라고 동의하기는 하지만, 이에 대한 비관적 견해 또한 존재한다.

지역 신문 「카렐리야 관보」에 인용된 한 카렐리야 교육청 직원은 비록 자신이 카렐인이긴 하지만 카렐어의 미래에 회의적인데 이는 단일한 카렐어를 가지기를 원하는지 아닌지에 대해 카렐인들 사이에 어떤 통일된 의견이나 태도가 부재하기 때문이라고 말하고 있다.24)

새로운 단일 문어가 어떤 방언을 근간으로 만들어져야 하는가에 대해서도 의견은 분분하다. 각각의 방언 화자들은 자신의 방언이 문어의

---

22) *Северный курьер*, "Стоит ли раздувать огонь?" 1998년 3월 5일.
23) 현재 단일 문어 정립 과제는 국립 용어 및 철자 위원회가 담당하고 있다.
24) *Карелия официальная*, 2010년 12월 17일.

근간이 되길 희망하고 또 주장하는 경향이 짙다.[25)]

국립 청소년기관 "젊은 카렐리야(Nuori Karjala)"의 대표인 나탈리야 안토노바는 온라인 신문인 「오네가의 수도」(*Столица на Онего*)에서 "카렐인들에게 단일한 카렐어가 필요한가?"라는 문제에 다음과 같이 답하고 있다: "단일어는, 우리의 경우에는, 상황을 구제하지 못하고 여전히 카렐인들의 미래를 위해 살고 있는 열정적 활동가들을 낙담시키기만 할 겁니다…"[26)] 안토노바는 또한 단일 카렐어를 실현시키고자 하는 정부의 의지와 능력에 대해서도 회의적이다. "민족간 동화는 대부분의 경우 사회-정치적 영역에서 기능하지 못하는 민족어에 대한 정부의 적대감과 전통적 생활 양식에 대한 거부로부터 시작되었습니다. 많은 방언들로부터 단일한 문어를 엮어내고 그것을 실생활에 실행시키기 위해서는 아주 유능한 행정적 자원과 적어도 한 명 이상의 고위 정부 관료의 정치적 의지 천명과 명백한 입장 및 열망 표명이 필요합니다. 이런 것들이 우리에겐 없습니다."[27)]

이와는 또 달리, 핀란드의 "유민케코(Juminkeko)" 재단의 전 회장이었던 마르쿠 니에미넨은 2002년 열린 "카렐리야 공화국에서 카렐어, 벱어, 핀란드어 발전의 현재 상황과 전망"이라는 학술대회에서 단일한 문어규범을 만드는 것은 부정적인 효과를 가져올 수 있다고 언급했다. 왜냐하면 그 단일어는 어떤 카렐어 방언 집단에게도 토착어가 될 수 없기에 결국 아무도 적극적으로 사용하지 않을 것이기 때문이다. 니에미넨은 유사한 핀란드 사례를 따라서, 각 민족어와 방언이 그것이 사용되는 각각의 마을과 촌락에서 러시아어와 더불어 제2의 공식어로 지정되어

---

25) 예를 들어, 이 문제에 대해 「북방의 전령」(*Северный курьер*, "Закон отклонен. Что дальше?" Юрий Костылев, 1998년 3월 13일)에 실린 시민들의 논의를 참고하라.

26) *Столица на Онего*, "Нужен ли карелам единый карельский язык?" 2008년 12월 18일.

27) Ibid.

야 할 것이라고 제언했다.

비록 단일 문어 규범에 대한 열망이 자연스러운 것처럼 보이기는 하지만, 실제로 이것이 카렐어 상황에서 진정한 해결방안인지는 확실치 않아 보인다. 모르도비아 공화국의 경우에 모르드바어는 확연한 방언 구분에도 불구하고 국가어로 지정되어 있다. 모르드바어의 두 언어 모크샤와 에르지아는 완전히 다른 언어로 여겨지고 있으며 상호적으로 소통불가능하다. 이 두 분리된 모르드바 문어들은 1920년대에 팽배했던 포퓰리스트 언어정책과 방언간 차이를 절충할 필요에서 생겨나게 되었다.[28] 두 개의 문어규범이 있다는 점에서 모르드바어의 상황은 카렐어의 상황과 유사하다. 그렇지만 모르드바어는 카렐어가 제3의 완전히 발전된 문어의 존재와 더불어 견뎌야 했던 정책변화를 겪지 않았다. 두 개의 모르드바 문어가 성공적으로 안정화된 것은 성공적인 언어계획정책, 곧 "언어 문제 해결책의 조직적 추구"에 힘입은 바 크다.[29] 모르도비아와 카렐리아의 언어 상황을 비교해 볼 때, 카렐리아의 지리적 위치에 의해 촉발된 정치적이고 성급했던 정책이 카렐어가 국가어가 되는 것을 저해해 왔다는 결론에 보다 힘이 실리게 된다. 안토노바가 지적한 것처럼, 두 분리된 문어 규범의 존재는 그 자체로는 카렐리아 문제의 핵심은 아닌 것이다.

5. 국경지대 다시보기: 국경을 초월한 지역 정체성의 활용

지금까지 필자는 명목어가 국가어가 아닌 카렐리아의 현재 언어 상

28) Isabelle Kreindler, "The Mordvinian Languages: A Survival Saga." Isabelle Kreindler (ed.), *Sociolinguistic Perspectives on Soviet National Languages: Their Past, Present and Future* (Berlin/New York/Amsterdam: Mouton de Gruyter, 1985), pp. 237-264.

29) Ibid., p. 244.

황이 카렐어의 기능적, 인구학적 제약과 두 개의 문어 규범이라는 두 가지 요소와 직접적으로 관련됨을 기술하였다. 이 요소들은 소비에트 카렐리야의 언어정책으로부터 초래된 것으로 카렐리야가 서구 자본주의 국가인 핀란드와 국경을 나누고 있는 지정학적 조건에 근본적으로 기인하고 있다. 소비에트 시대에 카렐어가 핀란드어의 친족어이며 핀란드에 카렐어 화자들이 살고 있다는 사실에도 불구하고 카렐어는 종종 핀란드어와 대립관계에 놓였다. 그러나 한때 카렐 문어의 지속적인 발전을 가로막았던 이 지정학적 조건은 이제 카렐 문어의 발전에 긍정적인 요소로 작용할 수 있을 것으로 보인다.

본 저자는 러시아와 핀란드 간의 협력이 카렐리야의 독특한 지정학적 특색을 반영하는 초국가적 지역 정체성을 부양함으로써 카렐어를 공통의 지역 문화 자산으로서 보존, 발전시키는 노력을 확대하는 데 기여할 수 있으리라 본다. 예를 들어, 핀란드의 위대한 민족 서사시인 『칼레발라』(Kalevala)의 시공간 배경이 러시아 카렐리야 지역이라는 주장이 제기된 바 있다. 카렐어의 언어적 특성들 또한 이 서사시에 나타나 있다.[30] 핀란드 정부와 학자들은 『칼레발라』 같은 초기 문학과 문화적 유산들을 보존하고 발전시키려고 노력해 왔으며 이러한 관점에서 카렐리야 공화국과의 협력은 양 국가 모두에게 이익이 될 것이다. 「북방의 전령」에 실린 한 기사에 따르면, 핀란드 정부는 핀란드 내에서 카렐어를 소수민족어로 공식적으로 인정했다.[31] 이 기사는 또한 『칼레발라』가 러시아 작가 연합 소속의 러시아인 작가에 의해 리비크 방언으로 번역되었으며 이는 카렐어의 보존과 진흥에 도움이 될 것이라고 보도하고 있다.

실제로, 카렐리야 공화국과 핀란드 사이에 카렐어 보존을 위한 공식

30) Urpo Vento, "The Role of the Kalevala in Finnish Culture and Politics," *Nordic Journal of African Studies*, Vol. 1, No. 2 (1992), p. 85.

31) *Северный курьер*, "Карельский язык становится популярным в Финляндии," 2009년 12월 14일.

적인 협력 사례들이 있어 왔다. 일례로 핀란드의 "언어 둥지(Language Nest)" 국제 프로젝트에서는 카렐리야 정부기관 및 민간단체와 협력하에 카렐리야의 카렐어 보존과 교육을 위해 노력해 왔다.[32] 2000년도에 핀란드 프로젝트 코디네이터 안니카 파사넨은 이 "언어 둥지" 프로젝트를 카렐리야 공화국의 칼레발라 마을(1963년까지는 "우흐타"라는 지명으로 불림)에 가져왔다. 여기에서 핀란드의 "우흐타 카렐족(Uhtuan seura)" 단체의 지원으로 "언어 둥지" 교육방법론에 의거하여 칼레발라 마을의 유치원에서 언어교육 프로그램이 실시되었다. 다양한 연령의 어린이들로 구성된 그룹을 상대로 언어 몰입 프로그램이 실행되었다. "젊은 카렐리야" 청소년기관 관계자들은 이러한 프로그램을 페트로자보츠크의 유치원들에서도 실행할 것을 제안했으며, 이 제안은 공화국의 교육청과 페트로자보츠크의 시정부로부터 지지를 받아 검토되고 있다.

이와 같이, 국경지대라는 조건은 이전에는 카렐 문어의 발전을 가로막는 역할을 했지만 궁극적으로는 카렐 민족과 카렐어 화자들에게 공유된 지역 정체성을 진작시킴으로써 카렐어를 개발하고 보존하는 데 기여할 것으로 여겨진다. 카렐어 화자 인구의 급속한 감소는 자신을 러시아인으로 인식하는 경향과 밀접히 연결되어 있다. 즉, 카렐리야 공화국에서 러시아화의 정도가 매우 높다. 이 경향의 속도는 핀란드 카렐리야와 러시아 카렐리야를 모두 포섭하는 카렐리야 지역 정체성을 적극적으로 되살림으로써 늦춰질 수 있을 것이다.

그러나, 안티코스키가 지적하듯이, 핀란드어와 러시아어의 사이에서 카렐어가 차지하는 위치에 대해 주의를 기울이는 것이 필요하다.[33] 안

---

32) *Карелия официальная*, "В Карелии продолжается реализация проекта 'Языковое гнездо'," 2010년 12월 17일.

33) Esa Anttikoski, "The Problem of the Karelian Literary Language in the 1930's and the 1990's," Presented at the conference "Sociolinguistic problems in different regions of the world" (Moscow, Oct 22-24, 1996).

티코스키는 고도로 발달된 친족어의 경험을 이용하는 것이 분명 긍정적인 효과가 있겠지만 "탈러시아어화"와 "핀란드어화"의 시도가 카렐어의 발전에 있어 역사적 연속성을 침해할 수 있음을 경계해야 할 것이라고 경고한다.

6. 결 론

본 논문에서는 명목어가 공식 국가어의 지위를 받지 못하고 있는 카렐리야 공화국의 독특한 상황의 원인을 살펴보았다. 본 저자는 상호적으로 연결된 몇 가지의 논거를 제시하였다. 먼저, 국경지대라는 지정학적 특수성으로 인해 러시아어와 핀란드어가 카렐어와 경쟁관계에 놓였고 카렐어의 위상을 약화시키는 결과를 초래했다. 둘째로, 첫번째 논점과의 연결선상에서, 소비에트 언어정책이 그때 그때의 정치적 기류와 연동되어 자주 변화하면서 성급하게 인공적인 카렐 문어를 만들어냈고 이 문어의 실패로 카렐어의 발전이 지연되었다. 세째로, 이로 인해 카렐어의 인구학적, 기능적 영역은 심각하게 줄어들었고, 그 결과 국가어로 기능할 수 없게 되었다. 이와 더불어 단일 문어의 부재는 카렐어를 국가어로 지정하는 데 큰 걸림돌로 작용하고 있다. 1990년대 이래로 카렐어를 보존하고 진흥하기 위해 많은 공식적, 비공식적 노력이 있어 왔다. 국경지대라는 카렐리야의 지리적 조건은 과거의 부정적 영향과는 달리 현재에는 이러한 노력에 긍정적인 추진력을 제공할 수 있을 것이다. 카렐리야 지역의 한 부분을 점유하고 있으며 카렐어 화자들이 살고 있는 핀란드와의 협력을 통해, 보다 광범위하고 효과적인 언어 진흥 정책과 프로그램이 실행될 수 있을 것이다.

참고문헌

1차 자료

Карелия официальная, "В Карелии внедряются новые методики обучения детей национальным языкам," 10. 9. 2008. http://gov.karelia.ru/News/2008/09/0910_02.html (검색일: 2011. 10. 08)

Карелия официальная, "В Карелии продолжается реализация проекта 'Языковое гнездо'," 17. 12. 2010. http://gov.karelia.ru/News/2010/12/1217_13.html (검색일: 2011. 10. 08)

Карельская губернія, "Карелы за 'русский'," No. 52 (657), 24. 12. 2008. http://www.rep.ru/daily/2008/12/24/14669/ (검색일: 2011. 10. 05)

Курьер Карелии, "Карельский язык становится популярным в Финляндии," 14. 12. 2009. http://217.16.28.46/new/091217191639.html (검색일: 2011. 10. 05)

Пресс-служба Аппарата ЗС РК, "Государственный язык в Карелии по-прежнему один-русский," 2. 2. 1998. http://reocities.com/athens/4280/rus_zakonobsuzhd.html (검색일: 2011. 10. 01)

Северный курьер, "Во что обойдется нововведение, подсчитали?" 5. 3. 1998. http://reocities.com/athens/4280/rus_zakonobsuzhd.html (검색일: 2011. 10. 01)

Северный курьер, "Стоит ли раздувать огонь?" 5. 3. 1998. http://reocities.com/athens/4280/rus_zakonobsuzhd.html (검색일: 2011. 10. 01)

Северный курьер, "Закон отклонен. Что дальше?" 13. 3. 1998. http://reocities.com/athens/4280/rus_zakonobsuzhd.html (검색일: 2011. 10. 01)

Столица на Онего, "Нужен ли карелам единый карельский язык?" 18. 12. 2008. http://www.stolica.onego.ru/articles/115857.html (검색일: 2011. 10. 02)

2차 자료

Anttikoski, Esa. "Sovettisuomi? Kielenohjailua Neuvosto-Karjalassa." Ms., Department of Russian, University of Joensuu, Finland, 1993.

Anttikoski, Esa. "The Problem of the Karelian Literary Language in the 1930's and the 1990's." Presented at the conference "Sociolinguistic problems in different regions of the world," Moscow, Oct 22-24, 1996.

Austin, Paul. "Soviet Karelian: the Language that Failed." *Slavic Review*, Vol. 1, 16-35 (1992).

Бубрих, Д. В. *Какой язык—тверским карелам?* Ленинград: ЛОИКФУН, 1931.

Бубрих, Д. В. *Карелы и карельский язык*. Москва: Издательство Мособлисполкома, 1932.

Grenoble, Lenore. *Language Policy in the Soviet Union*. Dordrecht: Kluwer Academic Publishers, 2003.

Kreindler, Isabelle. "The Mordvinian Languages: A Survival Saga." Kreindler, Isabelle (ed.). *Sociolinguistic Perspectives on Soviet National Languages: Their Past, Present and Future*, 237-264. Berlin/New York/Amsterdam: Mouton de Gruyter, 1985.

Kriuchkova, T. B. "Effective Language Politics: The Case of Karelian." Presented at the World Congress on Language Politics, Barcelona, April 16-20, 2002.

Paasi, Anssi. *Territories, Boundaries and Consciousness: The Changing Geographies of the Finnish Russian Boundary*. Chichester: John Wiley & Sons, 1996.

Покровская, И. П. *Население Карелии*. Петрозаводск: Карелия, 1978.

Pyöli, Raija. "Karelian under Pressure from Russian—Internal and External Russification." *Journal of Multilingual and Multicultural Development*, Vol. 19, No. 2, 128-141, 1998.

Russian Federal Service of State Statistics (Росстат). Всероссийская перепись населения 2002 года.

Sarhimaa, Anneli. "Language Planning and Sociolinguistic Trends in (Soviet) Karelia 1917-1994." T. Hickey and J. Williams (eds.). *Language, Education and Society in a Changing World*, 73-85. Clevedon: Multilingual Matters, 1996.

Sarhimaa, Anneli. "The Divisive Frontier: The Impact of the Russian-Finnish

Border on Karelian." *International Journal of the Sociology of Language*, Vol. 145, 153-180 (2000).

Vento, Urpo. "The Role of the Kalevala in Finnish Culture and Politics." *Nordic Journal of African Studies*, Vol. 1, No. 2, 82-93 (1992).

제 18 장

올가 공후의 부활: 탈소비에트 프스코프의 상징과 지역 정체성 형성*

송준서

1. 서 론

2011년은 소련이 붕괴된 지 20년째 되는 해이다. 어찌 보면 소비에트 사회주의 체제가 와해되고 시장자본주의로 체제전환 중에 있는 지난 20년의 러시아의 상황은 후대 역사가들이 보면 1789년의 프랑스 혁명이나 1917년의 러시아 혁명처럼 그야말로 수 세기에 한번 있을까 말까한 역사적인 사건일 것이다. 우리는 바로 이러한 '사회주의에서 시장자본주의로의 이행'이라는 역사적인 상황의 전개를 신문, 방송이라는 고전적 언론매체는 물론, 인터넷이라는 전대미문의 통신·보도 수단을 통해 그야말로 실시간으로 하나하나 목도해 왔다. 지난 20년 동안의 탈소비에트 과정 중에서 특히 중요한 변화 중 하나는 새로운 국가 건설

* 이 논문은 『노어노문학』 제23권 3호 (2011년 9월)에 게재된 것으로 한국노어노문학회의 동의를 얻어 다시 싣는다.

(nation-building)과정이라 할 수 있다. 물론 이 과정은 러시아뿐만 아니라 1989년부터 사회주의 체제가 무너지기 시작한 중·동부 유럽국가 그리고 과거 소련을 구성했던 공화국이었다가 1991년 이후 독립한 CIS권 국가들에서도 일어나고 있다. 사회주의 체제에서 시장자본주의 체제로 전환하면서 새로운 국가정체성을 만들어내는 것은 이들 구 사회주의권 국가에 있어 그 무엇보다도 중요한 과제이다. 이 과정에서 국가상징과 의례는 중요한 역할을 하는데, 그 이유는 바로 국민들이 공유된 상징을 통해 그 국가의 국민임을 느끼기 때문이다.

따라서 1917년 볼셰비키 혁명을 통해 새로운 국가체제를 건설한 소비에트 지도부는 첫 20년 동안 새로운 상징과 의례를 만들어 내는데 혼신의 힘을 기울였다. 제정 러시아 국가의 상징인 쌍두 독수리 문장을 떼어내고, 노동자와 농민이 다스리는 프롤레타리아 국가가 성립되었음을 알리는 낫과 망치가 새겨진 국기를 제정하고 거리 이름, 도시 이름을 사회주의 혁명가의 이름을 따서 바꾸고 노동절 등과 같은 사회주의 이데올로기가 반영된 국경일을 새롭게 제정하였다. 1991년 소련 붕괴 이후 첫 20년 동안에도 우리는 이와 비슷한 변화를 목격했다. 특히 국가 상징을 구성하는 세 가지 구성 요소인 국가 문장, 국기, 국가(國歌)는 새로운 국가 정체성 정립을 위해 다시 만들어졌다. 1993년 11월 옐친 대통령은 국가문장에 관한 법령에 서명함으로써 제정 러시아의 쌍두독수리 문양을 신 러시아 연방의 국가 문장으로 채택하였고, 그 해 12월에는 러시아 연방의 국기에 관한 법령에 따라 백·청·적의 로마노프 왕조 시기의 삼색기가 새로운 러시아 국기로 채택되었다. 국가의 경우 1991년 소연방 해체 후 스탈린 시기에 제정되었던 소련 국가를 폐지하고 제정 러시아 시기 작곡가 미하일 글린카(Глинка М.)가 작곡한 '애국의 노래'라는 곡조를 10년 동안 가사 없이 국가로 사용하다가 2000년 12월 푸틴 대통령이 소련 국가의 곡조에 가사를 새로이 써넣은 곡을 러시아 국가로 채택하였다.[1)]

지난 20년간의 국가 정체성 재정립 과정에서 새로운 국가 상징은 이렇게 만들어졌고, 러시아 시민들은 이 새로운 상징들을 매번 보고 들을 때마다 자신들이 새로운 국가 체제하에서 살고 있다는 것을 느끼게 된다. 지난 20년간 러시아 정부가 이와 같이 국가 상징을 이용해 새로운 국가 정체성을 만들어내려고 노력했다. 하지만 러시아는 다민족, 다종교 사회이자 지리적으로도 방대하여 지방마다 무척이나 다양한 역사적, 문화적 경험을 지닌 나라이다. 지방 정부와 엘리트들은 이 기간 동안 과연 어떠한 상징과 신화를 이용하여, 어떻게 탈소비에트 지방 정체성을 확립해 나갔는가?

이제까지 포스트소비에트 시기 새로운 상징을 이용하여 국가 정체성 만들기에 대해서는 많은 연구가 진행되었다.[2] 하지만 국가 만들기에 대한 연구에 비해 지방 정체성 형성 노력에 대해서는 아직 더 많은 연구가 필요한 상황이다. 특정 지방의 정체성을 심도 있게 이해하기 위해서는 그 지방의 상징에 대한 이해가 필수라고 할 수 있는데 왜냐하면 상징, 신화, 기호 등은 문화체계의 핵심요소로서 사람들에게 특정한 의사와 의미를 전달하는 역할을 하고 궁극적으로는 사람들의 사고방식과 행동에도 영향을 미치기 때문이다.[3]

지난 20년간의 탈소비에트 시기 동안 많은 지방 주민들이 자신이 살고 있는 지방에 대한 관심은 꾸준히 증가해왔다. 1960, 70년대에 러시아 사람들은 비록 20% 정도만이 자신이 살고 있는 지방에서 출판되는 지방 출판물을 읽었지만 소련 붕괴 이후에는 상황이 달라졌다. 오늘날 지방 주민들은 전국 출판물보다는 자기 지역 출판물을 더 많이 보고 있

1) 황동하, "국가 상징과 현대 러시아의 국가정체성," 『러시아연구』, 제16권 2호 (2006), pp. 357-64.

2) 예를 들어 김상현, "러시아 국가 정체성의 역학관계 모델과 정치-문화 상징의 함의: 푸틴 시대의 국가 정체성 재고를 위한 시론," 『국제지역연구』, 제12권 4호 (2009.1), pp. 23-66 참조.

3) 홍석우, "우크라이나인들의 민속 문화에 나타난 혼합적 종교성," 『슬라브 硏究』, 제24권 1호, (2008), p. 138.

다고 한다.[4] 이에 본고에서는 러시아 북서연방관구에 속해있는 프스코프 주[5]의 사례연구를 통해 포스트소비에트 시기 러시아 지방 엘리트들이 어떻게 지방의 고유한 상징을 발굴, 보전하여 지역 정체성 재정립에 이용하고 있는가를 고찰하겠다.

2. 왜 프스코프인가?

프스코프의 포스트소비에트 지방 정체성 형성에 대해서는 이제까지 거의 연구되어지지 않았는데, 프스코프 지역이 정치, 경제적으로 주목받을만한 특이점을 가지고 있지 않기 때문이었다. 소련시기 동안 소련 지도부는 지정학적으로 서쪽 국경에 위치해있는 프스코프 주에 전략적 이유에서인지는 몰라도 주요 산업시설을 육성하지 않았다.[6] 실제로 프스코프 지역은 제1차, 2차 세계 대전시에 독일군에 점령되었던 경험을 가지고 있으며,[7] 소련 시기 프스코프의 주요 산업은 전화기, 라디오 장비, 인조섬유 생산 등으로 주로 경공업 중심이었다.[8] 소비에트 시절 그

---

4) Nicolai N. Petro, *Crafting Democracy: How Novgorod Has Coped With Rapid Social Change* (Ithaca and London: Cornell University Press, 2004), p. 165.

5) 프스코프 주는 한국(남한)의 절반 크기로 2009년 1월 기준, 70만 명의 인구를 지니고 있다. "The Pskov region: the potential for business development is practically inexhaustible!" CCI of the Pskov region. www.cci.pskov.ru/eng/region.html (검색일: 2011. 2. 6).

6) "Pskov: 'Russia starts here!'" *The Moscow Times*, June 05, 2011. http://www.themoscowtimes.com/article/pskov-russia-starts-here/438227.html (검색일: 2011. 7. 2).

7) 프스코프는 제1차 대전 말기인 1918년 독일과 신생 소비에트 정부 간 휴전협정인 브레스트-리토프스크 조약에 따라 1918년 2월부터 동년 11월까지 독일군에 의해 점령당했었다. 제2차 대전 시기에는 1941년 7월~1944년 7월까지 3년간이나 독일군 점령 하에 있었다. Левин. Н. Ф. *Псков на старых открытках*. (Псков, Издательский Дом 'СТЕРХ,' 2004), стр. 26; "Псков," *Большая советская энциклопедия* (1978). http://slovari.yandex.ru/псков/БСЭ/Псков; "История," Город Псков. http://www.pskovgorod.ru/cats.html?id=28 (검색일: 2011. 6. 2).

[그림 1] 프스코프10)

나마 이 같은 경공업 공장이 도시 경제를 지탱하고 있었지만 소련의 붕괴와 냉전의 종결과 함께 이 공장들은 거의 파산직전에 이르게 되었고 1990년대 도시 경제는 특히 어려운 국면을 맞았다.9) 이러한 상황은 최근까지 계속되어 2000년대 들어서도 프스코프의 경제 상황은 그다지 개선되지 않았다.11)

하지만 러시아 정교의 발전 및 확산과 깊이 연관되어있는 프스코프가

---

8) "Псков," *Большая советская энциклопедия.*

9) 1995년 프스코프 주는 러시아연방내에서 가장 실업률이 높은 5개 주 가운데 하나였다. 당시 프스코프주의 실업률은 러시아 평균 수치보다 4배나 높았다. 또한 1996년경에는 프스코프 주 내의 중·대규모 공장 중 단 1/5만이 안정적 주문량을 확보하고 생산을 늘릴 수가 있었고 주 내의 산업체 거의 절반 정도가 파산상태에 놓이게 되었다. 따라서 제조업체로부터 들어오는 세금이 거의 고갈됨으로써 1996년 말 프스코프 주의 지출은 이미 세금수입의 30%를 넘어섰다. 1996년 프스코프의 1인당 산업 생산량은 러시아 연방 평균의 겨우 39%에 머물렀고, 1997년 프스코프 주는 불명예스럽게도 러시아에서 가장 가난한 8개 주 중의 하나로 선정되었다. Mikhail A. Alexseev & Vladimir Vagin, Russian Regions in Expanding Europe: The Pskov Connection, *Europe-Asia Studies*, Vol. 51, No. 1, (1999), p. 46.

10) 지도 출처 www.rvsci.us/pskov.htm (검색일: 2011. 5. 26).

11) 프스코프의 열악한 경제 상황의 한 예로, 당시 프스코프에서 대표적인 산업시설은 지역 발전소였는데 그나마도 주민들이 전기 값을 제대로 납부하지 않아 파산위기에 이르게 되었던 일화를 들 수 있다. "Pskov (and Pskovians)," *Russian Life*, (July/August, 2003), p. 59.

역사·문화적으로 탈소비에트 시기에 갖는 중요도는 크다. 첫째, 10세기 중반 러시아에서 최초로 기독교를 수용한 지도자인 올가 공후(княгиня Ольга, 890(?)-969)의 고향이 바로 프스코프이다.[12] 올가는 러시아 땅에 최초의 국가를 건설한 것으로 알려진 류릭(Рюрик) 이후 최초의 슬라브족 출신 지도자인 이고리(Игорь; 재위 912-945) 공[13]의 아내로 남편 이고리 공 사후에 어린 아들을 대신해 섭정(945-963)으로 키예프 루시를 다스렸다.[14] 더구나 올가의 손자 블라디미르(Владимир)는 988년

---

12) 올가가 당시 비잔틴 제국의 수도 콘스탄티노플을 방문하였을 때 세례를 받음으로써 기독교인이 된 시기에 대해서는 955년이라는 기록과 957년 가을 경이라는 기록이 존재한다. *История России IX-XX веков* (Санкт-петербург, 1996), стр. 24.

13) С. Н. 스이로프, 『러시아의 역사: 고대 루시에서 볼쉐비끼 혁명까지』, 기연수 역 (서울: 동아일보사, 1988), p. 34. 소비에트 시기 학자들은 스칸디나비아로부터 온 류릭이 루시 땅에 최초의 국가를 건립한 것으로 보는 노르만학설을 전적으로 받아들이지는 않고, 대신 이미 루시땅에 슬라브 족들에 의해 건립된 국가가 존재하고 있었다고 보았다. 이런 맥락에서 소비에트 학자들은 이고리에 대해서도 슬라브 족 출신이라고 주장한다. 하지만 최근 러시아 학자들이나 서방 학자들은 이고리를 순수한 슬라브 족 출신으로 보기 보다는 류릭의 아들로 보는 견해도 있다. 예를 들어 김문황, 『고대 러시아 문학사: 어둠을 밝히는 횃불』, (서울: 건국대학교 출판부, 2002), p. 58; А. А. Данилов. Л. Г. Косулина. 『러시아 역사』, 문명식 편역 (서울: 신아사, 2009), p. 46 참조.

14) 프스코프 지역에 오래전부터 내려오는 전설에 의하면 올가는 스칸디나비아에서 온 바이킹의 후예로서, 프스코프 부근에 거주하던 중 903년 당시 키예프 루시의 지도자 이고리 공과 결혼한 것으로 알려져 있다. "История," Город Псков (официальный сайт г. Пскова). http://www.pskovogrod.ru/cats.html?id=28. 이고리와 올가는 프스코프로부터 북쪽으로 약 12km 떨어진 비부티(Выбуты) 부근의 벨리카야 (Великая)강에서 만난 것으로 전해져 오는데, 900년대 초 둘이 만나게 된 상황은 다음과 같다. 어느 날 이고리 공이 벨리카야 강 부근에서 사냥을 하고 있었는데 강 저편의 숲에 더 사냥감이 많이 있을 것으로 보여 강을 건너려고 부근을 두리번거리던 중, 작은 보트에 한 남자가 타고 있는 것을 보고 그 남자를 불렀다. 그런데 그 보트가 다가왔을 때 보니 보트 위의 그 사람은 남자가 아닌 아리따운 아가씨였다. 보트를 타고 강을 건너는데 강이 하도 넓어 강 저편에 다다를 때까지 많은 얘기를 나누었고 이고리는 그 아가씨가 아름다울 뿐만 아니라 무척 총명하다는 것을 알게 되었고 즉시 사랑에 빠지게 된다. 바로 그 아가씨가 이고리 공의 아내가 되었던 올가였다. Левин Н. Ф. *Псков на старых открытках. Альбом в четырёх частях* (Псков. 2009), стр. 205; "The Legend about St. Olga, who founded Pskov city," http://www.pskov

마침내 정교를 국교로 선포하였다. 둘째, 올가 공후는 여성으로서는 최초로 러시아 정교의 성인으로 추대 받은 인물이다.15) 이러한 이유로 프스코프는 러시아 국가 창설기의 전통 및 역사와 긴밀히 연결되어있다. 프스코프라는 지명은 12세기 초에 쓰인 연대기로 현존하는 러시아 역사기록서 중 가장 오래된 『지나간 시절의 이야기(Повесть временных лет)』에 903년이라는 연도와 함께 처음으로 등장한다.16) 862년이 스칸디나비아 반도에서 넘어온 바이킹 류릭이 노브고로드에 최초의 국가를 세운 것을 감안한다면 903년에 등장하는 프스코프는 그야말로 오늘날 러시아의 시작부터 존재하였던 천년고도이다.

프스코프가 러시아에서 1,000년 이상의 역사를 지닌 몇 개 안되는 도시로서 러시아 국가 형성의 초기부터 지대한 기여를 했다는 사실은 이 지역의 정체성 형성에 근간을 이루고 있다. 프스코프 시와 주정부도 이러한 점을 대내외 선전에 적극 활용하고 있다. 프스코프 시내를 오가는 버스에 부착된 선전판에 그리고 프스코프 주정부에서 만든 관광 안내 팸플릿에서 흔히 볼 수 있는 문구는 "러시아는 바로 여기서 시작한다! (Россия начинается здесь!)"이다.17) 또한 프스코프를 선전하는 도시 소개 팸플릿, DVD, 웹사이트 등을 보면 프스코프에 위치한 수많은 정교회와 올가와 관련된 전설, 교회, 동상 등에 대한 소개가 빠지지 않고 들어있다.18)

---

go.narod.ru/pskov/legend. htm (검색일: 2011. 5. 25).

15) 올가가 죽은 후 루시를 다스린 그녀의 손자 블라디미르 공은 올가를 성인으로 추대하였다. 정식으로 교회에 의해 성인으로 시성된 것은 13세기 중반으로 여겨진다. 이후 1547년 올가는 사도와 동급인 성인으로 추대되었는데 여성으로 그 같은 급에 추대된 사람은 정교회 역사상 단지 5명뿐이었다. "Ольга (княгиня Киевскя)," http://ru.wikipedia.org. (검색일: 2011. 5. 25).

16) 원문에는 "6411년(903년). 이고리는 성장하여 올가와 함께 살았는데 그녀는 프스코프에서 온 여인이었다"라고 기술되어있다. "Повесть временных лет," http://lib.ru/HISTORY/RUSSIA/povest.txt_with-big-pictures.html (검색일: 2011. 7. 7).

17) "Pskov: 'Russia starts here!'," *The Moscow Times*, June 5, 2011; 관광 안내 팜플렛의 경우 'Земля Псковская' 참조..

이러한 특성을 지닌 프스코프의 지방 상징과 정체성에 대한 연구는 오늘날 러시아 사회의 특성 및 국가 정체성을 이해하는 데에 중요한 단초를 제공해줄 것이다. 주지하듯, 소련 붕괴이후, 특히 1990년대 말, 2000년대 초부터 러시아 정치 지도자들은 러시아 정교를 새로운 러시아 건설에 있어서 사회주의 이데올로기를 대체하여 국민을 하나로 묶는 정신적, 이데올로기적 도구로 사용하고 있다.[19] 그렇다면 지방적인 차원에서 이러한 것이 어떻게 이루어지고 있는가? 필자는 본 연구의 학문적 기여점을 앞서 언급한 탈소비에트 시기 지방 정체성 재정립 노력에 대한 사례를 제시함과 동시에 지방 차원에서의 정교 부활 및 확산에 대한 구체적 사례도 제시하는 데서 찾고자 한다.

3. 탈소비에트 시기 올가 공후의 위상

소련 붕괴이후 러시아 지방 도시들이 제각기 소비에트 체제 성립 이전의 전통을 이용해 지역 정체성을 재정립하려는 노력을 곳곳에서 볼

---

18) 예를 들어 2010년 7월 필자가 프스코프 방문시 구입한 한 관광안내 책자 프스코프 시와 프스코프 주에 대한 가이드. 관광 안내(Ваш гид по Пскову и области ТУР info)는 '올가 공후에 대한 기억(В память о княгине Ольге)'라는 소제목 하에 올가 예배당, 올가 동상 등을 소개하고 있다. 프스코프 소개 DVD의 예로는 *Псковские этюды* (Студия 'Балтик-Видео,' 2001) *Псковская область. Географическая видеоэнциклопедия* (Фонд этногеографических исследований, 2008) 참고 (필자는 본 DVD를 소개해 준 김준석, 황성우 선생님께 감사드린다). 도시 소개 웹사이트의 예로는 http://www.pskovgo.narod.ru/pskov/legend.htm (검색일: 2011. 5. 26).

19) 1990년대 중반 이후 러시아 정교회는 서방으로부터 유입된 카톨릭, 개신교 등을 러시아의 문화 및 미풍양식을 해치고 러시아 사회를 분열시키는 종교로 규정하여 견제하기 시작하였고, 2000년 대 들어 푸틴 정부도 정교회의 입장을 지지하기 시작하였다. Olga Kazmina, "Religion," *Understanding Contemporary Russia*, ed. by Michael L. Bressler (Boulder and London: Lynne Rienner Publishers, 2009), p. 339.

수 있는데, 프스코프 지역에서도 예외는 아니다. 탈소비에트시기 프스코프 지방 정부가 지방 정체성을 구축하는데 있어 중요하게 사용하고 있는 요소를 살펴보면 무엇보다도 도시와 관련 있는 역사적 인물과 러시아 정교에 큰 비중을 두고 있음을 알 수 있다. 지역 엘리트들은 1990년대 초반부터 프스코프와 관련한 역사적 인물 중에서 올가 공후를 프스코프의 상징으로 만들려는 노력을 꾸준히 해왔다.

그러나 단지 프스코프 지방 엘리트만이 올가 공후를 프스코프의 상징으로 만드는 것에 관심을 가진 것이 아니었다. '중앙' 정부도 마찬가지였다. 비록 1990년대 초반부터는 아니지만 시간이 흐르면서 러시아 정부로 하여금 올가 공후를 상징으로 부각시키는 것의 중요성을 깨닫게 해준 것은 아마도 우크라이나의 정치적·종교적 행보 때문일 것이다. 소련 붕괴이후 독립한 우크라이나 국가 지도자들은 소비에트 정체성을 대신할 새로운 우크라이나 국가 및 민족정체성을 만들어내야 했다. 시급히 해결해야 할 문제는 소비에트 역사관에 의해 우크라이나가 러시아의 일부로 인식되었던 사실을 바로잡는 것이었다.[20] 우크라이나 정부는 러시아 역사의 그늘로부터 벗어나기 위해 '키예프 루시의 정통성을 누가 이어 받았는가?'에 대한 논의를 시작하였고, 키예프 루시의 진정한 계승자는 러시아가 아니고, 우크라이나라는 것을 강조하기 시작했다.[21] 이 과정에서 키예프 루시와 관련 있는 많은 상징을 복원하여 우크라이나와의 연관성 및 역사성을 강조하는 작업을 펼쳐나가기 시작했는데 올가 공후도 대표적인 국가 상징으로 등장하였다. 1996년 우크라이나 정부는 그동안 러시아 건국의 모체로 인식되던 키예프 루시 시대의 지도자 올가 공후의 동상을 우크라이나의 수도 키예프 시 한 복판에 세웠고 소비에트 시기 러시아식 이름인 '올가'로 알려졌던 것을 우

20) 홍석우, 『우크라이나: 코자크와 오렌지혁명의 나라』, (서울: 한국외국어대학교, 2008), p. 63.

21) Ibid..

크라이나어 표기인 '올하(Olha)로 바꿔 부르기 시작하였다.[22] 그런가 하면 우크라이나 서부의 대표적 도시 리비우(L'viv)에서는 소비에트 흔적 지우기 일환으로 거리 이름을 바꾸면서 도시 중심부 거리 중 하나를 '키예프의 올가(Princess Olga of Kyiv)'라는 명칭으로 바꾸었다.[23] 뿐만 아니라 1997년에 우크라이나 정부는 국가 훈장으로 '올가 공후 훈장'이라는 것을 제정하였다.[24] 그 외에도 2008년 7월에는 우크라이나 정부차원에서 '키예프 루시 기독교화 1020주년' 행사를 성대하게 치렀다.[25]

키예프 루시의 역사에 대한 이러한 우크라이나의 '독점'에 대해 러시아 여론 및 정부도 견제 활동을 시작하였다. 러시아의 입장에서 키예프 루시는 러시아 국가 기원을 형성한 나라이고 오늘날 러시아 국가 정체성 형성에 가장 중요한 역할을 담당하고 있는 정교가 도입된 시기이기 때문이다. 우크라이나 정부가 2008년 키예프 루시의 기독교 수용 기념 행사를 거행하면서 키예프 루시 역사를 우크라이나 역사로 굳히려는 의도를 보이자 러시아 국가 두마(의회)는 그로부터 2년 후인 2010년 5월, 매년 7월 28일을 '루시의 기독교화 날(День Крещения Руси)'이라고 하는 새로운 국경일로 제정하였다.[26] 이렇게 양국이 키예프 루시의

---

22) Ibid., p. 65.

23) Liliana Hentosh and Bohdan Tscherkes, "L'viv in Search of Its Identity: Transformations of the City's Public Space," in ed. by John Czaplicka, Nida Gelazis, and Blair A. Ruble, *Cities After the Fall of Communism: Reshaping Cultural Landscapes and European Identity* (Baltimore: The Johns Hopkins University Press, 2009), p. 264.

24) 이 훈장은 국가와 시민 사회에 대한 기여 및 산업, 과학, 교육, 문화, 스포츠, 예술, 여성 운동, 자선사업 분야 등에서 뛰어난 업적을 이룬 여성에게 주어지는 훈장으로 1997년 8월 15일 우크라이나 대통령령으로 제정되었다. 《Орден княгини Ольги》 (Украина). http://onagradah.ru/orden-knyagini-olgi/; http://www.omsa.org/photopost/showphoto.php?photo=9440 (검색일: 2011.07.05).

25) 홍석우, op.cit., p. 108.

26) Роман Крецул, "Киевскя Русь—не Украина," *Взгляд*. 19 Май 2010. http://www.vz.ru/society/2010/5/19/403418.html (검색일: 2011. 7. 1). 이 사건을 놓고 러시아의 민족주의 성향의 한 지식인은 "키예프 루시는 우크라이나가 아니다"라고 주장하면서 그 근거로 키예프 루시 존재 당시에 '우크라이

역사를 놓고 신경전을 벌이는 상황에서 러시아 정부 입장에서는 러시아 지도자 중 최초로 정교를 수용한 올가 공후가 러시아의 프스코프 출신이라는 것은 놓칠 수 없는 중요한 역사적 사실일 것이다. 이런 이유에서 다음 장에서 상세히 살펴보겠지만 올가 공후를 프스코프의 상징으로 만드는 데에 러시아 중앙 정부도 일조하였다.

오늘날 프스코프에는 올가의 이름을 딴 다리,[27] 예배당, 바윗돌이 있음은 물론 도시 중심부와 도시에서 가장 큰 호텔 앞에도 올가 공후의 동상이 세워져있는데 이 같은 사실은 올가 공후가 프스코프 주민들의 정체성과 직결되는 인물임을 암시해 준다. 올가와 관련된 이러한 상징물, 올가의 이름을 딴 다리 등은 소비에트 시기에는 볼 수도 들을 수도 없었던 것들이었다. 다음 장에서는 프스코프가 지난 20년 동안 탈소비에트화 되어가면서 '올가의 도시'로 재탄생하게 되는 과정을 살펴보겠다. 이 과정은 아마도 영국의 저명한 사학자 에릭 홉스봄이 언급한 '전통의 발명(invention of tradition)'과 같이 소비에트적인 유산을 떨쳐버리고 인위적으로 '새로운' 전통—아이러니하게도 그것은 볼셰비키 혁명 이전까지 지속되었던 전혀 새롭지 않은 과거의 전통이다—을 만들어가는 과정으로 이해할 수 있을 것이다.[28]

나'라는 개념은 존재하지도 않았음을 지적한다. 더구나 당시 키예프 루시의 영토는 오늘날의 우크라이나 영토뿐만 아니라 노브고로드와 같은 러시아 북부 지역, 모스크바 공국, 블라디미르 공국, 트베리 공국의 영토도 모두 포함하는 것이었음을 지적하면서, 오늘날 우크라이나가 키예프 루시를 독점적으로 우크라이나의 역사로 간주하는 것이 어불성설임을 강조하였다. Там же.

27) 프스코프 시를 남북으로 관통하고 있는 벨리카야 강을 가로 지르는 다리 중 가장 규모가 큰 것이 '올가의 다리(Ольгинский мост)'이다. 이 다리는 1909년 착공되어 1911년 10월 30일 개통되었다. Левин, *Псков на старых открытках*, стр. 275, 277. 이 다리의 명칭은 소비에트 정권 수립이후인 1923년부터 '붉은 군대 다리'로 개칭하여 불리우다가 제2차 대전 이후인 1946년부터는 '소비에트 군대 다리'로 바뀌었고, 소연방 해체 이후인 1994년 혁명 이전의 원래 이름인 '올가의 다리'로 다시 개칭되었다. Краснопевцев В. *Улицы Пскова* (Псков, 1994), стр. 192-194.

28) Eric Hobsbawm and Terence Ranger, ed. *The Invention of Tradition* (Cambridge: Cambridge University Press, 1989).

4. 프스코프의 상징, 올가 공후의 부활

프스코프 시 당국과 지방 엘리트들은 사실 페레스트로이카 말기인 1990년대 초부터 올가와 관련된 상징을 부활시키는 활동을 시작하였다. 1991년 5월에는 프스코프 소재 박물관 직원 등이 주축이 되어 '올가 협회(Ольгинское общество)'를 재건하고[29] 올가에 대한 기억 되살리기 작업을 본격적으로 시작하였다. 올가 협회 활동의 첫 예는 1991년 7월 24일 프스코프의 대표적 유적지인 삼위일체 성당(Троицкий кафедральный собор) 맞은편, 즉 벨리카야 강 좌안에 십자가를 세우고 예배를 드린 것이었다.[30] 바로 이 사건 이후로 프스코프와 주변 지역의 올가와 관련 장소에서 예배드리는 전통이 다시 살아나기 시작하였던 것이다.[31]

올가 협회원들이 십자가를 세운 장소는 물론, 그 날짜와 십자가 자체는 사실 깊은 역사적 의미를 지니고 있다. 첫째, 7월 24일은 올가가 사망한 날로서 1917년 볼셰비키 혁명 이전까지 전통적으로 러시아 정교회에서 축일로 지정해서 예배를 드리는 날이었다.[32] 둘째, 십자가와 장소는 올가의 기독교 세례와 관련이 깊다. 10세기 중반 올가 공후가 당시 비잔틴(동로마)제국 수도인 콘스탄티노플을 방문하여 그곳에서 세례를 받고 기독교인이 되었다.[33] 프스코프에 전해져 내려오는 전설에

29) 올가 협회는 원래 1차 대전 직전인 1914년 로마노프 가문 출신의 그리스 여왕 올가 콘스탄티노브나에 의해서 창립되었다. 당시 여왕은 올가 공후의 고향 비부티에 교회를 세우고 프스코프에는 올가 공후의 동상과 교회를 세울 계획을 세웠으나, 1차 대전의 발발과 러시아 혁명으로 모든 것이 무산되었다. Ольга Волочкова, "Всероссийское Ольгинское общество," *Псковский Летописец*. Краеведческий альманах (1/2009), стр. 22.

30) Там же, стр. 23, 25; "Княгина Ольга," Памятные места Пскова, связанные с именем Княгини Ольги. http://www.bibliopskov.ru/olga24.htm (검색일: 2011 5. 25).

31) Волочкова, "Всероссийское Ольгинское общество," стр. 25.

32) Там же, стр. 22.

의하면 그 후 그녀가 고향땅인 프스코프를 방문했을 때 하늘에 세 개의 신비한 빛이 나타났다고 한다. 사람들은 그것을 앞으로 프스코프의 밝은 미래를 예언하는 징후로 받아들였다. 이것을 목격한 장소에 올가 공후는 참나무 십자가를 세웠고, 이 장소가 바로 벨리카야 강의 좌안 어느 곳이었다. 이 사건 이후 그 장소는 프스코프 주민들에게 신성한 장소로 여겨지게 되었다.[34] 이후 그 참나무 십자가는 강 반대편에 위치한 삼위일체 성당으로 옮겨졌는데, 1609년 프스코프 대화재시에 도시 전체와 크레믈린이 불탈 때에 십자가도 같이 소멸되었다.[35] 올가 회원들이 1991년 7월 24일 세웠던 십자가는 바로 삼위일체 성당에 세워졌던 '올가의 십자가'를 본떠 만든 것이었으며, 장소는 바로 최초의 올가의 십자가가 있었던 곳으로 짐작되는 곳이었는데 그 장소는 또한 다음 절에서 살펴볼 '올가 예배당'이 위치하고 있었던 지점과 일치한다.

소련 붕괴이후 올가 협회는 여러 활동을 통해 올가를 프스코프의 상징으로 부상시키는 데에 중요한 역할을 하였다. 예를 들면 첫째, 올가 협회는 올가 공후와 관련 있는 장소를 둘러보는 관광루트와 성지순례 코스개발, 올가의 이름과 관련 있는 지명 복원운동을 수행하였다.[36] 둘째, 협회원들은 1994년 5월 23-24일 처음으로 올가와 관련한 독회를 개최하여 지역 사회에 올가에 대한 담론을 확산시키는데 공헌을 하기도

33) 올가 공후가 세례를 받은 시기에 대해서 학자들은 대략 945-957년 사이로 추정하고 있다. 비록 올가 공후의 콘스탄틴 방문에 대해서는『지나간 시절의 이야기』를 비롯, 여러 연대기에게서 언급하고 있고 당시 비잔틴제국 황제 콘스탄티노스 7세의 저서 『비잔티움 궁전 의전』에도 상세히 묘사되어있지만, 어떠한 기록도 정확한 연도를 남기지 않았다. 다만 『니콘연대기』에 올가의 방문을 955년으로 적고 있는 사실과 당시 비잔틴제국의 역법체계로 계산해 보았을 때 957년이 가장 근접한 해라고 볼 수 있다. 한정숙,『여성은 이렇게 말했다: 서양 고전과 역사 속의 여성 주체들』 (서울: 도서출판 길, 2008), pp. 393-95.

34) Левин, *Псков на старых открытках,* стр. 307.

35) Там же, стр. 308.

36) Волочкова, "Всероссийское Ольгинское общество," стр. 22-23.

하였다. 슬라브 문학주간 동안 개최된 올가 독회에서 11개의 발표가 이루어졌다. 또한 2003년 프스코프 창립 1100주년 기념 행사에서 개최된 제2회 올가 독회는 '역사 속의 여인들과 프스코프 지역 문화'라는 주제 하에 무려 20개의 발표가 이루어졌다. 이후 올가 협회는 매년 3월 올가 독회를 개최해오고 있다.[37] 셋째, 올가와 관련한 자료의 출판을 주도하였다. 올가 협회원 중 러시아 문화연구의 대가인 과학아카데미 회원 판첸코(Панченко А.М.)는 '프스코프 지역의 전설'이라는 프로젝트의 일환으로 '프스코프 지역-올가 공후의 고향'이라는 글을 쓰고 프스코프 향토연구가 레빈(Левин Н.Ф.)이 수집한 엽서들로 꾸민 첫 번째 소개 책자를 발간하여 프스코프 주민들에게 올가에 대한 관심을 불러일으켰다.[38] 넷째, 올가 협회는 박물관에서 올가와 관련된 여러 행사를 조직하여 지역 주민들의 관심을 유도했는데 그 중 한 가지는 올가와 관련된 크리스마스 행사를 조직하고 프스코프 주의 민속학, 고고학, 고지리학 관련 전시와 올가 협회 창립 10주년 기념 전시를 하는 것이었다.[39]

이러한 행사와 더불어 탈소비에트 시기 올가 공후를 프스코프의 가시적 상징으로 만드는 데에 결정적인 기여를 한 것은 아마도 올가의 고향으로 알려진 프스코프 시 부근의 비부티(Выбуты)의 올가 관련 기념물 복원과 정비, 프스코프의 올가 예배당 복원과 올가 동상의 건립일 것이다.

4.1 올가 고향의 복원

1992년부터 프스코프 시 당국은 올가의 날을 프스코프 시의 날로 지정해 매년 기념행사를 거행하고 있는데,[40] 사실 올가 공후와 관련된 기

37) Там же, стр. 28.
38) Там же.
39) Там же.
40) "Древний ПСКОВ отметил 1105-ю годовщину со дня первого упоминания города в летописи," Город Псков. 28 июля 2008. http://www.pskovgorod.ru/

억을 복원하는 작업은 프스코프뿐만 아니라 올가의 고향으로 알려진 비부티라는 작은 마을까지 확산되었다. 1990년대 초까지만 해도 비부티에 있는 올가 공후와 관련된 역사적인 유적들은 사람들의 무관심 속에 방치되어있어 보존 상태는 무척 열악했다. 15세기에 세워진 것으로 알려진 선지자 일리야 교회(Церковь Илии Пророка)[41] 외벽에는 여기저기 구멍이 나있었고, 예배당 유리는 깨진 채로 방치되어있었고 예배당 문의 자물쇠는 뜯겨져 나가있었다. 또한 이 교회로 향하는 길은 인적이 끊긴지 오래되어 잡초로 뒤덮여 길 자체를 알아 볼 수 없었다. 이런 상태를 올가 협회원들이 바꿔놓았다. 90년대 초부터 매년 올가의 날 직전 올가 협회원들이 비부티를 방문해 예배당과 주변을 청소하기 시작했고 나중에는 프스코프 지구 당국이 이러한 환경정비 사업을 도와주기 시작하였다.[42] 2년여에 걸쳐 올가 협회는 예배당 건물의 구멍 난 곳을 보수하고, 주변을 추가 발굴하여 역사적 유물을 찾아내고, 도로를 놓았다. 1993년에는 비부티에 지어졌던 올가 예배당의 무너진 자리에 십자가도 세웠다.[43] 또한 일리야 교회 옆에 '올가 바위'라고 불리는 커다란 돌에 "비부티—올가의 고향"이라는 문구를 세긴 현판을 부착하였고, 1993년 7월 23일에는 처음으로 일리야 교회 옆에서 올가 공후를 위한 기도식을 거행하였다. 이 외에도 올가의 기념일인 7월 24일에는 프스코프에서 비부티까지의 종교행진을 진행하였는데[44] 이 행진은 바로 제정 시기의 종교 행사를 부활시킨 것이었다.[45]

---

cats.html?id=141&aid=308. (검색일: 2011. 5. 25); "Ольгинские рождественские встречи." http://www.museum.ru/N24996 (검색일: 2011. 5. 28)

41) 일리야 교회가 역사 기록에 처음 등장하는 것은 1585-87년 경이다. 이 역사적인 건물은 제2차 세계대전 당시 손상을 입어 부분적으로 파괴되었으나, 1955-57년 동안 복구되었다. Выбуты. http://ru.wikipedia.org (검색일: 2011. 4. 20)..

42) Волочкова, "Всероссийское Ольгинское общество," стр. 25

43) Там же.

44) Там же.

45) 이 행진을 처음으로 제안한 자는 19세기 중엽 프스코프 지역 향토연구에 많은 업적을 남긴 지역 신학교 감독관 알렉산드르 크냐제프 (Александр Князев)이

[그림 2] 올가의 십자가 (벨리카야강 좌안. 1991.7.24설립)

[그림 3] 비부티의 선지자 일리야 교회[46]

1995년 프스코프 주정부는 올가 협회의 제안을 받아들여 드디어 '러시아의 성자, 올가 공후에 대한 추모를 영속시키는 것에 대하여'의 법안을 발표하였는데, 이 법안에 따라 주 정부는 문화관광 위원회에게 비

었다. 크냐제프의 제안을 수용한 프스코프 총대주교 페오그노스트(Феогност)는 신성종무원과 당시 황제 알렉산드르 2세의 승인을 받은 후 1862년 7월 10일(구력) 올가의 날 행사 일환으로 행진을 시작하였다. 행진은 삼위일체 성당에서 출발해 당시 벨리카야 강에 임시로 설치되어있던 부교를 지나 강좌안의 올가 예배당에서 총대주교가 기도를 드린 후 걸어서 비부티까지 행진하였다. 밤에 비부티에 도착하면 그곳의 일리야 교회에서 축하예배를 드리고 교회 옆의 올가 바위(Ольгин камень)옆에서 잠시 휴식을 취한 후 프스코프로 되돌아왔다. Натан Левин, "Святая равноапостольная княгиня..." *Псковский Летописец. Краеведческий альмонах* (1/2009), стр. 17.

46) [그림 2] http://sobory.ru/photo/?photo=54628; [그림 3] www.malinovka-nord.eluoru.ru

부티의 교회 무덤과 주변을 보호지역으로 설정하는 상세 계획을 일임하였고, 같은 해 프스코프의 '특별 복원계획' 연구소가 세부계획을 수립, 1997년 보호구역이 설정되었다.[47] 이는 프스코프 주정부가 올가 고향의 유적을 관리하고 보수·유지하는 것을 의미하는 것이었으며, 이로써 비부티가 바로 공식적으로 올가 고향은 '성지'로 재탄생하게 되었던 것이다.

4.2 올가 예배당의 복원

프스코프 주민들에게 올가 예배당은 특별한 의미를 갖는다. 1917년 러시아 혁명 이전까지 벨리카야 강의 좌안은 '올가 연안'이라고 불렸다.[48] 이 강의 좌안에는 앞에 살펴보았던 '올가의 십자가'가 최초로 세워졌던 곳이고 또 한편으로는 1960년대 초까지만 해도 '올가 예배당'이 위치하였던 장소였다. 이 예배당은 17세기 초 프스코프 대화재 이후 언제인지 정확한 기록은 없지만 올가의 십자가가 원래 위치하였던 벨리카야 강 좌안에 건설되었다.[49] 1891년에는 도시의 부유한 상인 예핌 힐로프스키(Хиловский Е.)가 거액의 기부금을 내서 대대적으로 보수하는 등 볼셰비키 혁명 전까지만 해도 프스코프의 상징으로 남아있었으나 소비에트 정권이 들어서고 반종교 캠페인이 한창 진행되던 1935년에 폐쇄되었다.[50] 이후 1953년 스탈린 사후 흐루시쵸프 정부가 들어서면서 제2차 대전(1941-45)과 전후 시기 한동안 유지되었던 교회에 대한 관용정책이 막을 내리게 되었고, 급기야 1962년 프스코프 시당국은 올가 예배당을 아예 부숴버렸다.[51]

---

47) Волочкова, "Всероссийское Ольгинское общество," стр. 25.
48) Левин, *Псков на старых открытках,* стр. 307.
49) Там же. стр. 308.
50) Там же. стр. 309.
51) Там же.; "Княгиня Ольга." Памятные места Пскова, связанные с именем Княгини Ольги.

[그림 4] 올가 예배당 20세기 초

[그림 5] 2000년 신축 됨. 강 건너 뒤편으로 삼위일체 성당이 보인다.52)

그러나 소련 붕괴 후인 1994년 프스코프 올가 협회는 이전에 예배당이 위치했던 장소에 새로운 예배당을 짓기로 결정하고 디자인을 공모했다. 결국 공모된 4개의 계획안 중에 프스코프 건축가 알렉세이 크라실니코프(Красильников А. Д.)의 안이 채택되었고 구체적 건설안은 1995년에 수립되었다. 하지만 예배당 건설이 즉시 착수된 것은 아니었

52) [그림 4] Левин, *Псков на старых открытках*, стр. 308; [그림 5] http://www.suvenirograd.ru/ sights.php?page=92&lang=1 (검색일: 2011. 7. 7).

다. 자금이 문제였다. 이후 예배당 설립 기금 모집을 위한 올가 협회의 수년에 걸친 노력과 우여곡절 끝에 주 정부 문화위원회가 적극적으로 나서서 러시아연방 문화부로부터 자금 지원을 받아냈다. 이로써 1999년 12월 예배당 착공식을 가졌고 이듬해인 2000년 도시 창설 1025주년 기념일이자 올가의 날인 7월 24일 도시민들과 종교계 및 정부관계 인사들이 함께 모여 예배당의 축성식을 가지게 되었다.[53] 이는 예배당이 파괴된 지 실로 38년만의 재건이었던 것이다.

중앙 정부의 자금지원에 의한 올가 예배당의 재건은 마침 정교를 새로운 단합된 러시아 국가 정체성 건설을 위해 적극적으로 이용하기 시작한 러시아 정부의 정책과도 궤를 같이 하는 것임을 의미하는데, 올가 예배당의 축성식에 지방 정치 엘리트와 종교 지도자들이 대거 참석한 사실은 이 같은 점을 입증해준다.[54]

4.3 올가 동상의 건립

탈소비에트 시기 프스코프 상징으로서 올가 공후의 부활의 또 다른 사건은 올가 동상의 건립이다. 한가지 흥미로운 점은 올가의 고향과 예배당의 복원을 위해서는 프스코프의 지역 엘리트로 구성된 올가 협회가 결정적 역할을 한 반면, 올가 동상의 건립은 '중앙'(중앙정부 및 모스크바 정교회 본부)으로부터의 이니셔티브가 결정적 역할을 했다는 것이다. 이 같은 예는 곧 탈소비에트 시기 지역의 상징이 반드시 지역

---

53) Волочкова, "Всероссийское Ольгинское общество," стр. 28; "Княгиня Ольга." памятные места Пскова, связанные с именем Княгини Ольги.

54) 이 행사에는 프스코프 시 정교회 주교와 삼위일체 성당의 장인 요한 무하노프(Иоанн Муханов) 신부, 올레크 테오르(Олег Тэор) 주교는 물론 프스코프 주지사 미하일로프와 프스코프 시장 호로넨 그리고 프스코프 부시장 칼리닌(Калинин И. Е.), 프스코프 주 문화부 책임자 골리셰프 그리고 프스코프 지역 기념물 보호 책임자 무시추크(Мусийчук В. М.) 등 정부 책임자들이 대거 참석하였다. "Ольгинская часовня," Ольгинская набережная. Мир псковичей. http://pskovi chka.ru/publ/iz istorii pskovoskogo kraja/chasovni pskova/12-1-0-147 (검색일: 2011. 5. 25).

엘리트에 의해서만 복원되었던 것이 아니라 지방의 상징을 정치적으로 이용하려는 중앙의 직간접적인 "간섭"에 의해서도 부활했음을 보여준다.

프스코프의 상징적 인물인 올가의 동상 건립을 처음으로 제안한 것은 아이러니하게도 프스코프 주나 시 당국이 아니라 외부의 인사들이었다. 프스코프가 2003년 도시 건립 1100주년을 맞이한다는 것은 중앙 정부 기관의 선전에 의해 여타 지방의 주민들에게 일찍부터 선전되었는데, 그 예로써 도시 창립 기념일 1년 전인 2002년 3월 25일 러시아 통신부(Министерство связи Российской Федерации)에서 찍어낸 기념 우편봉투를 들 수 있다. 그 통투에는 "프스코프, 903-2003. ***러시아***의 성녀 올가 공후 예배당"이라는 문구와 함께 프스코프에 세워진 올가 예배당의 모습이 그려져 있다.[55] 2003년 3월에는 "러시아의 성녀 올가 공후 고향 비부티의 교회 마당"이라는 제목으로 비부티의 일리야 교회가 도안된 우편 봉투가 발매되었다.[56] 중앙 정부 차원에서 각 지방의 상징물을 골라 우편 봉투에 정기적으로 그려 넣는데 프스코프 건설 1100주년 기념 상징으로 올가와 관련된 것을 그려 넣음으로서 타지역 사람들에게 올가를 프스코프 및 러시아의 상징으로 부각시키는 역할을 하였다.

러시아 정교회에게도 최초의 여성 성인 올가가 건설한 도시가 1100주년을 맞게 된다는 것은 큰 의미를 가진다. 이러한 상황에서 모스크바의 러시아 정교회 소속의 조각가 뱌체슬라프 클리코프(Вячеслав Клыков)는 2001년 9월 올가와 988년 정교를 루시의 국교로 선언한 그의 손자 블라디미르의 조각상을 프스코프 시 설립 1100주년 기념일인 2003년 7월에 맞추어 건립하겠다고 제안하였다.[57] 1년 후에는 소비에트 및 러시아 연방 인민예술가인 주라프 체레텔리(Зураб Церетели) 또한 올가 동

---

55) http://agst.narod.ru/XMKR/2002/march2002.htm. 굵은 이탤릭체는 필자의 강조.

56) http://agst.narod.ru/XMKR/2003/march2003.htm

57) "Памятник княгине Ольге в Пскове." Сувенироград. Сувениры интересных мест. http://www.suvenirogorad.ru/sights.php?id=1597&lang=1&pid=6378 (검색일: 2011. 5. 25).

상을 제작해 프스코프에 설치하겠다고 프스코프 시에 제안해왔다.[58)]

프스코프 지방 정부가 먼저 올가 동상 건립에 선뜻 나서지 못한 이유에 대해서는 분명히 알 수 없으나 예산부족이 주요한 이유 중 하나로 보인다. 앞서 살펴보았듯이 소연방 해체이후 1990년대 내내 프스코프 지방정부의 경제 상황은 무척 어려운 상황에 처해있었으며, 2003년 도시 건설 1100주년을 준비해야하는 상황에서 프스코프 시와 주정부의 예산 상황은 무척 힘든 상황이었다. 이런 상황에서 프스코프 시 정부로서는 누구의 동상을 거절하고 누구의 동상을 채택할 것인가 결정하는 것은 결코 쉬운 문제가 아니었다. 시 정부는 결국은 2002년 말 두 사람이 제안한 동상 모두를 건립하기로 결정하였다.[59)] 하지만 예산이 문제였는데, 클리코프가 만든 동상은 12미터 정도의 높이로 건립비용은 약 550만 루블 정도가 필요한 것으로 계산되었다. 클리코프 측은 자금을 '슬라브 펀드'로부터 가져올 수 있음을 시사했다.[60)] 체레텔리는 러시아 예술아카데미 회장으로서 예술계의 유명 인사이자 당시 모스크바 시장 류시코프의 신임을 받고 모스크바 새로운 상징물들을 건설하고 있는 예술가였는데, 유명하지만 논란이 많은 인물이었다. 그가 만들려는 동상은 3.2미터 높이였는데 올가 동상 건립추진 업무를 맡은 프스코프 시위원회는 체레텔리가 제작한 올가 동상 건립을 위해 러시아 예술 아카데미 명의로 당시 러시아연방 부총리 발렌틴 마트비옌코(Валентин Матвиенко)에게 체레텔리의 올가 동상 건립을 허락해달라고 요청하는 편지까지 준비하고 있었다.[61)] 사실 마트비옌코는 2003년 열린 프스코

58) 체레텔리는 그루지야 출신의 조각가로 모스크바 시의 요청에 따라 1997년 표트르 대제의 러시아 해군 창설 300주년을 기념하기 위해 모스크바 강변에 세운 높이 98미터의 거대한 표트르 I세 동상의 제작자로 유명하다. "Петра Первого решено оставить на прежнем месте." 18 Ноября 2010. http://news.mail.ru/society/4802826 (검색일: 2011. 6 .6).

59) Памятник княгине Ольге в Пскове.

60) "Вопрос о строительстве в Пскове памятника княгине Ольге пока не решен," ПЛН. 14. 11. 2002. http://pln-pskov.ru/news/6929.html (검색일: 2011. 6. 3).

프 시 창설 1100주년 기념행사 준비를 담당하고 있는 조직위원회의 책임자였으며, 체레텔리는 그 위원회의 회원이기도 하였다.[62] 비록 정교회 소속 조각가 클리코프의 올가 동상은 도시 중심부에 위치한 공원에 설립되기로 결정이 되었지만 체레텔리의 올가 동상 건립에 대해서는 논쟁거리가 되었다.[63] 하지만 체레텔리는 프스코프 주지사 예브게니 미하일로프를 직접 만나 동상설치 문제를 논의하였고, 이후 2003년 4월 17일 그가 직접 프스코프 시를 방문하여 동상 자리를 물색한 후 결국 도시 창건 기념일을 며칠 앞둔 7월 22일 도시 중심부에서 떨어진 '리가 호텔(гостиница Рижская)' 앞 공원에 세워지게 되었다.[64]

이러한 우여곡절 끝에 결국 프스코프 시 창건 1100주년 기념식에 즈음한 2003년 두 개의 동상이 제막식을 갖게 되었다. 이로써 프스코프 시는 1914년 올가 동상을 세우려고 계획을 세웠다가 제1차 세계대전 발발로 중단되고 이후 볼셰비키 혁명으로 백지화되었던 혁명 이전의 상징이었던 올가 공후를 부활시켰던 것이다.[65]

---

61) "В Пскове может появиться памятник княгине Ольге работы Зураба Церетели," ПЛН. 17. 5. 2002. http://pln-pskov.ru/news/3615.html (검색일: 2011. 6. 1).

62) Там же.

63) 정확한 이유를 설명해주는 문건은 아직 발견하지 못하였지만 필자가 추측하기에 자신의 예술 작품을 서방 국가에 팔기로 제안하였다가 거절당하기도 하는 등 그의 "상업적" 재간으로 인해 세간에 구설수가 되었던 체레텔리가 만든 올가 동상 설치에 대해 반대하는 주민들이 있었을 것으로 보인다. 체레텔리는 본인이 만든 동상을 프스코프 시에 선물 형식으로 제공하였는데 한 언론 보도에 의하면 당시 프스코프 시장이었던 미하일 코로넨은 체레텔리 동상 설립 문제에 대해, "물론 프스코프 시민의 한 사람으로서 클리코프의 올가 동상을 더 좋아한다. 하지만 체레텔리의 올가 동상은 사실 선물을 거절할 사람이 세상에 어디 있겠는가? 따라서 프스코프 시에 두 동상 모두 세워질 것이다"고 답했다. Olga Andreyeva, "When the Bells Solemnly Ring..." *The Baltic Course*. www.baltic-course.com/archive/eng/index.htm-read=266.htm (검색일: 2011. 6. 6).

64) "В честь юбилея над Великой прозвучит 1100 залпов," ПЛН. 22. 7. 2003. http://pln-pskov.ru/news/10688.html; "В Псков прибыл скульптор Зураб Церетели," ПЛН. 17. 4. 2003. http://pln-pskov.ru/news/9328.html (검색일: 2011. 6. 6).

[그림 6] 올가 동상 클리코프 작

[그림 7] 올가 동상 체레텔리 작[66]

5. 결 론: 올가 상징의 부활과 프스코프 지역 정체성

위에서 살펴본 것처럼 프스코프 곳곳에 올가 공후가 도시 상징으로 부활함으로써 지역 주민들은 올가에게 더욱 다가갈 수 있게 되었고 자연스럽게 일상생활의 일부가 되었다. 공원에서 휴식을 취하면서, 프스

65) "Памятник княгине Ольге в Пскове."

66) [그림 6] http://www.skobari.ru/novost34.html; [그림 7] http://www.tsereteli.ru/objects_x.php?ctlg=9. (검색일: 2011. 7. 7).

코프 크레믈린 내의 삼위일체 성당에서 예배를 드리면서, 벨리카야 강변을 거닐면서 그리고 벨리카야 강을 가로지르는 다리를 건너면서 올가를 접할 수 있게 되었다. 더구나 올가의 고향인 비부티를 찾는 지역 주민의 수는 매년 늘어나고 있다. 이들 조형물들과 장소는 분명 에드워드 소자가 개념화한 실제와 상상이 결합된 '제3의 공간(Third Place)'의 역할을 하고 있다.[67] 즉, 탈소비에트 도시 공간에 설치된 올가 관련 상징들과 곳곳에 올가의 이름이 붙은 장소는 그 곳을 방문하거나 그 상징물들을 쳐다보는 사람들로 하여금 의식·무의식적으로 올가 공후와 관련된 전설을 생각하게 만들고 그것의 종교적 의미를 되새겨보게 만듦으로써 자기 정체화(self-identification) 하는 계기를 제공하고 있다. 바로 이런 점에서 올가 상징은 프스코프 지역 정체성 형성에 중요한 역할을 하고 있다고 할 수 있다.

단지 동상이나 예배당 같은 유형물뿐만 아니다. 지역 정치인들 그리고 종교 지도자들이 사용하는 올가 관련 수사(rhetoric)들도 지역 정체성 형성에 직간접적으로 영향을 주고 있다. 프스코프의 정치, 종교 지도자들은 정치적 혹은 종교적 메시지를 주민들에게 전할 때 올가 공후를 자주 인용한다. 예를 들어 2010년 6월 12일 '러시아의 날(День России)'[68]에 즈

---

67) 송준서, "포스트소비에트 시기 러시아 지역 정체성의 변화: 우랄 지역 모노고로드(моногород)를 중심으로," 『슬라브학보』, 제25권 4호 (2010. 12), pp. 133, 150, 155.

68) 탈소비에트 러시아의 새로운 국경일로 1990년 6월 12일 러시아연방 인민대의원 제1차 대회에서 "러시아 소비에트사회주의 연방공화국 국가주권 선언"을 채택한 것을 기념하는 날이다. 이 선언에 대한 평가는 양면적인데, 한편으로는 소련의 15개 공화국 중의 하나였던 러시아 공화국이 공산당 독재에서 벗어나 독립을 이루게 된 긍정적 계기로 평가하는가 견해가 있고, 반대로 소련의 해체를 가속화 시키는 부정적 결과를 가져왔다고 보는 견해도 있다. 이 선언의 주요 내용 중 하나는 소연방 법률보다 러시아 공화국 헌법에 더 우선권을 부여한다는 원칙이다. 1992년부터 공휴일로 지정되었으며 '(러시아) 독립의 날'로 불리우다가 1998년부터는 '러시아의 날'로 불리고 있다. CDI Russia Weekly. http://www.cdi.org/russia/261-4.cfm; Елена Куприянова, "С Днем России!" http://www.smi.ru/09/06/11/909423512.html (검색일: 2011. 5. 25).

음하여 프스코프 시장 체체르스키(Цецерский И. Н.)는 이날의 의미를 프스코프 시민의 입장에서 조망하면서 "프스코프 여인으로서 사도에 준하는 공후 부인(равноапостольная княгиня)이었던 올가는 현명한 지도자였고 루시의 발전을 위해 많은 일을 하였다...프스코프 인들은 선조들의 자랑스러운 전통을 잘 계승할 것으로 믿는다"며 올가를 인용하여 '러시아 날'의 의미를 강조하였다.[69] 또한 2003년 프스코프 출신 국가두마 의원인 미하일 쿠즈네초프(Кузнецов М.)는 프스코프 시장 미하일 호로넨(Хоронен М.)과 프스코프 전체 주민들에게 보낸 축하 메시지에서 올가 공후를 프스코프 설립에 기여한 역사적 인물이자 러시아인에게 자의식을 제공하는 인물로 꼽았다.[70] 지역 정치인들은 올가를 이용해 주민들에게 모범적인 국민이 되라는 애국적이며 정치적 메시지를 전달하였던 것이다. 그런가하면 2000년 올가 예배당의 축성식에서 프스코프 정교회 대주교는 "올가 예배당을 헌당하고 축복합니다! 이 기념물이 축복받은 올가 공후의 일에 대해 기억할 수 있게 하여주십시오. [예배당의 건립이] 현재 우리의 지도자들에게 가치 있는 업적의 한 본보기가 되게 해주십시오..."라는 종교적 이해관계를 담은 메시지를 전했다.[71]

---

69) "Поздравление с Днем России" (11 июня 2010). http://www.pskovgorod.ru/news.html?id=4622 (검색일: 2011. 5. 25).

70) "Депутат Госдумы Михаил Кузнецов поздравил всех псковичей с 1100-летним юбилеем Пскова," ПЛН. 18. 7. 2003. http://pln-pskov.ru/news/10640.html

71) "Ольгинская часовня." Мир псковичей. 최근 러시아 정교회가 올가 공후를 정치적 목적으로 사용하는 경우는 심심치 않게 눈에 띄며 프스코프 정교회 대주교의 정치적 색깔을 띤 연설 또한 이러한 맥락에서 이해할 수 있다. 올가 공후가 러시아 정교회에 의해 정치적 목적으로 이용되는 또 다른 경우는 성 올가 훈장(Орден Святой равноапостольной княгини Ольги)의 수여를 들 수 있다. 러시아 정교회는 국가와 사회에 공헌을 한 여성에게 수여하는 이 훈장을 2006년 5월 라트비아 내 러시아 정교회를 보호한 공으로 라트비아 여성 대통령인 바이라 비케-프레이베르가(Vaira Vike-Freiberga)에게 수여하였고, 2007년에는 러시아 메드베데프 대통령 부인 스베틀라나 메드베데프에게 수여하였다. 대통령 영부인은 이 훈장 수여받은 이후 러시아 정교회 관련 활동을 활발히 펼치고 있다. "Святейшему Патриарху Алексию вручена высшая

탈소비에트 시기 올가 공후는 프스코프의 새로운 상징으로 부상하였는데 이는 소비에트 전통과의 결별과 함께 지역 정체성의 재정립을 의미하는 것이었다. 지역 엘리트들은 올가와 관련된 많은 것들을 소비에트 정권 수립 이전 그리고 제1차 대전 발발 이전의 모습으로 복원시켰다. 올가 예배당의 축성식을 가질 즈음하여 프스코프의 한 지방 언론은 이러한 행사가 단지 강둑 옆의 길을 막고서, 오래 동안 기다려왔던 행사를 거행하는 것에서 그치는 것이 아님을 강조했다. 그 보다는 거기서 더 나아가 과거 소비에트 시절 "능욕 당했던 올가 성소(聖所) 재건의 구체적인 첫 발걸음"이라고 지적하면서 정말 "기적 같은 일"이 일어났다고 보도했다.[72] 분명 탈소비에트 시기 프스코프에 등장한 올가 동상, 예배당, 그리고 올가 고향의 교회 등은 프스코프 지역 주민들로 하여금 하나의 새로운 상상의 공동체(imagined community)를 만들어 나가게 하고 있으며, 지역 주민들의 정체성을 형성시키는 매개체 역할을 하고 있다.

다만 한 가지 지적해야 할 사항은 한 지역에 한 가지의 지역 상징 만이 있는 것은 아니라는 점이다. 지역의 역사적 경험에 따라 그리고 지정학적 요인에 따라 복수의 지역 상징이 있을 수 있다. 이런 점에서 프스코프의 지역 정체성을 이루는 요소는 올가 공후만이 있다고 주장하는 것은 무리일 것이다. 다만 탈소비에트 시기 러시아 정교의 부활과 국가 기원에 대한 논의와 연관 지어 프스코프에서 올가 공후는 분명 지역 정체성의 특성을 규정하는 가장 중요한 인물 중의 하나이다. 그러나 프스코프 지역 정체성에 대한 보다 완성도 높고 균형 잡힌 이해를 위해

государственная награда Латвии," Русская православная церквь (2006. 5. 27); www.mospat.ru; "Russian First Lady Seen Actively Promoting Orthodox Church - Analysis," *Eurasia Review: News & Analysis* (2011. May 9) http://www.eurasiareview.com/09052011-russian-first-lady-seen-actively-promoting-orthodox-church-analysis/ (검색일: 2011. 9. 18).

72) "Ольгинская часовня," Мир псковичей.

서는 또 다른 상징도 찾아보아야 할 것이다. 사실 국경 지역이라는 프스코프의 지정학적 위치로 인해 끊임없이 외침을 받아온 프스코프 주민들에게는 지역 안보와 관련한 역사적 사건이나 인물 또한 지역 정체성 형성에 중요한 영향을 미쳐왔다. 이런 점에서 국경지대로서의 프스코프의 지역의 상징 정체성의 문제는 별도의 연구를 필요로 하는 부분일 것이다.

참고문헌

김문황. 『고대 러시아 문학사: 어둠을 밝히는 횃불』. 서울: 건국대학교 출판부, 2002.

김상현. "러시아 국가 정체성의 역학관계 모델과 정치-문화 상징의 함의: 푸틴 시대의 국가 정체성 재고를 위한 시론." 『국제지역연구』. 제12권 4호 (2009. 1)

송준서. "포스트소비에트 시기 러시아 지역 정체성의 변화: 우랄 지역 모노고로드(моногород)를 중심으로."『슬라브학보』. 제25권 4호 (2010. 12).

스이로프, C. H. 『러시아의 역사: 고대 루시에서 볼쉐비끼 혁명까지』. 기연수 역. 서울: 동아일보사, 1988.

한정숙. 여성은 이렇게 말했다: 서양 고전과 역사 속의 여성 주체들』. 서울: 도서출판 길, 2008,

홍석우. "우크라이나인들의 민속 문화에 나타난 혼합적 종교성." 『슬라브 硏究』. 제24권 1호 (2008).

______. 『우크라이나: 코자크와 오렌지혁명의 나라』. 서울: 한국외국어대학교, 2008.

황동하. "국가 상징과 현대 러시아의 국가정체성." 『러시아연구』. 제16권 2호 (2006).

Данилов. А.А., Косулина. Л.Г. 『러시아 역사』. 문명식 편역. 서울: 신아사, 2009.

Волочкова, Ольга. “Всероссийское Ольгинское общество.” *Псковский Летописец. краеведческий альмонах*. 1/2009.

История России *IX-XX веков*. Санкт-Петербург, 1996.

Краснопевцев В. *Улицы Пскова*. Псков, 1994.

Левин. Н.Ф. *Псков на старых открытках*. Псков, Издательский Дом ‘СТЕРХ,’ 2004.

____________. *Псков на старых открытках. альбом в четырёх частях*. Псков, 2009.

____________. “Святая равноапостольная княгиня...” *Псковский Летописец*. Краеведческий альманах, 1/2009.

Alexseev, Mikhail A. & Vladimir Vagin. “Russian Regions in Expanding Europe: The Pskov Connection.” *Europe-Asia Studies*. Vol. 51, No. 1 (1999).

Hentosh, Liliana and Bohdan Tscherkes. “L'viv in Search of Its Identity: Transformations of the City's Public Space.” In ed. by John Czaplicka, Nida Gelazis, and Blair A. Ruble, *Cities After the Fall of Communism: Reshaping Cultural Landscapes and European Identity*. Baltimore: The Johns Hopkins University Press, 2009.

Hobsbawm, Eric and Terence Ranger. ed. *The Invention of Tradition*. Cambridge: Cambridge University Press, 1989.

Kazmina, Olga. “Religion,” *Understanding Contemporary Russia*. Ed. by Michael L. Bressler Boulder and London: Lynne Rienner Publishers, 2009.

Petro, Nicolai N. *Crafting Democracy: How Novgorod Has Coped With Rapid Social Change*. Ithaca and London: Cornell University Press, 2004.

“Pskov (and Pskovians).” *Russian Life* (July/August, 2003).

인터넷 자료

“В Пскове может появиться памятник княгине Ольге работы Зураба Церетели.” ПЛН. 17. 5. 2002. http://pln-pskov.ru/news/3615.html (검색일: 2011. 6. 1).

“В честь юбилея над Великой прозвучит 1100 залпов.” ПЛН. 22. 7. 2003.

http://pln-pskov.ru/news/10688.html (검색일: 2011. 6. 1).

“В Псков прибыл скульптор Зураб Церетели.” ПЛН. 17. 4. 2003. http://pln-pskov.ru/news/9328.html (검색일: 2011. 6. 6).

“Вопрос о строительстве в Пскове памятника княгине Ольге пока не решен.” ПЛН. 14. 11. 2002. http://pln-pskov.ru/news/6929.html (검색일: 2011.6. 3)

“Выбуты.” http://ru.wikipedia.org (검색일: 2011. 4. 20).

“Депутат Госдумы Михаил Кузнецов поздравил всех псковичей с 1100-летним юбилеем Пскова.” ПЛН. 18. 7. 2003. http://pln-pskov.ru/news/ 10640.html (검색일: 2011. 7. 7.)

“Древний ПСКОВ отметил 1105-ю годовщину со дня первого упоминания города в летописи.” Город Псков. 28 июля 2008. http://www.pskovgorod.ru/cats.html?id=141&aid=308. (검색일: 2011. 5. 25)

“История.” Город Псков. http://www.pskovgorod.ru/cats.html?id=28 (검색일: 2011. 6. 2).

“Княгиня Ольга.” Памятные места Пскова, связанные с именем Княгини Ольги (Централизованная библиотечная система города Пскова). http://www.bibliopskov.ru/olga24.htm (검색일: 2011. 6. 2).

Крецул, Роман. “Киевскя Русь—не Украина.” *Взгляд*. 19 Май 2010. http://www.vz.ru/society/2010/5/19/403418.html (검색일: 2011. 7. 1).

Куприянова, Елена. “С Днем России!” http://www.smi.ru/09/06/11/909423512.html (검색일: 2011. 5. 25)

“Ольга (княгиня Киевскя).” http://ru.wikipedia.org. (검색일: 2011. 7. 7)

“Ольгинская часовня.” Ольгинская набережная. Мир псковичей. http://pskovichka.ru/publ/iz istorii pskovoskogo kraja/chasovni pskova/12-1-0-147 (검색일: 2011. 5. 25.)

“Ольгинские рождественские встречи.” http://www.museum.ru/N24996 (검색일: 2011. 5. 28)

“«Орден княгини Ольги» (Украина).” http://onagradah.ru/orden-knyagini-olgi/; http://www.omsa.org/photopost/showphoto.php?photo=9440 (검색일: 2011. 7. 5).

“Памятник княгине Ольге в Пскове.” Сувенироград. Сувениры интересных мест. http://www.suvenirogorad.ru/sights.php?id=1597&lang=1&pid=6378

(검색일: 2011. 5. 25)

"Пётра Первого решено оставить на прежнем месте." 18 Ноября 2010. http://news.mail.ru/society/4802826 (검색일: 2011. 6. 6).

"Повесть временных лет." http://lib.ru/HISTORY/RUSSIA/povest.txt_with-big-pictures.html (검색일: 2011. 7. 7)

"Поздравление с Днем России." (11 июня 2010). http://www.pskovgorod.ru/news.html?id=4622 (검색일: 2011. 5. 25).

"Псков," *Большая советская энциклопедия.* 1978. http://slovari.yandex.ru/псков/БСЭ/Псков (검색일: 2011. 6. 2).

"Святейшему Патриарху Алексию вручена высшая государственная награда Латвии." Русская православная церквь (2006. 5. 27) www.mospat.ru (검색일: 2011. 9. 18)

Andreyeva, Olga. "When The Bells Solemnly Ring..." The Baltic Course www.baltic-course.com/archive/eng/index.htm-read=266.htm (검색일: 2011. 6. 6).

CDI Russia Weekly. http://www.cdi.org/russia/261-4.cfm (검색일: 2011. 7. 7.)

"Pskov: 'Russia starts here!'" *The Moscow Times*. June 05, 2011. www.themoscowtimes.com/article/pskov-russia-starts-here/438227.html (검색일: 2011. 7. 2).

"Russian First Lady Seen Actively Promoting Orthodox Church - Analysis," *Eurasia Review: News & Analysis* (2011. May 9)

"The Legend about St. Olga, who founded Pskov city." http://www.pskovgo.narod.ru/pskov/legend.htm (검색일: 2011. 5. 25).

"The Pskov region: the potential for business development is practically inexhaustible!" *CCI of the Pskov region.* www.cci.pskov.ru/eng/region.html (검색일: 2011. 2. 6).

http://agst.narod.ru/XMKR/2002/march2002.htm. (검색일: 2011. 2. 6).

http://agst.narod.ru/XMKR/2003/march2003.htm (검색일: 2011. 2. 6).

http://sobory.ru/photo/?photo=54628 (검색일: 2011. 5. 26).

http://www.eurasiareview.com/09052011-russian-first-lady-seen-actively-promoting-orthodox-church-analysis/ (검색일: 2011. 9. 18).

http://www.pskovgo.narod.ru/pskov/legend.htm (검색일: 2011. 5. 26).
http://www.suvenirograd.ru/sights.php?page=92&lang=1 (검색일: 2011. 7. 7).
http://www.skobari.ru/novost34.html (검색일: 2011. 7. 7).
http://www.tsereteli.ru/objects_x.php?ctlg=9. (검색일: 2011. 7. 7.)
www.malinovka-nord.eluoru.ru (검색일: 2011. 5. 26).
www.rvsci.us/pskov.htm (검색일: 2011. 5. 26).

DVD

Псковская область. Географическая видеоэнциклопедия. (Фонд этнографических исследований, 2008).
Псковские этюды (Студия 'Балтик-Видео,' 2001).

관광 안내 팸플릿

'Земля Псковская.'

찾아보기

ㄱ

ㄴ

ㄷ

ㄹ

ㅁ

ㅂ

ㅅ

ㅈ

ㅊ

ㅋ

ㅌ

ㅍ

ㅎ

A...

북방의 등대: 러시아 북서연방관구

초판 인쇄 2012년 5월 10일
초판 발행 2012년 5월 21일

저 자 최우익, 김선래, 김혜진, 라승도, 송준서,
정하경, 제성훈, 황성우, 이리나 코르군
기 획 한국외국어대학교 러시아연구소
449-791 경기도 용인시 처인구 모현면 왕산리 산89
전화 031)330-4852
팩스 031)330-4840
홈페이지 http://www.rus.or.kr
전자우편 hufsirs@hufs.ac.kr

발행인 박 철
발행처 한국외국어대학교 출판부
130-791 서울특별시 동대문구 이문로 107
전화 02)2173-2495~7
FAX 02)2173-3363
홈페이지 http://press.hufs.ac.kr
전자우편 press@hufs.ac.kr
출판등록 제6-6호(1969. 4. 30)
편집·디자인 (수)이환디앤비 02)2254-4301
인쇄·제본 SM C&P 02)468-6100

ISBN 978-89-7464-742-1 94920 정가 15,000원
ISBN 978-89-7464-650-9 (세트)

* 잘못된 책은 교환하여 드립니다.